COLLECTION DIRIGÉE PAR
GÉRALD GODIN
FRANÇOIS HÉBERT
ALAIN HORIC
GASTON MIRON

ROMANCIERS QUÉBÉCOIS

Jean Royer

ROMANCIERS QUÉBÉCOIS

ENTRETIENS

ESSAIS

préface de Lise Gauvin

l'HEXAGONE

Éditions de l'HEXAGONE
une division du groupe
Ville-Marie Littérature
1000, rue Amherst
Montréal (Québec)
H2L 3K5
Tél.: (514) 523-1182
Télécopieur: (514) 282-7530

Maquette de couverture: Claude Lafrance
Photocomposition: Les Ateliers C.M. inc.

Distribution: Diffusion Dimedia inc.
539, boulevard Lebeau
Saint-Laurent, Québec H4N 1S2
Téléphone: (514) 336-3941; télex: 05-827543

Dépôt légal: 1er trimestre 1991
Bibliothèque nationale du Québec
Bibliothèque nationale du Canada

TYPO
Édition originale
ISBN 2-89295-057-0

PRÉFACE

Le roman de l'écriture

On ne saurait rêver plus éloquent hommage au roman québécois que cette courtepointe vivante et colorée formée par la série d'entretiens de Jean Royer avec les auteurs contemporains. Le roman a toujours joui d'une grande faveur auprès des écrivains, auxquels il offre la possibilité de moduler sans fin les contradictions mêmes de ce qu'il est convenu d'appeler le réel. Genre dominant des temps modernes, on pourrait le dire impérialiste s'il n'était d'abord et avant tout appliqué à se déjouer lui-même, à s'inventer de nouvelles formes et à dénoncer ses propres figures, à casser son propre système de représentations. Au moment où les frontières deviennent de plus en plus floues entre les genres, où la poésie se narrativise et où l'essai adopte parfois les contours de la fiction, peut-on encore savoir avec précision ce qu'est un roman? Mais la question a-t-elle un sens? L'idée même de roman n'est-elle pas la plus belle des fictions? N'est-ce pas dans la mesure même où le roman s'engage dans la recherche de sa forme et dans l'aventure du récit qu'il est roman et non caricature ou produit stéréotypé?

Le roman québécois des dernières années a multiplié ses voix et ses voies. Il s'amplifie ou se minimalise, se

déploie en de larges fresques prenant l'Histoire à témoin
ou s'invente un quotidien devenu fabuleux à force d'attention passionnée, donnant lieu ainsi à de curieux échanges
entre réalisme et fantastique. Il opte aussi bien pour la
chronique polyphonique et décentrée, véritable place du
marché où chacun peut paraître et disparaître à sa guise,
que pour l'approfondissement d'un *je* appliqué à se découvrir dans le cadre d'un roman-méditation. Pour le récit
de voyage, la déterritorialisation et le regard sur l'autre
que pour la prise en charge de son propre espace, volontiers urbain et montréalais. Pour l'intrigue à consonance
policière, apte à débusquer l'énigme même de la vie, que
pour la science-fiction à valeur métaphorique. L'invention verbale y fait bon ménage avec un certain goût pour
la parole populaire dédouanée par Parti pris et maintenant naturalisée ou «normalisée» par les romanciers contemporains. Le roman au féminin, pour sa part, pose avec
acuité la question de la forme et des modèles de la fiction. Quant à la nouvelle, qui gagne chaque jour de nouveaux adeptes, elle affirme la parenté de la littérature
québécoise avec les littératures américaines qui, à la différence des traditions européennes, en ont fait la clé de
voûte de leur production littéraire.

   Il faut voir dans cette diversité l'un des signes de la
maturité de la littérature québécoise. Si l'on pouvait attribuer aux années soixante le titre du recueil de Giguère,
L'âge de la parole, soit une parole souvent manifestaire
et davantage centrée sur la poésie, on dira volontiers des
années quatre-vingt qu'elles correspondent à un *Âge de
la prose.* Une prose humoristique animée par un souverain plaisir du récit. Une prose dans laquelle cependant
certains signes récurrents demeurent, parmi lesquels la
permanence du personnage de l'écrivain, du thème de

l'enfance et d'une interrogation inquiète sur l'identité et la langue. Et ce malgré la projection d'un monde où les destins individuels s'affirment avec une calme ténacité. Une prose à laquelle les créateurs venus d'ailleurs et qui ont choisi d'écrire en français apportent une dimension nouvelle et d'autres enjeux. Une prose enfin qui a acquis peu à peu, comme l'ensemble de la littératue québécoise, son autonomie littéraire en instituant ses propres auteurs et textes comme référence.

Pour s'en convaincre, on n'aura qu'à lire les entretiens qui suivent et qui tracent un portrait en hologramme de l'écrivain québécois. On apprend ainsi à connaître ses valeurs privilégiées, comme la tendresse, l'enfance, l'amour, la langue, l'universel, son mépris pour les snobs, mais aussi pour le misérabilisme et le défaitisme, ses espoirs inachevés («Nous sommes des désespérés mais nous ne nous décourageons jamais», dit LaRue citant Ducharme qui cite Charles Gill), et parfois même ses rejets: «Ce siècle est détestable» (Folch-Ribas). Ce qu'il y a de remarquable dans ces entretiens, c'est le souci constant que Jean Royer y manifeste du lecteur et de la lecture. Jamais on ne s'y ennuie. Disons-le sans détour: ses entretiens se lisent comme un roman. Le critique y a développé une technique d'écriture qui sait varier sa manière, à l'exemple des romans eux-mêmes et des romanciers qu'il interroge. Parfois il commence par esquisser le trait dominant d'un livre: «À l'Hôtel des Voyageurs se retrouvent des voix multiples de la vie dans un même combat contre la mort», dit-il à propos de Marie-Claire Blais. Ailleurs, il choisit de tracer un itinéraire ou de retracer le souvenir fondamental (le chat chez Bessette). À d'autres moments, il s'en tient à quelques repères biographiques pertinents. Toujours l'intervieweur se montre discret et

attentif, resserrant le propos, résumant l'œuvre, mettant
en évidence la parole de l'écrivain. Jean Royer pratique
avec un rare bonheur cet art difficile de l'entretien, un
genre mixte qui tient à la fois de la critique, du portrait,
de l'essai, de la fiction et de l'histoire littéraire. De plus,
ce qu'il y a d'intéressant dans ces entretiens, c'est
l'absence de véritable hiérarchie entre les écrivains. Tous
bénéficient d'un traitement analogue — sans être identi-
que — et d'une attention faite de respect et d'admiration.
Le lecteur les retrouve dans ce qu'ils ont de plus intime
et de plus public: leur relation à l'écriture.

De quoi témoignent-ils plus exactement? D'abord et
avant tout du fait que *les romanciers sont des intellectuels,*
très conscients de ce qu'ils font et capables d'énoncer leur
poétique. Fini le mythe de l'écrivain spontané, sorte de
bon sauvage inspiré de dieux bienveillants et de quelques
diables malicieux. Si l'écriture procède de l'inconscient,
elle est aussi mise en forme et en texte. Pour ce faire,
les écrivains n'hésitent pas à tenir un discours sur leur
propre pratique et à faire partager leur réflexion sur les
divers modes de la fiction, qu'il s'agisse du journal, de
la lettre, du roman historique ou policier, de la nouvelle,
ou du roman par rapport au théâtre ou à la poésie. «Dans
le roman, on discute de la réalité, on la négocie», affirme
Nicole Brossard. Et c'est cette négociation qui est ren-
due ici en autant de voies qu'il y a d'écrivains.

L'autre caractéristique qui émerge de cette série
d'entretiens est la reconnaissance de ce que j'ai énoncé
plus haut comme la *référence et l'intertexte québécois.*
Il est significatif de noter à quel point les romancières et
romanciers se réclament maintenant d'une tradition du
roman québécois. À preuve, cette liste de noms glanés
dans les soixante-cinq premières pages du livre: Conan,

Fréchette, Nelligan, Roy, Ferron, Gauvreau, Lapointe,
Charron, Soucy, Benoît, Caron, Poulin, Miron, Guèvremont, Aquin, Ducharme, Villemaire et j'en passe... Si
le héros par excellence de ce roman est encore un héros
orphelin, on ne saurait en dire autant de leurs pères et
mères romanciers, qui ont derrière eux une bibliothèque
dont ils se réclament avec fierté. «Tu t'aperçois que notre
littérature est devenue assez costaude pour qu'on puisse
vivre à l'intérieur d'elle sans avoir l'impression qu'on est
en manque de quelque chose» déclare Victor-Lévy Beaulieu. Cette attestation de *modèles propres* est un autre signe
de vitalité et de maturité littéraires. On se rend compte
avec plaisir que le temps où la «culture était exotique»
(Tremblay) est bien passé et que, dans cette information
réciproque des œuvres, les enfants de la fiction québécoise contemporaine, sur qui plane l'ombre magique de
Ducharme, sont des Enfan-TOMES. Ils ont hérité d'un
univers romanesque qui, lui, n'a rien de fantômatique.

Dernière constatation enfin, et non la moindre: ces
écrivains sont des *amoureux passionnés de la littérature,*
en qui ils ont une foi absolue. Écoutons-les avec émotion
décliner leur cogito: «J'écris pour moi, pour mes besoins
intérieurs» (G. Amyot). «La littérature est le seul lieu
vivant, combatif, qui porte les questions fondamentales»
(N. Audet). «La littérature, c'est noble. C'est comme
l'amour» (Y. Beauchemin). «J'écris parce qu'il n'y a pas
de solution» (V.-L. Beaulieu). «Écrire, c'est une expression corporelle» (L. Bersianik). «Au-delà des ruines, il
y aura toujours des mots» (M.C. Blais). «Écrire, c'est se
donner les moyens de son enfance» (L. Caron). «Tout ce
que nous avons, c'est une littérature. Et l'amour d'un certain paysage» (J. Éthier-Blais). «Écrire est une façon d'être
ambitieux sans mettre sa dignité en jeu» (J. Ferron). «La

fiction sert à donner du sens à ce qui n'en a pas» (J. God-bout). «L'écriture est une sorte de patience. Une saison de surcroît» (A. Hébert). «Écrire, c'est être en état de veille» (M. La France). «Écrire, c'est un cheminement» (G. La Rocque). «Faire des enfants ou faire une œuvre, c'est différent mais c'est analogue» (M. LaRue). «Écrire, c'est fondamentalement un acte solitaire» (C. Massé). «Écrire est une expérience de fusion» (M.O.-Michalska). «Tout écrivain est un voleur de mots» (É. Ollivier). «Écrire, pour moi, c'est un métier» (J. Poulin). Écrire est une «invitation au rêve et au voyage» (M.-J. Thériault). «J'écris une mémoire, la mienne» (Y. Villemaire). Si la vie est un roman, on en déduit avec Jacques Poulin que la littérature «vaut la peine d'être vécue».

Ces romanciers de A à V affirment fortement leur identité singulière et, par là même, celle d'un Québec littéraire fascinant à découvrir. Le livre se clôt sur cette parole à la fois synthétique et prophétique de Villemaire: «Avant nous, le Québec avait compris sa racine française. Notre génération a été de l'époque qui a compris notre racine américaine. Puis je dirais qu'aujourd'hui nous nous en allons vers notre racine amérindienne.» À travers tous ces discours et guidés par ce navigateur très sûr qu'est Jean Royer, auteur d'un recueil de poèmes intitulé *Nos corps habitables,* nous découvrons que peut-être «on crée le Québec en l'écrivant» (Y.V.), mais surtout que «la littérature québécoise est de plus en plus habitable» (Y. Beauchemin) et que comme le dit Francine Noël, «nous avons notre façon à nous d'être au monde».

Lise Gauvin

À Réjean Ducharme

Je reste unique et pourtant je me multi-
plie pour me rendre compte de la diver-
sité du monde.

Jacques FERRON

La littérature change. On y entend une
voix de femme. Pendant si longtemps
cette voix a été étouffée, camouflée.
C'est un son très pur qui vient au jour.
Une voix nouvelle.

Anne HÉBERT

Car ce que désigne un nom sur un livre,
ce n'est pas une personne, c'est une
vision des choses.

Jean ROUDAUT

AVANT-PROPOS

De l'entretien
comme genre littéraire

L'entretien est un genre littéraire qui est né du journalisme et de l'idée de la liberté d'expression, il y a moins d'un siècle et demi. D'inspiration américaine, réinventé par la petite presse française, il a mis du temps à être adopté par les grandes publications culturelles. Il a fallu plusieurs polémiques, en France du moins, avant que l'on comprenne que l'entretien se situe au sommet du reportage et confine à l'essai littéraire. Aujourd'hui, grâce aux moyens de communication de masse, l'entretien a conquis ses lettres de noblesse à côté de la critique. L'interview — comme l'appellent les Français — est devenue indissociable de l'histoire littéraire et sociopolitique de notre époque.

Au Québec, l'entretien littéraire a mis aussi du temps à se faire valoir. Dans les années 1930, Alfred Desrochers avait pris plaisir à publier ses critiques littéraires sous forme d'entretiens imaginaires qu'il a réunis ensuite en livre sous le titre *Paragraphes*. Mais on doit le premier livre du genre à Adrienne Choquette, qui a publié ses *Confidences d'écrivains canadiens-français* aux éditions du Bien Public en 1939. L'ouvrage a été réédité en 1976 aux Presses Laurentiennes. On y trouve une trentaine de portraits de personnalités littéraires du début du siècle: Jovette Bernier, Alfred Desrochers, Jean-Charles Harvey, Maurice Hébert (le père d'Anne Hébert), François Hertel, Clément Marchand, Françoise Gaudet-Smet et d'autres. Ont paru ensuite deux ouvrages d'intérêt plus ou moins littéraire dans les années cinquante: *Interviews canadiennes* par Geneviève de la Tour Fondue (Chanteclerc, 1952) et *Confidences d'écrivains* par Christine Garnier (CLF/Grasset, 1955).

C'est grâce à la popularité grandissante de la radio et à l'arrivée de la télévision que l'interview a conquis un large public. Fernand Séguin et Lise Payette ont accueilli des écrivains du Québec et d'ailleurs sur les ondes de Radio-Canada. Séguin a publié à la fin des années soixante ses entretiens du *Sel de la semaine* avec, entre autres, Louis Aragon, François Mauriac et Gilles Vigneault (Éditions de l'Homme). Lise Payette a fait paraître en collaboration avec Laurent Bourguignon leurs rencontres radiophoniques avec Marcel Achard, Marguerite Duras, Jean Rostand, Georges Simenon et d'autres (Éditions du Jour, 1970). Mais il s'agit là de transcriptions d'émissions plutôt que d'entretiens littéraires proprement dits.

Personnellement, je crois que l'entretien doit être réécrit, pour conserver un intérêt littéraire un peu durable. C'est ce que j'ai d'abord voulu faire en publiant mon premier livre d'entretiens, *Pays intimes, entretiens 1966-1976* (Leméac, 1976), regroupant des rencontres avec des artistes et des écrivains ayant marqué l'époque de la Révolution tranquille, de Félix Leclerc à Gilles Vigneault et d'André Langevin à Marcel Dubé. C'étaient là les premiers pas d'un genre qui allait cependant se développer rapidement ces dernières années. Tant dans les journaux que dans les revues spécialisées, universitaires ou autres, l'entretien prend désormais sa place à côté de la critique, pour ouvrir les horizons de notre histoire littéraire.

Wilfrid Lemoine, à qui je veux rendre hommage ici, a été un des grands journalistes du Québec à privilégier l'entretien littéraire à la télévision et à la radio. Il a toujours considéré son métier avec humilité mais aussi avec la même passion qui l'anime envers la littérature. Il a toujours été un interviewer exemplaire, qui aimait rencontrer les écrivains. Au moment de prendre sa retraite, il a réfléchi tout haut devant moi à notre métier: «Quand tu interviewes un écrivain, disait-il, il faut que tu saisisses l'essentiel de ce qu'il a voulu faire. Cette attitude commande une lecture exigeante de son livre. Dans l'interview, on n'est pas là pour juger l'écrivain mais pour essayer de comprendre sa réalité de romancier, de poète ou d'essayiste. Pour cela, il faut le faire s'exprimer. Il faut poser des jalons à partir de notre lecture de son œuvre. Il faut tirer sur les fils d'une trame qui doit se dérouler. Il faut faire l'interview de telle manière que si on s'engage sur une mauvaise voie l'écrivain puisse nous corriger et imposer ses vues. Mais il arrive que certains écrivains ne sachent pas trop où s'engager et gardent une belle naïveté. Alors c'est à toi de jouer. D'autres fois, c'est merveilleux sur le plan professionnel quand un écrivain t'avoue que tu lui fais découvrir dans son œuvre des choses qu'il n'avait pas vues.»

Pour ma part, en devenant journaliste, j'ai tout de suite privilégié l'entretien. Au début des années soixante, la critique, souvent cléricale, restait tentée de couver la littérature sous son autorité, comme elle l'avait fait depuis deux siècles. Les écrivains n'avaient pas encore droit de cité dans les médias, si l'on excepte *Le Devoir*. La littérature québécoise, qui prenait à peine son élan enfin nouveau, n'avait pas sa place dans l'enseignement. Il fallait donc donner dans les journaux une plus grande information littéraire, par la chronique, le reportage et l'interview.

En fait, en quittant l'université pour le journalisme, j'ai développé l'entretien parce que je le voyais comme un genre oublié dans notre institution littéraire. La critique *laïque* s'était développée ici et là depuis Maurice Hébert, Louis Dantin, Roger Duhamel, Clément Lockwell, Gilles Marcotte et, plus tard, Jean Basile. Mais l'information littéraire, le témoignage d'écrivain, l'interview, cela se lisait trop rarement dans nos journaux très catholiques. Pourtant, c'est une façon de désacraliser la littérature et ses livres, de l'incarner dans ses écrivains, que de favoriser l'entretien. Voilà un genre littéraire qui assure la présence de l'écrivain en le mettant en rapport direct avec son public et en le confrontant avec d'autres écrivains de son époque. Quand on fonde son histoire littéraire sur des mythes comme ceux de Nelligan, Gauvreau et Aquin, on en occulte les œuvres, finalement. L'entretien, de son côté, vise la santé de la littérature. Certes, il y avait bien eu dans nos journaux des entrevues avec des écrivains mais ce n'était pas encore une habitude et on n'interviewait que les écrivains consacrés. On ne s'intéressait pas nécessairement aux nouvelles idées et aux nouvelles formes de la littérature.

J'ai donc cultivé l'entretien littéraire avec passion. Puis, quand j'ai été appelé à diriger la section littéraire du journal *Le Devoir* en 1978, j'ai voulu institutionnaliser l'entretien en lui donnant chaque semaine la première page du cahier «Culture & Société».

Pour moi, l'intérêt du véritable entretien littéraire réside en ce qu'il devient à la fois un portrait d'écrivain, une introduction à son œuvre et une page d'histoire littéraire vivante. L'entretien s'écrit comme un portrait littéraire, un reportage où celui qui a mené l'enquête s'efface. Il faut en *écrire* le texte au plus près de la parole et de l'idée de l'autre, mais en narrativisant la rencontre, en trouvant son unité dans la synthèse de l'écriture, afin de donner finalement au lecteur, par un texte qui a valeur littéraire, une rencontre unique avec l'écrivain.

Je dis souvent que les écrivains sont pour moi les personnages d'un roman que je poursuis à travers eux. Je conçois en effet mes recueils d'entretiens comme des ensembles dont les écrivains, ou des groupes d'écrivains, forment les chapitres ou les tableaux. Dans les cinq tomes de la série *Écrivains contemporains,* les auteurs interviewés appartiennent à une vingtaine de littératures du monde. J'ai voulu confronter les écrivains québécois à leurs contemporains. Peut-être la littérature du Québec s'apparente-t-elle plus à celle de l'Amérique latine qu'à celle de l'Europe ou même des États-Unis. Mais on voit aussi, au fil des interviews, qu'elle participe des diverses thématiques contemporaines. D'autre part, dans ces cinq recueils, les écrivains sont regroupés sous autant de questions littéraires fondamentales: celles de l'identité, de l'art poétique et de l'écriture.

Ces livres n'ont pourtant rien de scolaire ni d'académique, du moins je l'espère. Ce sont des guides de lecture à l'intention d'un large public. Ce sont des livres qui veulent allier le plaisir de la lecture à la connaissance de la littérature. J'ai choisi d'être un «écouteur», un témoin attentif de mon époque. J'aimerais aussi devenir, par ces entretiens, un «excitateur» pour le grand public lecteur.

Dans le Québec des années quatre-vingt, les livres d'entretiens se sont multipliés. Le genre est cultivé désormais, non seulement par des journalistes mais aussi par des professeurs. Donald Smith a fait paraître chez Québec/Amérique un *Gilles Vigneault* et a réuni ses entretiens des *Lettres Québécoises* sous le titre *L'écrivain devant son œuvre*. Les entretiens de Smith retracent les chemins thématiques d'une œuvre et possèdent un intérêt plutôt scolaire. Gérald Gaudet, avec ses *Voix d'écrivains* chez le même éditeur, se tient plus près du public. Ses portraits d'écrivains s'enrichissent d'un point de vue de critique. De son côté, l'écrivain André Carpentier a regroupé ses entretiens radiophoniques avec Yves Thériault pour nous donner un des plus beaux livres du genre, chez VLB Éditeur (1985), sous le titre *Yves Thériault se raconte*.

Une des illustrations les plus spectaculaires de l'intérêt humain et littéraire de l'entretien reste sans doute le film de Jean-Claude Labrecque, *Marie Uguay*. La jeune poète, avant de mourir d'un cancer à l'âge de vingt-six ans, m'avait demandé de réaliser avec elle les entretiens pour ce film dont elle a voulu faire son testament public. Elle y a parlé de son enfance, de ses désirs et de l'amour, de son angoisse du temps et de la mort, de la beauté de Montréal, de la poésie et de son écriture. Ce film porte une puissance émotive qui n'a pas manqué de saisir, non seulement le grand public de la télévision, mais aussi le jury du Festival de Nyon en Suisse qui a attribué son Grand Prix au film de l'O.N.F.

J'ai réécrit au complet ces entretiens filmés pour retracer l'autoportrait que nous a légué Marie Uguay avec le courage de la lucidité. Ces entretiens, qu'on retrouvera dans un autre recueil, composent un des manifestes les plus touchants envers la littérature et en particulier la poésie. En face de la mort (elle savait sa fin prochaine), Marie Uguay a su mesurer pour nous des actes de vie. «La poésie doit être un absolu très humble», dit-elle, au cours de ces entretiens où elle nous a laissé voir le fond de son cœur et de sa pensée.

*

Tel qu'on le connaît aujourd'hui, l'entretien littéraire est né en France à la fin du XIXe siècle. Le premier, Jules Huret a fait paraître dans *Le Figaro* entre 1889 et 1905 des interviews avec des vedettes de l'actualité politique, sociale, mondaine et littéraire. Les Éditions Thot ont réuni en 1984 quarante-trois de ses *Interviews de littérature et d'art.* Au sommaire de ce livre irremplaçable: Sarah Bernhardt, Émile Zola, Giuseppe Verdi, Mark Twain, Alphonse et Léon Daudet, Maeterlinck, Huysmans, Tolstoï, Kipling et d'autres. Jules Huret a donc été le premier publiciste (ainsi nommait-on au XIXe siècle les journalistes culturels et politiques) à lancer le genre de l'interview en français. Après lui, dans les années vingt, Frédéric Lefèvre a institué l'entretien exclusivement littéraire en publiant à la NRF, de 1924 à 1933, six séries de rencontres avec des écrivains sous le titre *Une heure avec...*

Lefèvre ajoute le point de vue critique au portrait qu'est d'abord l'entretien tel que pratiqué par Huret. Il n'est plus seulement *l'écouteur* et se met à discuter avec l'écrivain qu'il rencontre, ne se gênant pas pour le contredire parfois vigoureusement. Avec Lefèvre et Huret, l'entretien joue son double rôle et participe tant de l'histoire que de la critique littéraire.

Il ne faut pas oublier que l'entretien est imité des pratiques américaines du journalisme, à savoir qu'on peut *créer* l'information par l'enquête au lieu de se contenter de retransmettre les seuls faits connus. Née aux États-Unis autour de 1838, l'interview a été introduite en France en 1884 par le *Petit Journal*, comme le rappelle Philippe Lejeune dans son essai *Je est un autre* (Seuil, 1980) où le théoricien retrace brièvement l'histoire du genre (p. 104 à 110). D'ailleurs, l'interview a d'abord été utilisée pour renouveler le journalisme d'enquête sur une question d'actualité. Jules Huret a été le premier à comprendre les possibilités du genre: en menant une enquête, dans *L'Écho de Paris* en 1891, sur *L'évolution littéraire.* Créant l'événement par l'interview, il a réussi à combiner les trois genres de l'enquête, du portrait et de la polémique.

La formule de l'interview fit la fortune des petits journaux en quête d'anecdotes mais l'initiative de Jules Huret, qui donna aussi de grands entretiens au *Figaro*, ne s'est pas multipliée dans la grande presse culturelle et littéraire. Il fallut attendre principalement l'hebdomadaire *Les nouvelles littéraires*, créé en 1922, pour lire régulièrement des entretiens avec des écrivains français. Celui qui les réalise, Frédéric Lefèvre, redonne lui-même au genre un élan irrésistible. Avec lui, explique Philippe Lejeune, l'entretien prend de l'ampleur: «Il se dégage de l'enquête d'opinion ou d'actualité, et tend à devenir une enquête d'*identité,* vivante et pleine d'intuitions, fondée sur une connaissance étendue de l'œuvre et sur une écoute longue et attentive. L'interviewer ne vient plus recueillir quelques propos, quelques opinions, à la sauvette: il se transforme en connaisseur d'hommes et pratique les vertus que devrait avoir un critique selon Sainte-Beuve.»

C'était là aussi la façon de travailler du fondateur du genre, Jules Huret, il faut le dire. Mais si Huret s'intéressait beaucoup à la personnalité de l'écrivain qu'il rencontrait et dont il traçait le portrait avec vivacité, Frédéric Lefèvre à sa manière questionnait l'œuvre et l'histoire autant que le personnage.

Il faut cependant laisser à Jules Huret le mérite d'avoir inventé *l'écriture* de l'entretien littéraire, ce qui n'était pas une mince tâche quand on connaît les difficultés du genre. «L'interview écrite narrativisée, explique bien Philippe Lejeune, est un genre qui exploite les possibilités du discours rapporté et de l'encadrement. En même temps qu'une variété de la ''chronique'', elle est une forme spéciale de *nouvelle*. En stylisant la conversation, l'auteur de l'interview cherche naturellement à la reconstruire de manière serrée et rigoureuse, tout en ménageant des surprises, et surtout une ''chute''. Le portrait du modèle s'accompagne d'un essai de pastiche de sa conversation, comme s'il s'agissait d'un personnage de roman ou de théâtre. Les contraintes de longueur et de forme, le rôle que jouent le questionnement et le talent du journaliste, tout concourt à faire de celui-ci l'unique auteur du texte. Les interviews d'un même journaliste se ressemblent entre elles souvent plus que chacune d'elles ne ressemble aux écrits de l'auteur interviewé, exactement comme les portraits faits par un même peintre.»

Reprenant à son tour l'entretien littéraire après Jules Huret, Frédéric Lefèvre lui a ouvert le champ de l'essai critique. Il a publié en 1928 le premier livre-entretien digne de ce nom: *L'itinéraire philosophique de Maurice Blondel*. Ici, il ne s'agit plus de narrativiser une rencontre pour un journal mais d'élaborer un dialogue en plusieurs entretiens qui s'attachent à formuler une longue réflexion critique avec un écrivain sur son œuvre. On est loin des premières interviews anecdotiques de la petite presse.

«Dès lors qu'il ne s'agit plus de questionner, mais d'écouter le modèle qu'on a mis en confiance, précise Philippe Lejeune, l'entretien a une chance de se prolonger, et l'interviewer peut être tenté de transformer ce qui n'était qu'une esquisse en un véritable tableau. En même temps que d'ampleur, l'entretien change de fonction. L'écrivain interrogé qui accepte de parler plusieurs heures de son œuvre et de sa vie, et de voir ses propos publiés en livre, engage quelque peu sa responsabilité: même embryonnaire et limité, c'est une forme de contrat autobiographique vis-à-vis du public. Quant au journaliste, son ambition n'est plus de faire un portrait d'actualité. Il se transforme en critique. Son but est de rendre intelligible le développement d'une œuvre tout entière, en construisant un livre d'initiation et de synthèse sur l'auteur interrogé.»

*

L'entretien littéraire avait parcouru des étapes similaires en Allemagne. D'abord, en 1566, Johannes Goldschmidt avait édité les *Propos de table* de Luther, qui invitait le midi les penseurs de son époque à converser avec lui. L'ouvrage se présentait sous forme d'un long monologue de Luther. Puis, vers 1840, Eckermann avait publié ses fameuses *Conversations avec Gœthe dans les dernières années de sa vie*. Dans ce livre apparaît la forme de l'entretien, avec ses questions et réponses. Le genre est lancé en Europe. Suivront les entretiens avec Schopenhauer, Schiller, Lessing, Kafka et bien d'autres, depuis un siècle.

Se présentant diversement sous forme de questions et réponses, de conversation familière ou de texte littéraire, l'entretien est un genre qui «peut revendiquer valeur d'œuvre», nous disent Volkmar Hansen et Gert Heine en présentant les conversations et entretiens de Thomas Mann (Belfond). Mais en quoi consiste au juste le charme de l'interview publiée? demandent-ils. «Comment a-t-elle pu refouler dans l'ombre d'autres formes, comme le compte rendu? Qu'est-ce qui fascine le lecteur, l'auditeur, le spectateur? Le mot-clé est: authenticité — l'interview nous donne une sensation de vérité proche du contact personnel», disent Hansen et Heine.

Voilà définies à la fois l'importance et les limites du genre. Ce «contact» qui se passe de la parole à l'écriture, paraît parfois illusoire à l'écrivain. Thomas Mann, sympathique aux journalistes, a cependant noté «l'insuffisance inévitable» de l'interview. Milan Kundera, lui, refuse depuis 1985 de rencontrer les journalistes qu'il traite de faussaires! «Maudit soit l'écrivain qui le premier permit à un journaliste de reproduire librement ses propos!» lance Kundera, ajoutant: «Pourtant, j'aime beaucoup le *dialogue* (forme littéraire majeure) et j'ai été heureux de plusieurs entretiens réfléchis, composés, rédigés de concert avec moi.»

Il faut dire ici que ce genre d'entretien écrit par l'interviewé de concert avec un journaliste ou un spécialiste est pratiqué en fait pour l'édition d'un livre sur l'écrivain en question. L'ouvrage d'entretiens peut devenir alors l'œuvre de l'écrivain lui-même, grâce à la connivence de son interlocuteur. Ce dernier a mené une conversation que, une fois transcrite, l'écrivain a menée à l'écriture. C'est ainsi qu'on peut lire *Les yeux ouverts* de Marguerite Yourcenar, ses entretiens avec Mathieu Galey

(Le Centurion). Le poète Edmond Jabès a réussi un livre semblable avec *Du désert au livre,* ses entretiens avec Marcel Cohen (Belfond). On pourrait multiplier les exemples. Citons au moins cet autre beau livre d'entretiens sur la poésie, celui du poète André Frénaud avec Bernard Pingaud, intitulé *Notre inhabileté fatale* (Gallimard), où le poète est amené à retracer en profondeur la genèse et les cheminements de son œuvre.

D'autres livres-entretiens de grande qualité restent écrits par l'interviewer à qui l'écrivain a confié sa réflexion. Ce sont des livres de conversations ordonnées selon des thèmes précis. Pour la réussite d'un livre-entretien de ce genre, il faut une connivence de longue date sinon une amitié indéfectible entre l'interviewer et l'interviewé. Un des meilleurs ouvrages de ce type restera certes celui de Julio Cortázar, *Entretiens avec Omar Prego* (Folio/Gallimard), où l'écrivain et son ami conversent en parfaite intelligence des sujets abordés: la nouvelle, le roman, la fascination des mots, l'engagement politique, la poésie, la musique et, bien sûr, l'œuvre de Cortázar.

On le voit: menée à bout, l'interview devient une sorte d'autobiographie littéraire. C'est d'ailleurs au départ le but que poursuit le journaliste: retracer le portrait de l'écrivain, ou plutôt provoquer ses confidences jusqu'à l'autoportrait. Cela se fait de vive voix. Cela s'écrit ensuite comme un texte qu'on destine à un lecteur. Ce texte, c'est bien le journaliste qui en est l'auteur. Aussi, pas question que l'entretien réalisé pour un journal ou une revue ne soit révisé par l'interviewé. Cela, l'écrivain doit forcément l'accepter en toute confiance. L'écrivain qui se plie au jeu de l'interview doit en même temps assumer le fait que le journaliste représente la société à qui il parle.

Dans sa présentation de l'anthologie des entretiens de *Lire*, intitulée *Écrire, lire et en parler...* (Robert Laffont), Bernard Pivot remarque que si des écrivains comme Malraux, Sartre, ou Sagan — ajoutons Michel Tremblay — sont devenus de véritables artistes professionnels de l'entretien, d'autres écrivains comme Beckett, Cioran, ou Char — ajoutons Réjean Ducharme — gardent un silence presque total. Qu'en est-il?

Rappelons-nous d'abord que l'entretien comme occasion et lieu de débat est un concept dont les origines remontent aux sources mêmes de notre civilisation, quand des philosophes grecs, par exemple, choisissent de transmettre leur pensée sous forme de conversations imaginaires et didactiques.

Quant à l'entretien littéraire tel que nous le connaissons aujourd'hui, il met en cause l'écrivain face à la société qui l'interroge. Techniquement, l'entretien se passe à la radio, à la télévision ou dans un livre. Dans ce dernier cas, il passe de la parole à l'écriture et c'est là qu'il se définit comme genre littéraire. Car l'entretien écrit implique pas moins de trois pratiques du langage: celle de la parole du corps dans l'espace; celle de l'écrit, c'est-à-dire de la transcription des propos; celle de l'écriture, qui produit un texte destiné à être *lu*.

«Il se manifeste dans l'écrit un nouvel imaginaire qui est celui de la *pensée*», a noté Roland Barthes, en se portant à la défense de l'entretien: «Aujourd'hui, dans le débat d'idées, très développé grâce aux moyens de communication de masse, chacun est amené à se poser intellectuellement, c'est-à-dire politiquement. C'est là sans doute la fonction actuelle du *dialogue* public.»

Les entretiens de Barthes ont été réunis au Seuil sous le beau titre *Le grain de la voix*. Dans une de ces interviews, accordée à Pierre Boncenne de *Lire,* Barthes concluait: «L'interview fait partie, pour le dire de façon désinvolte, d'un jeu social auquel on ne peut pas se dérober ou, pour le dire de façon plus sérieuse, d'une solidarité de travail intellectuel entre les écrivains, d'une part, et les médias, d'autre part.»

En fait, la résistance de certains écrivains à l'entretien vient d'une impression que leur parole double leur écriture. Or, nous savons, nous, lecteurs et journalistes, que l'entretien ne remplace pas le livre mais nous y introduit. D'ailleurs, quel rôle joue l'entretien sinon celui de remplacer les préfaces d'avant les médias? Bernard Pivot l'a bien noté: ces préfaces dont les écrivains faisaient précéder leurs livres pour expliquer le pourquoi et le comment de leurs œuvres s'adressaient *au lecteur.* Aujourd'hui, les écrivains s'adressent au lecteur par la voie des médias et par l'entretien.

De ce point de vue, l'animateur de la célèbre émission de télévision *Apostrophes* est certes le journaliste littéraire le plus important de notre époque. Bernard Pivot aura été le meilleur défenseur et illustrateur de l'interview littéraire et c'est avec lui qu'on peut conclure cette réflexion sur un genre d'information qu'on ne peut plus ignorer désormais: «Les gens qui prétendent que l'interview littéraire est une invention artificielle et inutile d'un siècle vulgaire se trompent: écrire, lire et en parler, même si les formes ont changé, a toujours été, pour reprendre un mot de Barthes, un *engrenage* naturel et souhaité de la majorité des lecteurs et de la plupart des écrivains.»

Pour ma part, je dirais que l'entretien reste, avec la critique, une des deux antennes de l'information littéraire. Et parce qu'il a pour rôle de brancher l'écrivain à son public lecteur, on peut dire que l'entretien devient en quelque sorte le paratonnerre de la littérature.

J.R.

GENEVIÈVE AMYOT

Le grandiose et l'ordinaire

Geneviève Amyot tient plus à la vie qu'à la littérature. C'est d'ailleurs pourquoi elle écrit! Mais peu connue, elle vit loin des modes et ses livres ne ressemblent pas à ceux des autres. Mais secrète, elle vient de publier son troisième livre, d'une grande intimité, chez VLB Éditeur: *Journal de l'année passée.* Ce roman, sorti tout droit de l'enfance et du mal de vivre, poursuit la démarche entreprise avec *L'absent aigu,* roman puissant et singulier.

Pour Geneviève Amyot, chaque livre est une expérience de vie intérieure. Elle me le répétera souvent au cours de l'entretien. Ainsi, les deux romans ne sont pas étrangers pour elle à son premier livre, un recueil de poèmes publié aux éditions du Noroît: *La mort était extravagante.*

D'ailleurs, les livres de Geneviève Amyot se situent quelque part entre la vie et la mort, entre l'amour et l'angoisse, entre des tableaux de Chagall et l'humour tragique de Réjean Ducharme. Ces livres fascinent les uns, déroutent les autres. Mais tout le monde est d'accord: cette femme est un pur écrivain.

«Je ne fais pas des expériences de langage, ni des expériences littéraires, ni des recherches de formes

nouvelles, me dit pourtant Geneviève Amyot: je suis à
la recherche d'un moyen qui soit le plus efficace possible
pour traduire ma vie intérieure, pour la mettre en ordre,
pour exorciser ce que je veux exorciser, pour fixer ce que
je veux fixer. C'est-à-dire que je fais des livres pour moi
d'abord, pour mes besoins intimes. J'écris dans ma plus
stricte intimité. Après, je ne sais pas trop ce qui arrive.
Pourquoi j'apporte un livre à un éditeur? Peut-être
qu'après avoir travaillé quelque chose d'aussi grave et
d'aussi solitaire j'aimerais que cela trouve des échos chez
quelqu'un d'autre… Mais je cherche d'abord et avant tout
à y trouver mon compte à moi. De toute manière, plus
je serai rigoureuse dans mes rapports avec mon intimité
à moi, plus cela peut rejoindre profondément l'intimité
de quelqu'un d'autre…

«Mon besoin d'écrire, j'en parle un peu dans chaque
livre. Je parle de l'aventure intérieure qui a nécessité le
livre. Et beaucoup d'images reviennent: des images de
ménage, de mise en ordre, de balayage. J'ai souvent
l'impression de faire le ménage! Je regarde en moi et il
y a des choses que je veux tasser. Mais pour cela, il faut
que je me fasse violence. L'écriture, c'est un moyen violent. Et c'est laborieux aussi parfois, écrire. Je connais
plus le travail que le talent!

«Et je te le dis à toi: j'ai vécu des douleurs tellement
immenses en pensant que je publiais ce *Journal de l'année
passée*. C'est un livre qui se situe pour moi à un très grand
niveau d'intimité. D'ailleurs, c'est comme si écrire, pour
moi, c'est une affaire de vie intérieure. Bien sûr, ça a l'air
anachronique mais, pour moi, c'est l'affaire de mon âme.
Mon âme, cela comprend tout: mon émotivité, mes affec-
tions, mon sexe, ma tête, mon intelligence. L'espèce de
motton que tout cela forme. C'est ça: mon âme, c'est un

motton! C'est peut-être pourquoi mes livres sont faits par mottons, par petits ou gros mottons...

«Mon dernier livre, j'ai aimé le faire parce que je me permettais tout: parler des petites réalités quotidiennes autant que j'aimais partir des délires plus surréalistes (comme le récit du voyage à Vancouver) ou même des réalites biologiques (comme les problèmes gynécologiques pour les femmes). C'est pourquoi j'ai pris la forme du journal. Il ne m'importe pas de faire des poèmes ou des romans dont on est sûr qu'ils sont des poèmes ou des romans. Ma nécessité est d'une autre nature et trop impérieuse pour que je me demande si c'est un roman ou un poème que j'écris. Le problème se pose seulement quand je vais porter le livre à un éditeur et que je ne sais pas trop quoi écrire sur la couverture! Avant cela, j'ai des choses à dire et il faut que je trouve la forme où je puisse en dire le plus possible en conservant une certaine cohérence à l'œuvre...

«Puis, cela devient de la littérature. Dans ce sens que ce sont des livres publiés, mis en librairie, dans le circuit de la création littéraire. Là, je ne renie pas la littérature. Mais parfois les gens ont l'air de l'aborder d'une drôle de façon, la littérature! Tu sais, à propos de *L'absent aigu,* par exemple, certains critiques ont parlé d'un «langage pour le langage». Je ne comprenais pas trop ce qu'ils voulaient dire mais je savais que ce n'était pas ça. Tu sais, moi je joue avec les mots quand je joue au scrabble! Bon. Mais quand j'écris, j'ai des besoins très différents et qui ne peuvent pas être satisfaits par le scrabble...

«Cela me déroute tellement, ce que les gens disent de mes livres. Souvent, je me suis sentie étrangère à ce qui était dit à propos de mes livres. Autrement dit, l'art, ce n'est pas un gadget, pour moi. Je suis très sérieuse, au fond. À un moment donné, les gens ont l'air de trouver que tout cela fait un ensemble de mots fascinants. Bien oui. Mais j'ai aussi quelque chose à dire! Si j'ai un grand besoin d'inventer des formes, c'est parce que j'ai un grand besoin de dire des choses. Mais les mots, ça demeure pour moi un instrument. Ça, c'est bien clair. L'expérience de l'écriture, pour moi, ce n'est pas une expérience de langage mais de vie intérieure. J'ai besoin du langage pour m'exprimer mais c'est une expérience de vie intérieure. Cela se sépare mal à un moment donné, bien sûr...

«Il y a aussi quelque chose qui m'a toujours échappé dans ce *Journal de l'année passée*. Il y a une organisation du livre dont je suis sûre qu'elle est présente mais dont quelque chose m'échappe. Un livre, ce n'est pas vrai que ça s'en va n'importe comment, même si ça ne suit pas le courant linéaire d'un roman traditionnel. Mais ça ne s'en va pas n'importe comment: surtout pas un livre que tu as travaillé pendant deux ans. Mais je n'ai pas compris comment il s'en allait. Quelque chose m'échappe. Des grands bouts, je voulais lui donner un petit air de rien. Je me suis peut-être faite avoir moi-même... Mais j'étais sûre de son organisation rigoureuse, même si c'était moins conscient que pour les autres livres.

«Moi, je conte des histoires. C'est comme si, dans chaque livre, je me reprenais au commencement. Un livre, c'est comme un moment présent, mais filtré à travers tout ce qu'il y a derrière. Chaque livre est un autre moment. Mais il y a encore tout le passé. Et ces moments nouveaux, tu les vis encore selon ton enfance, selon tout ton passé. C'est le passé qui donne la coloration au présent. Je refais mon histoire à chaque livre. Le moment est vécu selon le passé mais en même temps le passé est revu à travers le présent. Selon que je suis en amour ou que je ne cours après rien, mon passé n'est pas vu de la même façon. Mais c'est mon passé qui s'accumule, c'est les mottons qui s'ajoutent…

«Dans ce *Journal de l'année passée,* l'humour est peut-être moins cynique que dans *L'absent aigu*, par exemple. Mais il y a des choses que je n'aurais pas pu dire autrement. Peut-être que, sur le plan de l'expression, l'humour a pour moi quelque chose de parent avec la grande poésie: cette poésie qui exprime des choses qui sont strictement inexprimables dans un autre langage. L'humour, c'est cela aussi: un langage pour dire ce que tu ne pourrais pas autrement.

«Ce livre-là, je l'ai voulu aussi sur un ton assez concret et assez quotidien, proche d'une langue parlée, mélangée par grands bouts avec une langue littéraire. Je me demandais si cela s'emboîterait. Car il y a vraiment des tons différents, des écritures différentes à l'intérieur du livre. J'avais besoin de les mélanger. Car, dans la vie, c'est en même temps que les choses se passent, même si elles ne peuvent se traduire toutes dans la même langue. Alors, il fallait que je mette chaque langue bout à bout. Et j'avais besoin de mélanger cela. Comme dans la vie. Prenons l'exemple de l'haleine matinale. Au réveil, le matin, il y a l'extase et l'haleine. Ton extase est dérangée par l'autre qui pue de la bouche et tu t'imagines que la sienne va l'être aussi par toi. Tu sais, le matin, cela va tout à la fois, cela passe en même temps. Eh bien, j'ai besoin de l'écrire en même temps.

«C'est ce que les gens vont appeler des trous dans mon livre: quand je pars dans des envolées plus littéraires qu'ensuite je désamorce un peu avec des éléments plus parlés ou plus quotidiens et inattendus. C'est pas des trous:

c'est que moi je considère que je vis en même temps le grandiose et l'ordinaire.»

1978

Geneviève Amyot est née en 1945 à Saint-Augustin, comté de Portneuf.
La mort était extravagante, poèmes, Le Noroît, 1975;
L'absent aigu, roman, VLB Éditeur, 1976;
Journal de l'année passée, roman, VLB Éditeur, 1978.

NOËL AUDET

Ah, l'amour l'amour

C'est en mettant les pieds dans l'eau à Saint-Aubin-sur-Mer pour pêcher les étrilles avec les Normands que Noël Audet a reconnu sa Gaspésie natale: sa petite enfance à Maria est remontée à la surface de sa mémoire en un mois ou deux. Et le poète, qui était devenu silencieux en dix ans, s'est remis à écrire. Il n'avait plus le choix. Il a retrouvé le plaisir d'écrire avec son récit *Quand la voile faseille,* publié en 1980. Depuis ce temps, l'écriture n'a jamais cessé de le conduire à lui-même et au monde. Voici qu'aujourd'hui Noël Audet nous donne un joyeux roman: *Ah, l'amour l'amour.*

Professeur de littérature à l'Université du Québec à Montréal, Noël Audet est donc revenu à l'écriture après avoir publié de la poésie: *Figures parallèles,* en 1963 et *La tête barbare,* en 1968. Mais pourquoi donc ce silence de dix ans? Bien sûr, il y a le travail, l'enseignement, l'engagement dans la vie sociale et politique. Mais il y a plus: un certain marxisme a joué chez lui le rôle d'une véritable censure, me dit Noël Audet.

«Ce petit milieu de gauche où je me suis retrouvé véhiculait l'idée de la littérature comme n'étant qu'une activité petite bourgeoise et insignifiante. Ce petit milieu se trouvait à censurer toute l'expression littéraire ou artistique. Et quand j'ai pris conscience de cela j'en suis sorti un peu enragé. Je me suis rendu compte que c'est exactement le contraire, que la littérature est le seul lieu vivant, combatif, qui posait les questions fondamentales, je dirais même des questions au-delà du marxisme. Je me suis rendu compte tout d'un coup que la littérature menait des luttes. Mais d'une façon plus subtile que le poing en l'air dans la rue. À long terme, elle peut être beaucoup plus efficace pour des transformations profondes des rapports humains.»

Ainsi donc Noël Audet a retrouvé en Normandie le chemin de son écriture et de son enfance. Son premier récit, écrit alors qu'il était à Saint-Aubin-sur-Mer, professeur invité à l'Université de Caën, est un témoignage sur une culture en voie de disparition: la sienne et celle d'une certaine Gaspésie. Aujourd'hui, dans un deuxième roman, le pays reste la toile de fond d'une histoire d'amour. Et le plaisir d'écrire est total.

D'ailleurs, le plaisir d'écrire appartient de la même façon aux hommes qu'aux femmes, ajoute Noël Audet. «Certaines féministes affirment que les femmes écrivent avec leur corps et que c'est merveilleux. Elles disent d'autre part que les hommes écrivent avec leur tête et que c'est pitoyable. Moi, je n'ai jamais compris ces affirmations. J'ai toujours eu la certitude d'écrire exactement dans le sens de ce qu'elles entendent par ''écrire avec son corps''. Quand j'écris c'est tout l'être qui participe à l'écriture. Les pulsions, l'esprit bien sûr, la sensibilité, l'oreille: tout participe à l'écriture. Cela n'a strictement rien à voir avec la rationalité qu'on peut attribuer aux hommes.»

Dans son roman, Noël Audet ne part pas en guerre contre la femme mais il sait raconter joyeusement l'histoire d'une séparation. L'humour ne manque pas à l'amour. L'écriture respecte au contraire les chemins découverts.

«Je me considère tout à fait acquis aux idées féministes. Mais justement parce que j'ai déjà réfléchi avec les femmes, je trouve maintenant que j'ai le droit de dire là où je ne suis pas d'accord: c'est-à-dire à chaque fois que le féminisme rejette l'homme comme une crapule ou considère tous les hommes comme étant des vulgaires profiteurs, des dominateurs, etc. Eh bien, moi, je ne marche plus! Il y a une partie du féminisme radical que je trouve absolument mal engagé. Il était nécessaire historiquement mais il ne répond plus, à mon avis, aux besoins des femmes. Si je regarde autour de moi, il me semble que les Québécoises en particulier ont besoin d'un autre discours. Ce dont je parle c'est exactement ce sentiment d'égalité et j'en fais une condition fondamentale de l'amour. Dans mon roman, j'essaie de montrer que si un couple échoue c'est qu'il n'y a pas à la base cette égalité fondamentale. Il faudrait parler aussi de la gratuité. Dans l'amour, il n'y a pas besoin de cinquante-six simagrées. Quand tu es en présence de quelqu'un qui te remplit assez pour que tu aies envie de lui donner n'importe quoi. C'est réciproque, l'amour. L'autonomie et la liberté, ce sont des choses qui se prennent et non pas des choses que l'on obtient à genoux ou que l'on impose. La guerre des sexes, elle est peut-être encore nécessaire pour certaines institutions et certains hommes qu'on voit agir. Mais je pense qu'il faut aussi regarder et travailler ailleurs. Les hommes et les femmes plus jeunes sont en train de changer le rapport amoureux. Ils n'ont pas les mêmes blocages que leurs aînés. Ils se posent beaucoup moins de fausses questions.

Ils ont moins de handicaps et moins d'obstacles. Pour aimer, il faut s'aimer soi-même d'abord. Il faut être libre, pour aimer. C'est un des thèmes de mon roman mais je ne me prends pas non plus pour un prophète d'un nouvel amour. En fait, mon roman raconte un peu la démystification de l'amour absolu puis la reconnaissance de l'amour sans A majuscule.»

Deux rencontres, deux femmes composent l'histoire d'amour du narrateur dans le roman de Noël Audet. D'abord Astrid, rencontrée par un hasard mystique, un peu magique, avec qui l'histoire d'amour serait écrite d'avance dans les astres. Puis, arrive Liana, une femme liante, beaucoup plus proche des réalités concrètes, qui prend racine tranquillement et sur une base beaucoup plus saine.

«Ce que j'appelle les idées mystiques en amour, dit Noël Audet, c'est une conception de l'amour absolu comme chez Roméo et Juliette. Ce n'est pas par hasard que les deux amoureux meurent avant de vivre leur amour: l'amour tel que défini au départ est impossible. Shakespeare n'avait pas d'autre choix que de les faire crever avant même la consommation de l'amour. Mon roman veut dénoncer cette conception d'un amour absolu. Ce qui n'empêche pas du tout la poétisation de l'amour. Car pour moi la vie concrète, y compris les relations affectives et amoureuses, n'est pas du tout de l'ordre du maladif ou du répugnant, comme on le trouve chez beaucoup trop d'auteurs québécois.

«Je n'ai pas le parti pris du bonheur, au contraire. Je sais que le bonheur est impossible. Mais je sais aussi qu'on peut s'en approcher dans certaines circonstances, dans certaines conditions. Et je commence à en avoir marre d'une certaine littérature québécoise que je trouve d'un masochisme et d'un pessimisme à faire brailler. Je supporte de moins en moins cette énorme complaisance de certains auteurs dans le misérabilisme et la monstruosité. J'y vois là un pur réflexe de colonisé qui se met à genoux devant n'importe qui et supplie qu'on ait pitié de lui, qui présente même son cul en offrande pour se faire pardonner d'exister, comme dans le dernier roman de Victor-Lévy Beaulieu. On ne fait que tourner en rond. C'est le même masochisme qui vous pousse à proclamer langue nationale des Québécois un simple niveau de langue populaire, qui n'est pas moins noble que l'autre partie de la langue mais qui n'est pas toute la langue québécoise. Le «joual» comme idéologie paupériste a assez duré, me semble-t-il. Et Jacques Godbout, avec beaucoup d'esprit, nous renvoie la même image de schizoïdes culturels. Et s'il avait raison, il faudrait s'assimiler au plus vite car cette séparation du sujet individuel, dans *Les têtes à Papineau,* est intolérable. Ces regards-là, pour moi, sont négatifs. À partir des mêmes constats, de la même critique sociale et politique, n'y a-t-il pas moyen de lire autre chose: par exemple, une originalité culturelle, une dynamique à nous?

    «J'écris aussi parce que j'en ai marre des complaintes et du défaitisme d'une certaine littérature québécoise. Je sais bien que cela existe, que cela émane de notre être québécois et je ne veux pas dire aux autres quoi écrire. Mais je me vois du côté de ceux que j'appellerais des écrivains en santé: Louis Caron, Yves Beauchemin et d'autres. C'est là que je me reconnais d'emblée. Je peux de moins en moins supporter le cynisme et le masochisme en ce qui concerne la description du Québécois. Au contraire, j'ai envie d'écrire, moi, quand je sens une certaine santé essentielle. Quand on ne voit pas d'avenir, il n'y a plus de raison de faire quoi que ce soit. Actuellement, ce qui m'inquiète au Québec c'est cette espèce de déprime collective. On ne peut pas dire que ça va très bien mais il faut savoir qu'on est responsables de certaines causes. Cette espèce de creux, de morosité, ça ne peut pas durer très longtemps: on est en train de s'avaler, de se manger, de cette façon. Si ça continue, on va finir comme des gros ventres avec rien autour, ni tête ni sexe, rien autour!»

1981

Noël Audet est né en 1938 à Maria en Gaspésie.
Quand la voile faseille, Hurtubise HMH, 1980; Bibliothèque québécoise, 1989;
Ah, l'amour l'amour, Les Quinze, 1982;
L'ombre de l'épervier, Québec/Amérique, 1988.

ROBERT BAILLIE

Ma mère littéraire

Un beau samedi matin, Robert Baillie arrive chez son dépanneur à Sainte-Julie de Verchères quand il voit au milieu de la place sa photo et plusieurs exemplaires de son premier roman, *La couvade*. Pris de panique, le jeune auteur prend ses jambes à son cou et rentre chez lui pour confier à sa femme: «Je ne suis pas capable d'entrer là, tout le monde va me reconnaître!»

Après m'avoir raconté cette histoire, Robert Baillie n'a pas de peine à m'avouer, même s'il vient de publier son deuxième roman: «J'ai toujours eu le sentiment de voler ma place en littérature. J'ai eu l'impression de venir de nulle part et avec le sentiment qu'on va me punir. J'arrive d'aucun milieu. Je n'ai pas annoncé ma venue, comme d'autres! Puis, je me suis trouvé vieux, à trente ans, d'arriver avec un premier roman. À vingt-quatre ans, on a raison contre tout le monde mais à trente ans on ne peut pas balayer de la main le jugement des autres, il faut en tenir compte.»

Heureusement pour lui, l'accueil du public et de la critique a fait un bon sort à *La couvade*. Baillie ne volait pas non plus la place de personne. Il incarne au contraire une nouvelle génération d'écrivains mâles qui veulent rejoindre des voix féminines. Dans son premier roman, il tentait d'habiter le vieux cliché de l'écrivain «enceint» d'une œuvre comme la femme est enceinte de chair. Dans la deuxième œuvre qu'il vient de publier, *Des filles de Beauté,* le romancier part à la recherche de sa mère littéraire, Laure Conan.

Mais Baillie ne se considère pas pour autant comme un romancier féministe: «Je suis assez terrorisé par cette étiquette. Même les femmes répondent que leurs livres ne sont pas féministes mais féminins. Ce serait assez gênant pour moi de dire que mon écriture est féminine. Qu'est-ce que j'irais faire dans cette histoire-là avec mes pattes de misogyne? Car je suis peut-être le moins misogyne des misogynes mais je sais très bien d'où je viens et quelle est ma formation. D'autre part, je suis assez flatté de ce que les femmes ont dit de mes livres. Car au-delà de l'étiquette c'est sûr que je charrie probablement une idéologie qui se rapproche de celle des femmes. Je ne suis pas un romancier féministe mais c'est vrai que dans mes romans on voit des personnages qui ont des attitudes féministes. Cela n'est pas étonnant quand on sait que je vis avec ma femme depuis douze ans et que j'ai vécu avec ma grand-mère, ma tante et ma mère dans un univers qui finit par déteindre, par influencer les thèmes et les personnages. Pendant qu'on couve son roman, on vit: des femmes autour de soi vivent à part entière et cela ne peut pas faire autrement que d'influencer le romancier.»

Aussi, quand je lui demande si les femmes de ses romans sont réelles ou fictives, Baillie me répond: «Elles sont réelles dans la mesure où elles sont moi. Les femmes de mes romans, je les revendique comme étant une partie de moi-même. Effectivement, c'est à moi qu'elles ressemblent, à cette partie féminine en moi. Alors, elles sont fictives dans la mesure où la femme en moi est fictive et s'amuse par l'écriture.»

Robert Baillie n'a pas seulement vécu dans un univers féminin. Il a aussi habité un monde où les naissances ont été difficiles. Pas étonnant que ses livres racontent les naissances à répétition de ses personnages. Il a l'impression d'avoir volé sa place dans la vie comme en littérature. Fils unique, il remplace trois frères aînés morts à la naissance. Père de deux enfants, il a un fils né difficilement dans le même hôpital que son père mort quelques semaines plus tôt. De même, sa femme eut une grossesse difficile pour leur fille dont la naissance est à l'origine de *La couvade*. Ces détails de sa vie intime, Baillie me les raconte en parallèle de sa vie d'écrivain. Il m'explique que sa venue à l'écriture n'a pas été facile. Il lui fallait renouer avec son enfance mais deux personnages ont soudain pris toute la place: Jean Le Maigre de Marie-Claire Blais et Bérénice de Réjean Ducharme: «Après le choc de ces deux lectures, il devenait impossible pour moi d'inventer un enfant ou de projeter l'enfant que j'étais dans un personnage.» Mais il y eut les fœtus de *La couvade* puis le merveilleux Merlin, cet enfant personnage de douze ans qui mène le jeu du roman *Des filles de Beauté*.

Sa naissance comme écrivain, Robert Baillie la doit à des femmes. Son premier personnage fut sa tante aveugle, qu'il a fait mourir dans une composition en classe, avec tant d'émotion qu'élèves et professeur lui ont offert leurs condoléances. La tante aveugle vit encore et Baillie a continué d'écrire, sachant désormais que le mensonge peut gratifier, et que la fiction peut vous donner une place dans la vie. Cependant, son professeur de philosophie,

Raoul Duguay, qui lui enseignait la création dans la fantaisie et le sérieux à la fois, l'avait reçu un peu brutalement, un jour qu'il lui montrait des textes. Baillie attendit alors dix ans avant de faire sa maîtrise en création littéraire avec Monique Bosco. C'est elle qui lui conseilla de transformer son travail en roman, d'où *La couvade*. Puis, placé du côté de la littérature féminine avec ce premier roman, Baillie voulut aller aux sources et faire son doctorat sur Laure Conan: «On m'avait classé du côté des femmes, cela m'inquiétait. Je suis allé voir du côté des romancières. J'ai remonté la chaîne jusqu'à Laure Conan. J'ai dit: elle est ma mère littéraire. C'est l'ancêtre, il faut aller à elle. Je me suis intéressé au personnage et à son œuvre. Je me suis laissé happer par le personnage trinitaire: Laure Conan, Angéline de Montbrun, Félicité Angers, la trilogie de l'autogénie du roman québécois.»

Laure Conan, c'est le nom de plume de Félicité Angers, qui publia, il y a un siècle, le premier roman psychologique de la littérature québécoise: *Angéline de Montbrun*. Toute son œuvre évoquera cet amour inaccessible qu'elle a eu pour son père d'abord, puis pour Pierre Alexis Tremblay, homme trop chaste, son compatriote et député de Charlevoix. Mais il n'y a pas eu de mythe autour de Laure Conan comme pour Nelligan. L'œdipe assumé chez Nelligan va nourrir l'œuvre et le mythe. Tandis que chez Laure Conan, qui avait aimé son père à la folie, cette relation va empêcher le mythe.

La réflexion de Robert Baillie sur Laure Conan a débouché sur une écriture ludique. Il n'a pas fait son doctorat mais il a écrit son deuxième roman: une œuvre baroque qui met en scène les filles de Beauté et les fils de Laliberté. Plusieurs trinités de personnages, à l'image de la vie de Félicité Angers et de celle d'aujourd'hui, entre

la rue Chateaubriand et les caps de Charlevoix, tentent
de concilier le masculin et le féminin en traversant notre
histoire littéraire. Robert Baillie, devenu Merlin, s'installe comme un maillon de la chaîne après Félicité Laure
Conan. Puis le roman prolifère dans l'écriture touffue
d'une infinité de divorces et de retrouvailles du présent
au passé. Les personnages évoluent parmi des références
qui vont de Jacques Ferron et Gaston Miron à Germaine
Guèvremont et Yolande Villemaire. Pour Merlin enfin
la vie fait partie de la littérature. Ce véritable délire organisé fait de Robert Baillie un virtuose audacieux d'une
littérature nouvelle qui le placerait entre l'architecture
savante des romans d'Hubert Aquin et l'écriture délurée
de Réjean Ducharme.

«En fait, m'explique Robert Baillie, *Des filles de
Beauté* est une fiction qui repose sur la séparation entre
l'homme et la femme. Séparation du couple. Séparation
intérieure en chacun de nous du masculin et du féminin.
Beauté, la mère, va se débarrasser des diktats autour
d'elle. Elle est féministe. Elle va découvrir des valeurs
de liberté. Maurice, le père, qui est l'homme libre par
excellence, va découvrir des valeurs de beauté. Et leur
fils, Merlin, qui se situe au milieu, se trouve bien
dépourvu avec des parents si dépareillés, si exagérés et
si peu communs. Il va devoir se brancher et réagir. Il va
découvrir sa valeur, qui est la valeur de créativité. Il va
se mettre à réinventer ses parents, à les faire mourir et
revivre dans des cahiers qu'il laisse traîner, comme on
a tous fait à son âge (douze ans…). Dans ce roman, les
valeurs de beauté s'allient aux valeurs de liberté, dans le
chassé-croisé des rôles traditionnels. Mais c'est Merlin
qui va réussir l'union impossible de ses parents dans son
œuvre, dans sa créativité, par son écriture à la fois

tendre et violente. Cet alliage de la beauté et de la liberté dans la créativité, c'est peut-être une définition de la poésie. Les parents de Merlin, en découvrant ses cahiers, doivent se réaligner. Son écriture participe de leur évolution. Les mensonges de Merlin viennent interférer directement dans leur vie quotidienne. C'est un peu ce qui nous arrive quand on écrit. C'est vraiment par la création, par la poésie qu'on accède au collage de ses deux êtres. Cela me fait penser aux portraits de Picasso où l'on reconnaît cette déchirure constante dans le visage: derrière le masque déchiré on voit la présence de ce masculin/féminin dans toute sa difficulté d'être et dans tout son acharnement à se réunir.»

Robert Baillie évoque la poésie. Je me souviens alors qu'il a publié dans un numéro de la revue *Estuaire* une suite de poèmes intitulée «Marie aux bijoux anciens» et traversée par l'image d'une petite morte: «Cette petite femme morte d'avant *La couvade,* c'est probablement ma grand-mère, qui s'appelait Maria. Et c'est aussi une femme en moi qui était retenue, qui voulait s'exprimer et ne le pouvait pas. Cette petite femme était toujours habillée de noir et associée à des vieilleries, à des antiquités. Laure Conan est d'ailleurs une de ces antiquités, une grand-mère que le personnage de Merlin, qui est assez fort, va réussir à faire revivre. J'avais d'ailleurs une admiration énorme pour ma grand-mère, chez qui habitait toute notre tribu. Enfant, on vit avec des vieux comme on vit avec la mort. On est habité de façon très précoce par la mort, de façon presque quotidienne. Et pour moi la mort de ma grand-mère a été un événement très important. Je l'ai portée très longtemps et je l'ai transposée. J'ai toujours peur que ça meure, surtout les femmes autour de moi. Mais étrangement ce sont surtout les hommes qui meurent. Les femmes demeurent: ma mère, ma tante aveugle. C'est encore un monde de femmes qui persiste. C'est contraire à notre éducation d'hommes. Intérieurement et pour chacun il fallait tuer la femme en nous. Pour moi, le problème commençait à se poser et j'ai essayé de l'assumer dans l'écriture.»

1983

Robert Baillie est né en 1947 à Montréal.
La couvade, Les Quinze, 1980;
Des filles de Beauté, Les Quinze, 1982; l'Hexagone, coll. Typo, 1989;
Les voyants, l'Hexagone, 1986.

YVES BEAUCHEMIN

Les plaisirs de la terre-fiction

Avez-vous oublié Yves Beauchemin? Il a publié son premier roman en 1974. Peut-être vous souvenez-vous de *L'enfirouapé*? Ce fut un best-seller et un prix France-Québec. Aujourd'hui, sept ans plus tard, vous reconnaîtrez Yves Beauchemin à l'humour qui porte son deuxième roman: *Le matou*. Nous sommes loin du thème politique de *L'enfirouapé*. Nous nous retrouvons presque au milieu d'une fresque où l'humour tient la corde raide, à la frontière du réalisme et du fantastique. Les jeux sont faits autour de Florent Boissonneault, petit bourgeois passionné des restaurants, de Ratablavasky, l'étrange étranger, riche et redoutable, et de Monsieur Émile, l'enfant malin du sous-prolétariat. Autour d'eux se frayent, à travers les cinq cent quatre-vingt-trois pages du roman, une foule de personnages. Dont le Matou lui-même.

À vrai dire, Yves Beauchemin ne publie pas souvent mais il écrit tout le temps. Il écrit d'ailleurs depuis toujours. C'est à douze ans qu'il prend des notes pour son premier roman d'aventures: huit calepins de quarante pages. Il les a conservés. Beauchemin conserve tout. Il accumule les documents. Comme ce personnage de Balzac, ancien riche dont la maison croulait sous les provisions et les détritus. Beauchemin accumule. Mais la folie, c'est pour plus tard! En attendant, il se passionne pour la musique qu'il aime particulièrement, de Haydn à Xénakis. Il prend le temps de restaurer sa maison dans le Vieux-Longueuil. Il prend surtout le temps d'écrire.

Né en Abitibi en 1941, l'écrivain a fait ses études à Jolliet avant d'aller enseigner à Québec et Montréal. Depuis 1973, il travaille à Radio-Québec, comme conseiller musical puis comme recherchiste. C'est adolescent qu'il a fait connaissance de l'humour. Dans les camps de vacances, où il aimait faire rire. Dans *La barbe* d'Alphonse Allais, où il s'est mis à jouer avec les mots.

«Le désir d'écrire vient du plaisir de lire, dit-il. Avant d'être écrivain on est lecteur. Dans le fond, c'est un réflexe d'imitation: tu lis de bons livres, t'aimes ça, t'as envie de t'essayer. C'est comme les enfants qui voient le hockey à la télévision et s'achètent des patins pour imiter Guy Lafleur!

«Le désir de créer, plus profond encore que le désir d'écrire parce qu'il peut revêtir n'importe quelle forme, je ne sais pas d'où il vient... Quand j'étais jeune, j'inventais des jeux, avec mon frère. On était dans un village assez démuni au point de vue amusement. Mon frère venait me trouver le soir pour que j'invente des jeux. On en inventait. Finalement, c'est la même chose: écrire ou inventer des jeux quand t'es un enfant. Écrire, c'est aussi un jeu. Qui a comme but le plaisir. T'écris pas pour ennuyer le monde. T'écris, autant que possible, soit pour régler leurs problèmes: alors tu fais des livres pratiques. T'écris, soit pour les distraire: c'est le livre commercial. Ou t'écris pour leur donner un plaisir, qui voisine souvent avec la douleur: ça, c'est la littérature, qui est comme la vie. Qui distrait tout l'être, pas seulement le haut du cerveau. T'amuses tout l'homme. Tu l'amuses au sens large: plaisir et douleur se confondent.

«Et mon besoin de lire, qui s'émousse, hélas! avec les activités quotidiennes de l'âge adulte, il me vient de ma mère, qui a toujours été et est encore une lectrice passionnée. Quand j'ai eu cinq ans, ma mère s'est mise à me lire, le soir, l'été un roman de cape et d'épée: *Le château de Pontinès,* d'un certain V. Mag. Plus obscur que cet auteur, je pense qu'il faut n'avoir pas existé! Elle m'en lisait un chapitre par soir. J'avais cinq ans. Je ne savais pas lire. Ce fut un éblouissement, une révélation. J'ai d'ailleurs conservé ce livre chez moi. Si ma maison prenait en feu, c'est le livre que j'emporterais. Mes manuscrits aussi peut-être, parce que tous les auteurs sont égocentriques! Et quand j'ai commencé à pouvoir lire, c'est ce livre-là que j'ai lu, cinq ou six fois: *Le château de Pontinès.* C'était pour moi une introduction à l'univers merveilleux de la fiction: le seul univers que je peux habiter, moi. Non seulement comme écrivain mais aussi comme lecteur. Je suis devenu un lecteur effréné. Entre sept et onze ans, je lisais facilement cent livres par année... Mais cela se passait en 1946. Donc, avant la télévision. Qui a énormément envahi et appauvri le domaine de l'imagination des enfants. La télévision empêche d'imaginer, c'est de l'image. Tu l'as toute faite, tu deviens passif.

— *Vous pensez que la télévision nuit à la littérature, à la fiction?*

— La télévision a pris une place énorme. Mais d'autres facteurs ont aussi nui à la popularité de notre littérature. Même avant la télévision. La littérature québécoise avait traversé une longue période de morosité, entre les années trente et les années soixante-dix. Avant 1965, il fallait avoir un bon moral pour lire notre littérature! Je ne parle pas de la qualité littéraire des livres mais je dis que c'était une littérature triste. *Bonheur d'occasion* est un livre que j'admire mais ce n'est pas particulièrement rigolo. Les livres de Ringuet non plus. Cela explique peut-être la réaction des Québécois, qui sont encore un peuple déprimé: ce rejet de la littérature québécoise parce qu'ils se revoyaient trop en elle.

«Faut pas oublier la notion de plaisir. Quand t'as envie de lire, c'est pas pour te déprimer davantage, c'est pas pour te donner la migraine: c'est parce que t'as envie de passer un bon moment. Pas nécessairement niaiseux: un bon moment.

«Et cette littérature leur renvoyait leur image, peut-être une image difficile à soutenir. Ce qui fait que la littérature québécoise n'a jamais réussi à démarrer vraiment. Mais peut-être qu'il y a encore des chances pour l'avenir. Heureusement, à partir d'un certain moment, — je pense à des écrivains comme Roch Carrier, par exemple, comme Jacques Benoît, Jean-Yves Soucy, Louis Caron, Jacques Poulin et d'autres que j'oublie — on dirait que quelque chose s'est passé. Ce n'est pas dans la littérature que ça s'est passé, c'est dans le Québec. Il y a eu la Révolution tranquille. Et plus récemment, la réélection du Parti québécois. On a commencé à régler des problèmes qui nous angoissaient terriblement. On est en train peut-être de régler notre problème de survie. On commence à peine à régler notre problème de maîtrise du monde économique. On commence à peine. On est en train de cesser de se prendre pour des balayeurs et des porteurs d'eau. On est en train de voir qu'on est capable de faire du bon design avec du plastique, qu'on est capable de faire aussi des barrages, de se donner de jolis restaurants comme celui-ci. On est en train peut-être de prendre plus goût à la vie. Conséquemment, les écrivains, qui reflètent le milieu qu'ils habitent, nous renvoient l'image moins déprimante de nous moins déprimés. Et malgré l'influence de la télévision, peut-être qu'on lit un peu plus. Notre littérature est peut-être plus gaie. Pas plus superficielle mais plus gaie.

«Notre littérature ressemble de plus en plus à la littérature américaine. Je trouve que c'est une qualité. On a arrêté de faire du sous-Mauriac. Notre littérature est américaine-québécoise. Et je suis en train de réaliser, comme lecteur, que la littérature québécoise est de plus en plus habitable. C'est stimulant de lire les nouvelles productions. T'as l'impression de participer à un mouvement de création collective. Qui se fait au niveau de la littérature comme ça se passe au plan politique. C'est la preuve que la littérature et la vie c'est la même chose.

«Et c'est la preuve que les Français se sont fourvoyés avec le Nouveau Roman, qui est une littérature de professeurs. Et ça explique que le Nouveau Roman, même en livre de poche, ne tire pas plus de deux à trois mille exemplaires. Et c'est pour ça que Nathalie Sarraute m'ennuie… Nous avons mis du temps à nous éloigner de la France. Mais c'est seulement quand on sera très éloignés de la France qu'on pourra la conquérir. Qu'on pourra vraiment se faire accepter par les Français comme une littérature viable et intéressante. Que veux-tu? Louis Fréchette, qui était notre Victor Hugo, n'intéresse pas les Français. Leur Victor Hugo était mieux. Et toute notre période du roman canadien-français, qui ressemblait à du Mauriac! Il y avait mieux: l'original est toujours meilleur que la copie!

«Mais les Français, eux, ont fait une erreur avec leur Nouveau Roman. Quand t'écris, le lecteur peut te pardonner bien des défauts. Il peut te pardonner une forme relâchée, ou des outrances et des longueurs. Mais il y a une chose qu'il ne te pardonnera pas: c'est l'ennui. L'ennui, c'est mortel. Ça tue le livre, comme un coup de poignard en plein cœur. Tu peux te permettre d'ennuyer un professeur: il va faire la lecture au second degré. Il va dire: oui le livre est soporifique au cube mais belle utilisation des métaphores ou recherche très méticuleuse et très originale sur la structure du récit! Mais le lecteur, lui, n'a que faire de cette lecture de professeur. Le lecteur, lui, il veut un livre qui vit, qui marche, qui bouge.

«Ce n'est pas le cas du Nouveau Roman. C'est comme si les Français s'étaient posé un faux problème. Mais je pense que c'est lié à un appauvrissement de l'inspiration nationale en France. Quand un pays a épuisé son expérience vitale, il doit se rabattre sur autre chose… Les auteurs du Nouveau Roman sont comme certains musiciens d'avant-garde qui voudraient retenir l'attention de l'auditeur sans utiliser la mélodie. Uniquement avec du son. Faire du tachisme sonore. Ou des trucs aléatoires: les musiciens se lèvent, changent leur chaise de côté, font du bruit avec le triangle, font du bruit avec des vieilles casseroles, s'échangent leurs partitions, fument, rotent, font n'importe quoi. Et tout cela dans une telle ambiance! Sans mélodie et sans structure évidente. Qu'est-il arrivé? La musique contemporaine a perdu son public. Il ont peut-être raison mais ils n'ont plus de public! Donc, ils ont tort! Car, à partir du moment où un art n'a plus de public, il n'existe plus. Puisque l'art, c'est de la communication.

«Alors, les Français du Nouveau Roman ont voulu faire des romans sans personnages en mêlant le lecteur scientifiquement et totalement, pour qu'il ne sache plus ce qui se passe au moment où il lit. Et le lecteur de Nouveau Roman se demande: Est-ce que ça s'est passé? Est-ce que ça se passe? Est-ce que c'est l'avenir? Qu'est-ce qui se passe? Où suis-je? Est-ce que je tiens un livre? Est-ce que je tiens mon livre à l'envers ou à l'endroit? Qu'est-ce que je fais ici? Je suis peut-être fou? C'est peut-être l'écrivain qui a raison? Ou c'est peut-être l'écrivain qui est fou? Est-ce que la terre existe? Et à un moment donné, ce lecteur est perdu. Il n'y a alors qu'un remède: tu prends ton livre, tu le fermes, tu le déposes. Tu vas faire autre chose ou tu prends un autre livre!

«Moi, je prétends humblement que la façon de créer et de maintenir l'intérêt chez le lecteur est liée aux structures mêmes du cerveau, au fonctionnement de l'intelligence. Pour moi, romancier, la seule façon de maintenir l'intérêt chez un lecteur, c'est de lui présenter un flux continuel d'éléments nouveaux qui ont une relation entre eux. C'est exigeant. Mais si tu maintiens ce flux, l'intérêt va durer. Au contraire, si tu parles toujours de la même chose, ou si c'est un flot continu d'éléments qui ne sont pas reliés entre eux, c'est l'ennui. Si tu n'obéis pas à ces lois, tu tombes dans le vide. Et c'est pourquoi le Nouveau Roman, d'après moi, est tombé dans le vide. Ce qui n'exclut pas que certains livres de cette école que je viens de décrire puissent être des chefs-d'œuvre ou passionnants à lire…

— *Comment habitez-vous la fiction, comme romancier?*

— Mon univers de fiction est réduit au passé proche et au présent de ce que je vis. Cela tient à ma façon d'écrire. C'est de mon vécu que me viennent des messages. Je prends des notes dans mes calepins et j'attends.

Je reçois ce qui vient. Je suis à l'écoute. Dans un état de disponibilité et de passivité. Le livre se forme. Le vécu est transformé, malaxé par l'imagination. Tout cela me vient du désir de conter. Et le récit devient indépendant de la vie. D'ailleurs, les grands romans sont indépendants de la vie. Et chaque écrivain aspire à écrire un grand roman...

«La fiction, à ce moment-là, devient une deuxième terre. T'as le globe terrestre. Et, à côté, le globe terrestre imaginaire, complètement indépendant. Qui tourne à sa vitesse. Qui est complètement indépendant de la vie. Qui est un support pour la vie. C'est-à-dire que le lecteur, c'est souvent quelqu'un qui a besoin d'être consolé, réconforté, qui a besoin d'oublier. Et il change de globe terrestre. Il s'en va dans la terre-fiction. Qui est la terre-littérature.

«C'est pourquoi il est important en littérature de ne pas ennuyer le monde. L'ennui fausse une des principales fonctions de la littérature, qui est de donner du plaisir et d'enrichir l'expérience humaine de chacun. C'est extraordinaire de pouvoir dire: je prends Balzac, je prends Dickens, je m'assois et je peux assimiler l'expérience vécue d'un homme de génie. Et cette expérience vécue, transformée, m'appartient à moi, aujourd'hui. Et si j'ai envie d'oublier quelque chose ou de me distraire tout simplement, ces livres sont à ma disposition.

— *La littérature est un des grands héritages de la civilisation...*

— Ce n'est pas le seul, évidemment. Le plus fragile, c'est l'architecture. La littérature, ça ne prend pas de place, dans l'espace. Une bibliothèque, ça peut contenir bien des livres. Mais l'architecture, qui est un héritage aussi précieux, est très fragile aussi. Il est attaqué par les spéculateurs, par les pluies acides, par le temps, par l'ignorance des gens... Et mon prochain livre va peut-être parler de maisons, d'environnement, de Montréal. De ce passé qu'on est en train de continuer, grâce au ministère des Lenteurs culturelles, à nous arracher, maison par maison, pâté par pâté, de façon à ce que Montréal n'ait plus aucune personnalité et que la ville devienne comme le centre-ouest: un endroit parfaitement inhabitable. Où t'as envie d'être ailleurs. Où t'as envie de rentrer dans un de ces immeubles qui se déguisent à l'intérieur en vieilles maisons. Où les restaurants sont chaleureux, l'atmosphère ouatée. Dans ces immeubles énormes, cubes de verre ou de béton, qui sont absolument irregardables et qui te méprisent de tout leur poids...

«Mon prochain livre va peut-être parler de tout ça. Je voudrais qu'il en parle. Mais ce n'est pas moi qui décide. C'est l'écriture qui nous guide. Comme pour le musicien en train de composer une mélodie: elle se déroule selon sa dynamique à elle. Le compositeur ne peut pas dire: je vais la finir sur un ré majeur. Elle va finir. Mais il y a assez longtemps que l'environnement urbain me torture et me passionne pour que mon prochain livre en parle...

«Tu me demandes de parler de ma fiction. Mais en réalité je ne rationalise pas ça. J'ai le désir de raconter. J'ai le souvenir de romans et de pièces de théâtre extraordinaires. J'ai l'ambition d'être original. Avec ces trois choses-là, j'essaie d'écrire. Il n'y a pas de théorie là-dedans. Ce sont des souvenirs, des besoins, des ambitions. Et c'est un plaisir. Quoique, pour moi, le plaisir d'écrire soit très restreint. Car, à partir du moment où le premier jet est écrit, tout le reste devient de la cuisine. J'ai pris un an pour écrire le projet du *Matou* et six ans pour le corriger. Écrire, pour moi, c'est difficile. Imaginer, cela va très bien, à partir du moment où j'ai ma structure, où j'ai mes calepins. Je les traîne toujours sur moi. À un moment donné, je rapaille mes notes. Il se forme une sorte d'œuf autour duquel tout va se mettre à grossir. Quand j'ai assez d'éléments, je structure mon intrigue. J'écris le premier jet, à bride abattue, sans tenir compte des problèmes de forme. Quand mon premier jet est fini, là, le fun est fini. Faut mettre ça en bon français. *Le matou* m'a donné du mal. Il y avait toutes sortes de dosages à faire dans les dialogues. Les personnages appartiennent à plusieurs classes sociales. Et Ratablavasky, en plus d'être un étranger, est un personnage semi fantastique: le dosage du fantastique m'a donné des maux de tête épouvantables. Ce fut une très longue période d'écriture. Mon prochain livre, faudra que je le sorte en trois ans!

«Mais je sais que je suis fait lent. Neurologiquement, je suis lent. Mon frère aussi. Nous tenons ça de notre père. Mon père, c'est un menuisier, un ébéniste. Il a passé sa vie dans la forêt. Pour lui, le temps ne compte pas. Il n'est pas du tout un citadin. Pour moi aussi, un livre, c'est très artisanal. C'est du travail lent, patient, ma façon d'écrire. C'est une sorte de travail de psychanalyse. Ce qu'on écoute, dans le fond, c'est de soi la partie la moins rationnelle. C'est elle qui nous guide. Tout le monde a un subconscient, un inconscient et un irrationnel. Mais l'écrivain est peut-être l'homme privilégié qui a des canaux dont il ne saisit pas tout à fait le parcours, qui relient le conscient et l'inconscient. Mais l'écrivain n'est même pas intéressé à connaître ces parcours. Laissons les choses dans l'état où elles sont. Je ne serais pas intéressé à faire une psychanalyse pour me démonter en pièces détachées et me remonter sur une table. Je ne suis pas intéressé. Parce que je sais que je perdrais beaucoup, à ce jeu-là. Parce qu'un écrivain ne doit jamais devenir un fabricant. Artisan: oui, mais fabricant: non.»

— *La littérature, ce n'est pas une maladie. C'est naturel!*

— Oui. C'est ça. La littérature, c'est noble. C'est comme l'amour.

1981

Yves Beauchemin est né en 1941 à Noranda en Abitibi.
L'enfirouapé, La Presse, 1974;
Le matou, Québec/Amérique, 1981;
Juliette Pomerleau, Québec/Amérique, 1989.

VICTOR-LÉVY BEAULIEU

Le prix de l'écriture

Victor-Lévy Beaulieu est un personnage à multiples visages qui ne fera jamais l'unanimité autour de lui. Pamphlétaire, il aime tirer du paradoxe. Éditeur, il publie les livres d'autres géants de l'écriture, tels Jean-Claude Germain et Michel Garneau. Écrivain, il s'attire cependant les éloges de ses ennemis comme de ses amis.

C'est l'écrivain que j'ai rencontré, cette semaine. Pour plusieurs raisons. Victor-Lévy Beaulieu va publier bientôt le dernier roman du cycle des «Voyageries»: *Una*. Au printemps dernier, il a fait connaître ce que la critique a nommé un chef-d'œuvre: *Monsieur Melville,* un essai-fiction sur la vie et l'œuvre du grand auteur américain. D'ailleurs, Lévy Beaulieu a d'autres admirations en écriture: à Melville, il faut ajouter Hugo (à qui il a emprunté son prénom), Kerouac (à qui il a consacré aussi un essai), Joyce et Jacques Ferron, sur qui il promet d'écrire. J'ai donc rencontré Lévy Beaulieu, écrivain, lui demandant quelques réflexions sur son métier. VLB s'est fait de nouveau paradoxal et pessimiste, lui dont un critique du grand quotidien français *Le Monde* disait qu'il était un écrivain québécois et génial! Lui dont les œuvres sont maintenant éditées en France chez Flammarion (et au Québec chez lui-même, VLB Éditeur…).

«Le véritable écrivain, me dit Victor-Lévy Beaulieu, c'est celui qui fait une œuvre. Il n'est donc pas tragique d'écrire pour cinq cents personnes durant vingt ans! L'important, c'est que la construction des livres se fasse. Quand elle sera faite, les gens entreront dans l'œuvre. Le temps n'a pas d'importance. Mais ici l'écrivain a trop tendance à devenir «efficace». L'important, c'est le besoin d'écrire et de bâtir une œuvre qui te permette de dire ce que tu sens.

«Exprimer la création, c'est déjà un accomplissement. Si l'écrivain écrit, c'est qu'il y a, à l'origine, quelque obsession fondamentale à liquider. Le besoin d'écrire, c'est celui de creuser ses obsessions. Et de se trouver assez fou pour se demander: «Si je n'écris pas aujourd'hui, je ne sais pas ce que je ferais d'autre!» Mais on est dans une société où ceux qui se sont donné la fonction d'écrire n'ont peut-être pas ce besoin quasi animal de se dire: «Si je n'écris pas aujourd'hui, tout va craquer, pas seulement pour moi mais pour le reste aussi!»

«Que tu sois lu par vingt-cinq personnes ou deux cents millions, cela n'a pas d'importance pour moi. D'ailleurs, je ne me pose même plus la question. Je sais qu'on habite un pays qui n'intéresse personne de l'extérieur (peut-être parce qu'on ne donne pas beaucoup au monde). Nous ici, au Québec, contrairement au peuple juif, on a un territoire mais pas d'espace intérieur. C'est cet espace intérieur qui est en train de se créer avec la littérature. Le discours des écrivains est en train de changer. Par exemple, Claude Jasmin. Il rêve d'écrire «un grand livre». Il y a dix ans, il rêvait d'écrire «le chef-d'œuvre joual». Les écrivains québécois aujourd'hui rêvent tous d'un grand projet. C'est la recherche quasiment désespérée d'un espace intérieur.

«Mais peut-être faut-il aller plus loin. Le discours des écrivains s'inscrit toujours dans une ligne traditionnaliste: de l'écriture ou de l'imaginaire. Par exemple, Antonine Maillet. Ce qu'elle écrit se situe globalement dans une grande tradition littéraire québécoise ou nord-américaine et dans un lieu romanesque fini. C'est ce que je trouve dramatique chez Antonine Maillet: elle parle d'une condition qui est finie, qui est morte. En fait, elle fait la géographie d'un monde qui ne peut pas avoir d'avenir.

«D'un autre côté, quand tu regardes ce qui s'écrit au Québec, il n'est pas patent que le monde qui est décrit n'est pas un monde fini! En tous cas, je le regarde de ce point de vue parce que la situation du Québec est paradoxale: on veut entrer dans l'histoire — c'est cela, être souverain — à un moment où on se rend compte qu'elle est une grande faillite pour tout le monde! Pourquoi entrer dans le grand concert des nations quand tu sais qu'il faudrait tout jeter à terre et recommencer à zéro? Deuxièmement: entrer dans l'histoire, ça nous donnerait quoi, à nous? aux autres? On se rend bien compte que ça ne changerait pas grand-chose fondamentalement à notre situation, à notre condition.

«Que faudrait-il faire alors? Moi, je suis convaincu que l'Histoire est une notion dépassée, qu'on chatouille encore parce que tous nos idéaux, notre éducation, notre passé nous font croire que c'est encore important! Finalement, quand on regarde tous nos mondes, fabriqués à tous les niveaux (économique, sociologique, culturel et politique), quand on défait tous ces mécanismes des mots *vertu, amour, bonheur, vie, mort* et *souffrance,* on s'aperçoit qu'il n'y a rien: c'est du vent. Et c'est du vent qu'on a érigé en espèce de système. Et l'on vous dit: «C'est ça, le bon vent, l'homme c'est ça!» Mais c'est le travail de l'écrivain, justement, de déconstruire ces mots, d'aller en chercher le sens véritable.

«D'autre part, l'écrivain n'a plus de fonction sociale dans la société. La société moderne est la première au monde à pouvoir se passer de l'écrivain. Elle l'a remplacé par autre chose. Les plus grands écrivains de notre époque, ce sont les publicitaires. C'est bien connu. Ce sont eux qui modulent le monde! On aura beau écrire des tonnes de livres, pas un écrivain n'arrivera à l'efficacité d'une promotion comme «On est six millions faut s'parler».

«L'écrivain n'a plus de rôle social, aujourd'hui. Avant l'époque industrielle, il avait pour fonction de louanger les régimes en place. Mais on s'est rendu compte que le système industriel et capitaliste développait lui-même sa propre jouissance. Quel rôle alors l'écrivain a-t-il à jouer? Moi, je prétends qu'il n'a plus du tout de rôle à jouer. C'est précisément ce qui fait le prix de l'écriture.

«Les pouvoirs aujourd'hui n'ont plus besoin de l'écrivain. Pour la première fois de l'histoire, l'écrivain se retrouve complètement seul avec lui-même et contre lui-même. Ce qui donne tout son prix à l'écriture. C'est fabuleux. L'écrivain qui écrit, c'est vraiment parce qu'il n'a pas d'autre solution que celle d'écrire. Il me semble que c'est seulement à ce moment-là que l'écriture peut avoir un sens et peut donner ce qu'elle a à donner. En ce qui me concerne, je trouve qu'il n'y a pas de solution politique, pas de solution sociale, pas de solution tout court. J'écris parce qu'il n'y a pas de solution. S'il y avait des solutions, je ferais autre chose. Et quand on aura véritablement trouvé des solutions, plus personne n'aura besoin d'écrire. Écrire, c'est un manque à vivre, un manque à devenir, un manque à être. C'est devenu une maladie des sociétés. Et c'est tant mieux, d'une certaine manière.

«Écrire, c'est un acte gratuit. C'est ce que j'aime de plus en plus dans l'écriture. C'est un acte gratuit parce que sans solution. Moi, j'écris depuis quinze ans. Plus on avance dans l'écriture, plus on se rend compte qu'il n'y a pas de solution, ni pour les autres, ni pour soi.

«Écrire, c'est pour moi, effrayamment, un monde circulaire. T'es dans le cercle. Au début, tu t'imagines qu'en écrivant tu vas pouvoir sortir de ce cercle. Par l'écriture, t'es amené à débroussailler autour de toi. Pour te rendre compte qu'il ne reste plus rien. Sinon toi. Quand tu commences à te regarder comme individu, tu te dis que tu n'as pas beaucoup d'importance. Ce que je suis n'est pas différent de ce que tout le monde est. Ce que je cherche, je ne le sais pas véritablement.»

1979

Inventer son propre bateau

Victor-Lévy Beaulieu en mène aussi large qu'avant le référendum de 1980. Comme beaucoup d'autres, l'écrivain a troqué l'amertume de l'échec politique contre la sérénité de la création littéraire. Si l'on se fie au ton qu'il a pris pour notre entretien, on peut comprendre que, pour le romancier, «l'indépendance du Québec reste un minimum»

et que son rôle sera désormais «d'occuper le territoire de
l'imaginaire». C'est à partir de là que le pays déborde,
m'explique Victor-Lévy Beaulieu.

La sérénité de l'écrivain lui vient sans doute des succès de *L'héritage,* roman et téléroman: quatorze mille
exemplaires imprimés et un million quatre cent mille télé-
spectateurs à l'antenne de Radio-Canada le mercredi soir.
L'auteur souhaite, avec cette nouvelle œuvre, «contribuer
à dessiner un peu mieux la cartographie québécoise».

L'héritage se passe à la fois dans le Haut du fleuve,
à Montréal, et dans le Bas, à Trois-Pistoles. Au début de
cette saga, deux personnages qui nous rappellent que nous
sommes encore en pleine civilisation du livre et qui sont,
dit l'auteur, «le double blanc et le double noir». Philippe
Couture, homme d'affaires le jour et poète la nuit, a lu
tellement de poésie qu'il parle comme un poète. Xavier
Galarneau, cet austère protestant, a tellement lu la Bible
qu'il parle comme un oracle.

«On m'a reproché la violence des Galarneau, dit
Beaulieu. Mais cette violence verbale n'est pas une violence gratuite. On ne se donne pas de coups de poing,
chez les Galarneau. Il s'agit d'une violence habitée, inté-
riorisée. J'ai respecté l'esprit des Français protestants
habitués de vivre dans une sorte de *mal-confort* et capables de répondre en paroles sans aller plus loin. C'est aussi
très québécois, cette peur qu'on a de voir sortir les sentiments. En même temps il y a, je crois, de beaux moments
de tendresse entre Junior et Julie, et entre Xavier et
Miville, par exemple.

«D'autre part, ajoute l'auteur, il ne saurait y avoir
de descente réelle dans la conscience québécoise sans
excès: il y a un au-delà du réel par lequel se transfigure
la banale vie du banal quotidien. Et, me semble-t-il, c'est

ce qu'expriment mes personnages, que ce soit Xavier lisant la Bible ou Philippe lisant Paul-Marie Lapointe, ou Miriam, ou Albertine et sa longue chevelure noire de princesse malécite déchue, ou bien les grandes oreilles décollées de Ti-Bob Cayouette, ou bien ce James Dean qu'est parfois Junior, ou bien encore Gabriel, jouant à l'homme-cheval et rêvant au royaume des centaures aux confins de Trois-Pistoles.»

De tous ces protagonistes, Philippe Couture est certes le plus étonnant. Cet écrivain qui se croit raté a lu tous les poètes québécois. Tout comme l'avait fait Victor-Lévy Beaulieu afin de nourrir le personnage. «J'ai toujours été fasciné par la poésie, dit Beaulieu. J'admire ceux qui refont en dix lignes une métaphore de la vie dépouillée de l'anecdote et de l'archétype. Le poète ne peut s'en sortir que par la force du langage. Relire toute notre poésie m'a révélé quelque chose de fabuleux: on peut y passer sa vie et y trouver tout ce dont on a besoin — ce qui n'était pas le cas il y a cinquante ans. Et si tu ajoutes aux Paul-Marie Lapointe, Gaston Miron, Claude Gauvreau, François Charron, les auteurs romanesques tels le génial Hubert Aquin, Réjean Ducharme, Jacques Ferron et d'autres, tu t'aperçois que notre littérature est devenue assez costaude pour qu'on puisse vivre à l'intérieur d'elle sans avoir l'impression qu'on est en manque de quelque chose.»

Cette confiance en notre littérature doit-elle être reliée à un nouveau rapport de l'écrivain au Québec?

«Nous avons cru pour une bonne part — nous, les intellectuels et les écrivains — que le politique prendrait la relève de ce que la culture avait assumé par le biais des chansonniers ou de la littérature, par exemple. Nous avons cru ce pays possible. Nous l'avons prouvé par nos livres. Nous avons demandé au politique de le prouver à son tour. Mais peut-être avons-nous fait les choses à l'envers, dit Beaulieu.

«Comme intellectuel et écrivain québécois, mon pré-requis, ce ne sera jamais moins que l'indépendance du Québec. Mais aujourd'hui je ne fais pas confiance à la politique comme telle pour y arriver. Je fais plutôt confiance à un mouvement de peuple. C'est-à-dire qu'un peuple est là, comme un individu, pour naître, apprendre ce qu'il a à faire et le faire. Dans ce sens, je fais confiance à la loi générale qui veut que, tôt ou tard, nous serons de nouveau confrontés avec notre destin.

«Alors je me dis que, comme intellectuel ou écrivain, il s'agit pour moi d'occuper cet espace québécois, de l'occuper intérieurement par mes personnages. Puisque c'est mon travail à moi de créer des personnages qui occupent le territoire. Quand on l'aura assez occupé du côté de l'imaginaire, on va bien voir que le pays déborde!»

Cet imaginaire, Victor-Lévy Beaulieu l'explore dans *L'héritage* avec les poètes qu'a lus Philippe Couture, mais aussi avec «les gens du fleuve», selon le premier titre qu'il avait donné à son œuvre. «Ce n'est pas moi qui deviendrais marin mais j'aime bien regarder le fleuve, dit Beaulieu. L'eau, c'est un beau moyen de voyager dans l'imaginaire.»

Ce fleuve, c'est donc celui des poètes. Comme le dit Philippe Couture, qui a lu Héraclite: ce fleuve qui est toujours le même mais jamais le même bien que paraissant être le même! Ce fleuve qui nous appartient et qu'on ne maîtrise pas, dira encore l'amoureux d'Albertine. Ou ce fleuve que Victor-Lévy Beaulieu a traversé dans l'œuvre d'un poète comme Michel Beaulieu.

«Au début de son œuvre, Michel Beaulieu parle beaucoup du fleuve et de l'eau. Peu à peu ce thème se transforme et c'est surtout Montréal qui habite l'imaginaire du poète. Montréal est devenu le fleuve: un fleuve de vie, d'émotions, de sensations. Puis dans son dernier recueil, *Kaléidoscope,* paru quelques mois avant la mort prématurée du poète, Montréal est devenu un lieu d'enfermement symbolisé par une chambre où passe une femme évanescente. Comme une petite rigole qui entre dans sa chambre et qui en ressort sans laisser de trace, contrairement à ses premières poésies où c'était le déferlement, la puissance de la vague qui emportait tout.

«Pour le Québec, le fleuve a d'abord été inaccessible, conclut Victor-Lévy Beaulieu. On est venus de France. Une fois rendus à Montréal ou à Québec, on ne semblait plus pouvoir ressortir du fleuve sur les bateaux européens, on faisait naufrage dans le golfe. Jacques Ferron a bien développé cette thématique. Quand il a écrit *Le Saint-Élias,* c'était pour montrer qu'avec des bateaux bâtis ici à Batiscan, oui, on pouvait prendre le fleuve, s'en aller dans les mers du Sud ou ailleurs et en revenir sans faire naufrage. Ferron faisait là une allégorie. Il voulait dire: une fois qu'on est capable, on fait ce qu'on est et il n'y a aucune raison que ça ne marche pas. Mais si on essaie de le faire autrement, par origines interposées, sur les bateaux des autres, on coule. C'est à partir du moment où nous avons inventé notre propre bateau que nous avons pu prendre le fleuve.»

1988

Victor-Lévy Beaulieu est né en 1945 à Saint-Paul-de-la-Croix.
Blanche forcée, VLB Éditeur, 1976;
Monsieur Melville, VLB Éditeur, 1978;
L'héritage, Stanké, 1987.

LOUKY BERSIANIK

Notre corps d'écriture

Louky Bersianik, l'auteur de *L'Euguélionne,* ce best-seller du féminisme au Québec et en France, vient de publier le second tome de son grand projet d'écriture: *Le pique-nique sur l'Acropole,* chez VLB Éditeur.

C'est la réponse au *Banquet* de Platon, celui-là où les hommes avaient parlé de l'amour. Dans le livre de Louky Bersianik, des femmes contemporaines se réunissent la nuit sur le vieux site de l'Acropole pour parler de leurs sexualités.

En face du portique des caryatides se retrouvent donc Aphélie, Edith, Epsilonne, Adizety, Xanthippe, Ancyl et Avertine. Les discours s'enchaînent sur une sexualité plurielle. C'est assez pour faire revivre la Caryatide, géante, terrible vivante.

Louky Bersianik, elle, se sent une enfant à côté de la Caryatide qu'elle a éveillée. Car «écrire est une expression corporelle». Et «sans projet d'écrire, je mourrais», me dit-elle. Pour répondre à mes questions sur son livre, Louky Bersianik me parlera donc du féminisme, de l'écriture, de la Grèce, des sexualités et de l'imaginaire féminin.

«Je suis féministe radicale dans le sens où ma lutte se base sur l'oppression spécifique des femmes. Et l'ennemi à renverser, c'est le patriarcat.

«Je me sens comme une extra-terrestre. Je ne suis pas encore arrivée. Les femmes, on est extra-territoriales. On existe, on super-existe même. Mais on est invisibles. Comme des îles flottantes sous-marines. On n'a pas émergé encore. On n'a pas de racines. On est à la dérive.

«Il nous faut émerger comme femme mais aussi comme être humain. Mais si tu n'as pas été reconnue comme femme pendant des siècles et des siècles, ton corps ce n'est plus un corps humain. Tu n'es pas un être humain. Et tu n'oses pas montrer ton corps. Le corps qu'on a montré, ce n'est pas le tien. Tu vois, je te dis ça et j'ai envie de pleurer. Je ne sais pas comment le dire.

«C'est peut-être pourquoi j'ai dit à un moment donné qu'écrire c'est une expression corporelle. Car j'ai besoin de m'exprimer. Pas dans ma tête mais dans mon corps. Deux doigts seulement qui vont participer à l'écriture, c'est déjà «du corps». C'est peut-être seulement cela que j'ai comme corps, actuellement: les deux doigts qui vont aller sur la page et qui vont écrire des petits points noirs. Je ne prétends pas que les petits points noirs vont révéler quoi que ce soit mais c'est un commencement.

«L'écriture est vraiment corporelle. C'est de la chair et du sang. C'est ma respiration. Et on a besoin d'émerger pour respirer. Je ne veux pas du tout faire un ghetto de l'écriture de femme. Je voudrais que l'écriture soit l'écriture humaine. Mais on ne peut pas ignorer qu'il y a une différence.

«Moi, je ne suis pas arrivée tard à l'écriture. J'y suis arrivée dès le moment où je faisais mes A,B,C,D derrière un calendrier! J'ai toujours écrit. Toujours. J'ai

toujours pensé que mon expression, c'est l'écriture.
Depuis toujours, j'ai pensé que j'étais écrivain. Alors,
c'était pour moi une souffrance tout le long de ma vie
de ne pas publier. Je suis arrivée tard au public. L'écriture restait toujours une tentative. C'est pourquoi le féminisme a été une libération: enfin, pouvoir se dire! En fait,
j'ai toujours été féministe mais je ne le savais pas. Et mon
écriture était toujours tronquée. Elle n'aboutissait jamais.
Je n'arrivais pas à dénouer quoi que ce soit. J'étais vraiment bloquée dans mon écriture. Malgré cela, j'ai toujours écrit. J'ai toujours écrit des poèmes. Ma souffrance,
c'était de savoir si je l'avais, l'affaire, pour écrire!
Aujourd'hui, je le sais, je le ressens. Et j'ai la main! C'est
une partie du corps. T'as rien qu'une main mais il te faut
écrire avec tout le corps! Quand est-ce qu'on va me le
donner ce corps-là? Quand est-ce que je vais y accéder?
Pour moi, l'écriture, c'est charnel. Et c'est prendre ta
place autour de la table.

«C'est une souffrance d'y arriver. Mais à partir de
L'Euguélionne j'ai franchi une grande distance. Je ne parle
pas de la qualité mais de l'avancée vers moi. L'Euguélionne n'est pas encore tout à fait sur la terre mais l'avion
commence à atterrir. C'est pourquoi le poème pour moi
est vraiment nécessaire. Dans le poème, je suis beaucoup
plus proche de moi, beaucoup plus proche de mon corps.
Le poème, c'est peut-être moins public que le roman. J'ai
l'impression de moins me livrer. Je me permets d'être
hermétique. Je me permets de m'envelopper. Mais à
l'intérieur de mon corps. Je ne suis pas à l'extérieur.

«C'est comme dans la vie: je suis très solitaire en
même temps que j'ai besoin des autres. Ce sont deux
démarches nécessaires. Pour écrire mon dernier livre,
c'était nécessaire de m'isoler sept mois en Crète. Ce

n'était pas une partie de plaisir. Je suis allée vraiment travailler. Écrire le livre, cela m'a pris un mois et demi. Mais je ne l'aurais pas écrit sans cet isolement et ce temps de réflexion.

«Je ne connaissais pas la Grèce. J'y allais pour la première fois, à quarante-sept ans. Elle ne m'a jamais fascinée. Pour moi, la Grèce, c'est le berceau de la misogynie! J'ai voyagé partout en Europe mais j'ai toujours évité d'aller en Grèce. Si tu lis *Le banquet* de Platon: c'est un monde d'hommes. Je suis allée voir la Grèce. C'est bien ce que j'ai trouvé! Ils sont encore tous au banquet de Platon, en Grèce! Ils sont tous là dans les cafés, à partir de sept heures le matin. Ils vont manger chez eux puis retournent au café. Ils sont tous au banquet de Platon! Ils n'ont pas idée que la femme existe. La femme existe pour rester dans la maison. Eux, ils draguent les touristes étrangères! Finalement, je me demande quelle peut être leur vie affective.

«Les hommes sont encore au banquet de Platon. Et j'ai appelé mon livre un «pique-nique» sur l'Acropole, parce que nous, les femmes, nous sommes pauvres. Les femmes sont pauvres. Elles ne peuvent pas se payer un banquet, elles se payent un pique-nique. On est encore aux sandwiches! Et aux œufs durs! On n'est pas encore à table. Je ne m'y sens pas. Même si je sais que les femmes d'autres générations, plus jeunes, pensent autrement et prennent leurs aises. Moi, j'ai de la misère à me sentir confortable. Moi, j'ai presque cinquante ans. Je ne suis pas une fille de trente-cinq ans qui, elle, peut éclater. Moi, je suis encore avec mon corps du passé. Qui n'a pas été reconnu. Depuis que je suis petite que mon corps n'est pas dans une situation confortable! De toute façon, même

si les femmes peuvent se sentir à l'aise, elles ne sont pas
encore autour de la table!

«Mais je ne sais pas comment on va faire. On veut
être là où se prennent les décisions et en même temps on
ne veut pas le pouvoir. Pourtant, le pouvoir politique est
important. C'est sur le corps de la femme qu'on légifère.
C'est important d'être là. En même temps, on a beau avoir
fait l'analyse de notre situation, on en arrive théorique-
ment à une non-solution. C'est notre imagination qui va
trouver la solution. Il faut imaginer. Il faut arrêter de se
mettre le nez dans l'histoire. L'histoire nous a balayées.
Alors, arrêtons de chercher le sens de l'histoire. Pensons
à côté. C'est notre travail.

«Et c'est exaltant d'être femme, aujourd'hui. La solution va s'articuler tranquillement. Mais ce ne sera pas de
s'en aller vivre toutes seules sur une île toutes les femmes ensemble, la solution! Je pense qu'il faut tenir compte
de l'autre moitié de l'humanité et ne pas faire comme les
hommes. Il ne faut pas les oublier les hommes, là-dedans.
Moi, j'ai un fils de quinze ans et je ne les oublie pas, les
hommes. Je veux que mon fils soit bien dans sa peau. Je
ne veux pas qu'il soit une fausse femme. Je veux qu'il
soit un homme. Un être humain. Je ne veux pas qu'il se
sente castré parce que je suis féministe. Je ne veux pas
oublier les hommes ni mettre les femmes à la place des
hommes.

«Je comprends très bien les lesbiennes radicales, qui
rejettent l'homme. C'est une étape nécessaire mais que
peut-être toutes les femmes ne sont pas obligées de traverser. Il ne faut d'ailleurs pas les confondre avec les
féministes radicales: toutes les lesbiennes ne sont pas
nécessairement féministes. Mais aussi, je parle de cette
sexualité, dans mon livre. C'est très important que

l'homme sache. Pour qu'enfin il tienne compte du corps de la femme. Avant le féminisme, il se sentait tellement nécessaire lui-même qu'il ne tenait pas compte du corps de la femme. C'est pourquoi d'ailleurs la femme était frigide. On ne la clitoridectomisait pas physiologiquement mais psychologiquement.

«Cette sexualité subversive des femmes qui choisissent le lesbianisme, je pense qu'elle est nécessaire. Parce que les femmes sont des enfants sans mère. Je l'ai écrit dans mon livre. Avant d'être femmes, nous allons trouver notre mère. Ensuite, cette mère-là va être une femme. Imagine le chemin que nous avons à parcourir! Mais on ne pourra jamais nous enlever le fait d'être nées d'une femme. Le premier objet d'amour, ça a été une femme. Le premier orgasme, on l'a eu avec une femme: sa mère. Celle qui t'a mise au monde, qui t'a nourrie. Celle qui t'a donné ton premier plaisir, ta première souffrance. C'est pas parce que Freud a dit de balayer cela qu'il faut le balayer! C'est complètement stupide et monstrueux de penser qu'on accède à la féminité en balayant ça! Il y a donc une composante homosexuelle fondamentale chez la femme. Il faut le comprendre, comme femme. Et il faut que l'homme avec qui tu fais l'amour reconnaisse cette composante homosexuelle chez la femme. C'est-à-dire qu'il te serve de mère quand tu en as besoin. Qu'est-ce qu'on fait, nous, les femmes? On sert de mère à l'homme qu'on aime. Après ça, on est une femme. Tantôt une mère, tantôt une femme. L'homme, il l'a, lui, sa mère: il la cherche dans une femme et souvent n'y voit plus que la mère. Alors, pourquoi nous, les femmes, n'aurions-nous pas une mère, à un moment donné? Il faut savoir que la bisexualité existe. Cela existe, des femmes qui aiment être dans les bras d'un homme et qui aiment être dans les bras d'une femme. Cela existe aussi, des femmes qui reconnaissent leur homosexualité fondamentale mais qui ont choisi d'être avec un homme. Tout cela existe. Et je pense qu'il faut arrêter de cloisonner les sexes. Il faut les détruire, les sexes, d'abord. Il faut recommencer à vivre avec son corps.»

1979

Louky Bersianik est née en 1930 à Montréal.
L'Euguélionne, La Presse, 1976;
Le pique-nique sur l'Acropole, VLB Éditeur, 1979;
Kerameikos, poèmes, Le Noroît, 1987.

GÉRARD BESSETTE

Mon chat parlant

Gérard Bessette, né en 1920, et sa sœur Ria, son aînée de quatre ans, vivaient dans leur enfance avec un chat. Nommé Pilou, leur chat parlait. En présence des parents surtout. Les enfants donnaient ainsi leur langue au chat contre le monde, contre père et mère. Par exemple: «maudit coton» (maudit cochon), «maulite tie» (maudite truie). Le chat imaginaire fait encore des siennes aujourd'hui: «Il arrive même à ma sœur, quand je la vois, de parler en chat, de mal prononcer pour exprimer des idées osées (elle est très croyante, moi pas)», m'avoue Gérard Bessette qui, pour sa part, est devenu écrivain.

Il vient justement de publier un drôle de livre: *Mes romans et moi*, chez Hurtubise HMH. L'ouvrage est né un peu du hasard. À Radio-Canada, on lui avait demandé un texte pour la série «Un écrivain et son pays»: voici les «premiers souvenirs» d'enfance de l'écrivain. Puis, une maladie a paralysé le professeur Bessette chez lui un semestre: voici l'occasion d'oublier ses élèves et de penser à soi. «Alors, je me suis dit: je vais me pencher sur mon nombril!» Et Gérard Bessette de relire ses propres romans à la lumière de la psychocritique:

— *Vous êtes passé de la fiction à la réalité?*

— Oui. Et là, j'ai essayé d'être le plus objectif, le plus ouvert, le plus franc possible. Il y a des choses que je n'ai pas voulu dire mais tout ce que j'ai dit est vrai. La psychocritique, dans sa méthode principale, consiste à superposer les œuvres et tirer les grandes lignes de cette surimpression. Ainsi, des personnages et des situations vont revenir. Je l'ai fait pour mon père. Mais non pour ma mère qui, heureusement, est encore vivante et lucide: elle a quatre-vingt-quatorze ans et jusqu'à l'année dernière elle lisait au moins deux livres par semaine! Mais j'aurais aussi des choses à dire sur elle. Avec la psychocritique, on découvre des choses qui étaient inconscientes.

— *Vous avez seulement raconté vos premiers souvenirs. Votre enfance ne figure pas dans votre œuvre romanesque, comme l'a remarqué le professeur Jacques Allard. À quand une psychocritique de vos premiers souvenirs?*

— Je n'ai pas fantasmé l'enfance. Mais je suppose qu'il y avait souffrance. C'est une hypothèse. Il faudrait que je creuse cela davantage. Réécrire mes premiers souvenirs avec explications. En me faisant aider de ma sœur peut-être qui se souvient mieux que moi de notre enfance. Par exemple, le tout premier souvenir est aussi révélateur qu'une série de rêves. Mon premier souvenir à moi, c'est celui des dents d'un cheval. Papa tenait les babines du cheval. J'avais moins de trois ans. J'étais au stade buccal. Tout est normal. Mais j'avais oublié que maman avait une peur-panique des chevaux: notre jument avait essayé à plusieurs reprises de la mordre. Ce premier souvenir (que je réécrirai) est donc sur-déterminé: c'est maman qui m'avait dit de ne pas m'approcher des chevaux: «Ils vont te mordre.» Moi, j'en étais encore à mordre ma sucette. Je voulais peut-être encore mordre le sein qui m'avait nourri, comme on dit. Mais il y avait aussi les dents dangereuses. Peut-être qu'il y avait de mon côté une identification au cheval. Peut-être que j'aurais voulu mordre moi aussi, justement. Mais d'habitude les gros animaux représentent le père. Alors là, je ne sais plus. Il faudra que j'essaye d'analyser mes premiers souvenirs.

— *Vous y trouveriez peut-être le moteur premier de votre écriture, jusqu'à la caverne des* Anthropoïdes. *Et si c'était relié au cordon ombilical endommagé lors de votre naissance et dont vous parlez dans vos souvenirs?*

— Je ne sais pas… J'ai eu peur rétroactivement. C'est vrai… Non. Le lien le plus important, c'est entre notre chat parlant et plusieurs de mes personnages. Dès ma tendre enfance, il y avait ce chat qui parlait, qu'on faisait fabuler. S'il y a eu dans ma famille une originalité, c'est bien ce chat. Il avait son caractère. Il était gauchiste, antireligieux, anti-tout. Et alors, regardez mes personnages. Jodoin, il est «anti», comme ce chat. Je ne me doutais pas de ce lien. C'est pourtant assez simple. Et jamais je n'avais oublié l'existence de ce chat.

— *Quelle enfance avez-vous eue?*

— Une enfance heureuse, comme on dit. Mais je devais sentir une certaine oppression. On ne perd pas la foi aussi radicalement que moi sans avoir eu de la souffrance… Enfants, nous dépendions au carré de la religion. Alors, je devais le sentir. D'un autre côté, je trouvais que papa — je l'ai découvert récemment — était trop obéissant, trop bien-pensant. Alors, j'ai créé des «anti-père» qui se révoltaient contre la société. C'est justement une des choses que m'a apprises la psychocritique. Et j'ai été surpris de découvrir une origine paternelle chez certains personnages qui sont absolument à l'opposé de ce qu'était mon père. Je ne m'attendais pas à cela. Or, je me suis rendu compte que, lorsque j'étais petit, j'aurais voulu que mon père soit plus révolté qu'il ne l'était.

— *Mais quel a été pour vous le moteur de l'écriture?*

— Sûrement que le désir de devenir connu, célèbre, a joué. Un besoin aussi de me défouler. Parce que moi, je suis très peu précoce. Je suis un attardé, au fond. J'ai publié mon premier roman à trente-huit ans. Je l'avais écrit à trente-six ou trente-sept ans. Je ne me suis pas expliqué tout à fait cela encore. Mais l'écriture a coïncidé non pas avec la mort mais avec la première attaque d'apoplexie de mon père. Je pense que pendant longtemps, inconsciemment, je me sentais coupable de dépasser mon père.

«J'ai lu une biographie qui m'a passionné: celle de Luther par Erik Erikson. L'auteur, psychanalyste, raconte que Luther avait dépassé son père de plusieurs têtes, d'au moins une tête en tout cas! Or, il souffrait de terribles migraines. C'est bien compréhensible, dit Erikson: quantité d'hommes qui dépassent leur père par la tête, par leur cerveau, ont très souvent des maux de tête. Or, j'ai eu beaucoup de maux de tête pendant des années. Aujourd'hui, je n'ai pas plus la céphalée que la moyenne des gens. Avant, j'en avais d'énormes. Si j'avais su, j'en aurais eu moins. Mais cela explique peut-être pourquoi inconsciemment je n'osais pas dépasser mon père: je l'aurais dépassé par la plume mais non par mon statut de professeur que je n'ai jamais cru d'un haut standing! Professeur ou fonctionnaire, vous savez... Mais la plume! Voilà pourquoi j'ai sans doute été retardé comme écrivain. Rares sont ceux qui publient leur premier roman si vieux. Espérons que ce sera compensé, que je continuerai plus longtemps que la plupart des écrivains...

— *Est-ce qu'à chaque nouveau roman votre attitude devant la page blanche changeait?*

— Devant la page blanche comme telle: non. Seulement, ça m'est devenu de plus en plus difficile d'écrire des romans clairs, c'est-à-dire facilement compréhensibles. Il n'y a pas de commune mesure des *Anthropoïdes* à *La bagarre*.

— *Et maintenant, la psychocritique vous passionne autant que l'écriture romanesque?*

— Cela me passionne. Je vous avoue que cela donne un extraordinaire sentiment de puissance. Moi, je ne suis pas un type qui va avoir beaucoup de pouvoir, ni en politique, ni en rien. Seulement, cela donne une extraordinaire impression de puissance que de découvrir chez un auteur des choses que lui-même ignore. Cela gratifie la volonté de puissance.

— *Autrement que l'enseignement?*

— Quand on a enseigné pendant trente ans, le piquant de la chose est émoussé! Tandis qu'écrire, cela me dit encore quelque chose. J'espère que cela va continuer. Je ne suis plus capable maintenant de fantasmer — comme les adolescents — sauf quand je suis en posture d'écriture, c'est-à-dire assis dans mon sofa avec mon stylo à la main. Alors là, je n'ai pas de difficulté à fantasmer: c'est devenu une sorte de seconde nature.

«Autrefois, je rêvais d'être une espèce de Maurice Richard. Ou bien que j'étais un héros de roman. Ou un grand duelliste, un grand acteur... Enfin, il était tout à fait normal aussi que je conquérais des chapelets d'amantes. De cela, je ne suis plus capable. Ou plutôt, je pourrais, oui, penser que j'ai beaucoup d'amantes: mais ce n'est accompagné d'aucune affectivité. Tandis que quand j'ai la plume — qui est sûrement un symbole phallique —

ça marche! Alors, à moins que je ne change radicalement, je vais continuer à noircir du papier. Aussi longtemps que j'aurai ma tête. *(Rire)*. Et mon affectivité.»

1979

Gérard Bessette est né en 1920 à Sainte-Anne de Sabrevois.
Le libraire, CLF/Julliard, 1960; CLF-Poche, 1968;
Mes romans et moi, Hurtubise HMH, 1979;
Le semestre, Québec/Amérique, 1979.

MARIE-CLAIRE BLAIS

Écrire contre la mort

Marie-Claire Blais entrait en littérature en 1959 avec *La belle bête,* un roman étonnant. Aujourd'hui, l'enfant prodige fête ses vingt ans d'écriture avec un roman qui a la force de la maturité, *Le sourd dans la ville.* À l'Hôtel des Voyageurs se retrouvent des voix multiples de la vie dans un même combat contre la mort.

Plus que jamais, pour Marie-Claire Blais, écrire, c'est contre la mort. Son dernier roman veut tisser ce lieu de tendresse où tous les êtres se ressemblent devant la mort. Celle que refuse le jeune Mike dont le désir de vivre chaque instant combat ce mal qui sourd dans son corps. La mort que reconnaît Florence au bout de son errance. Et bien d'autres morts, qui habitent les consciences et les mémoires: les violences de l'âme et du corps, les terreurs et les tortures qui habitent le monde.

Ce roman de Marie-Claire Blais semble écrit en un seul souffle. L'écriture épouse la musique des êtres. Comme d'un seul chant écorché. Comme d'un long cri qui se prolonge entre la vie et la mort. On pourrait traduire la force de l'œuvre dans ce que dit justement Florence, le personnage suicidaire:

«… Car retourner du côté humain ce serait d'abord cela, pensait-elle, connaître le secret de leurs méditations, de cette sérénité à l'ombre des ténèbres, ce qui était en eux tous et dont ils ne parlaient pas, c'était une musique que nul n'entendait peut-être, mais cela affluait, jusqu'à leurs regards, leurs visages…»

Oui. Retourner du côté humain où la tragédie de l'existence rend inséparables l'art et la vie. Voilà bien le propos et la réussite de ce roman.

«Le sujet du *Sourd dans la ville,* m'a dit Marie-Claire Blais, c'est ce passage de l'extase de vivre à l'abandon de tout, sans aucune résignation. Parce qu'il n'y a pas de résignation possible. Aucun personnage n'est résigné, dans ce livre. Sauf le personnage suicidaire. Mais je me demande si le suicidé est un être vraiment résigné. Je ne le crois pas. C'est peut-être le moins résigné. Il choisit une voie terrible. Mais finalement, il va assez loin dans la grande question qu'on se pose en vivant: est-ce que ça vaut la peine, etc. Le suicidé est très conscient des valeurs de la terre. Il est presque un mystique de la vie à l'état brut.

«Dans mon roman, j'ai choisi, en Florence, un personnage qui a des valeurs sûres. Mais elle a bien plus à quitter que si elle quittait la terre sans valeur. Si elle était complètement perdue, comme les autres personnages, elle aurait moins à quitter. Tandis que les autres étaient déjà un peu dépossédés. Ils erraient un peu. Ils avaient moins à quitter. Florence, elle, était une femme installée. Pour qui le suicide devient une voie. Une voie naturelle mais non résignée. Il faut dire qu'elle a la mémoire de sa passion, qui la lie à la terre jusqu'à la fin. C'est une passion extrêmement violente. Elle a beaucoup de mal à briser ses liens avec le monde.

«D'autre part, ce voisinage constant de la mort, qui est dans le livre, permet une grande intimité avec la vie de chacun des personnages. Ils ont par ailleurs des degrés de conscience très différents. Ce sont toutes des consciences très nobles. Qui participent de notre conscience universelle. Et il n'y a pas de jugement dans ce livre. Pas de juge, pas de confesseur. Tout est lancé dans une espèce d'enfer. Celui où l'on vit presque quotidiennement. Mais, au niveau de nos consciences, on n'accepte pas que ce soit si aigu chaque jour. On ne pourrait pas tenir, on s'en irait… C'est pourquoi il est mieux de le raconter dans un livre que de le vivre!»

Pour Marie-Claire Blais, l'art fait violence à la vie. Son dernier roman fait référence à la peinture de Munch, entre autres. Pour elle (comme pour Florence), «Degas, Lautrec n'avaient fait que peindre la vie…» Et l'imaginaire crie notre vérité évidente:

«Je crois beaucoup à l'art. L'amour, l'art, ce sont des valeurs qui aident les gens à rester sur terre. Comme dans la vie. L'art, comme l'amour, transfigure. Mais il y a des êtres pour qui l'art ne parle pas. Alors, pour eux, c'est peut-être le sexe. Ce qui est important, c'est que quelque chose leur parle. Dans mon livre, en fait, il y a des gens extrêmement primaires, qui n'ont aucun sens artistique, qui vivent au jour le jour avec leur dimension à eux, leurs passions, leurs besoins. Mais ce sont tous des êtres qui aiment. S'ils ont cessé d'aimer ils en ont encore un certain souvenir qui les relie à quelqu'un. Et il me semble qu'ils vivent assez bien, peut-être mieux que ceux qui ont une plus haute vision de l'existence.

«Pour d'autres, comme Florence, le sens artistique compte énormément. C'est la mémoire de la vie. Quand Florence voit des tableaux, cela l'aide beaucoup à se

retrouver elle-même, dans son passé ou son présent. Et
la preuve qu'elle commence à quitter la vie vraiment, c'est
qu'elle commence à perdre le sens des couleurs. Elle
devient aveugle à tout. Ce tableau qui commence à se
vider de toutes ses couleurs! Je ne connais pas ça mais
ce doit être la plus grande angoisse: perdre le sens des
couleurs, le sens des belles choses… Jusqu'à ce que cela
devienne complètement blanc et vide. Et qu'il n'y ait plus
d'autre chemin à suivre que ce chemin aveugle: cela doit
être extrêmement troublant.»

Le personnage de Florence se retrouvait dans l'art.
Cela me rappelle une certaine époque où j'ai connu Marie-
Claire Blais comme une fanatique du cinéma et une jeune
femme qui traduisait en poèmes tout ce qu'elle voyait.
C'était l'époque où son ami André Ricard lui comman-
dait sa première pièce de théâtre pour l'Estoc, à Québec.
C'était il y a vingt ans.

«On était des enfants! Justement, on n'avait pas ce
sens de la mort, comme on l'a maintenant. La conscience,
cela grandit. Cela vient beaucoup avec la réflexion. Surtout avec le travail d'écrire. Et cela pèse malgré soi. Tandis qu'à cette époque d'il y a quinze ou vingt ans, on
assimilait. On prenait tout ce qu'il y avait de décor autour
de la vie. Aujourd'hui, on analyse, on approfondit. Et le
décor se vide un peu de sa splendeur. Comme pour Florence. Mais cela, c'est ce qu'on fait dans les livres! Dans
la vie, plus souvent, on cède à la beauté de ce qu'on voit!
C'est ce que j'aime!

«Mais aussi, plus on travaille en écriture, plus on
s'aide soi-même. On se délivre beaucoup, on s'allège intérieurement. Quand le travail est terminé, on voit clair un
peu plus. C'est toujours à recommencer mais c'est quand
même une sorte d'allègement de savoir qu'on peut expri-

mer des choses qu'on ressent si fort et qui ont été longtemps dans le chaos pour soi-même... C'est toujours à
recommencer parce qu'on redécouvre à chaque livre
d'autres capacités, d'autres vies...

«Écrire, c'est un grand désir de partager aussi. De
toute façon, c'est une passion, écrire. Quand on a commencé, c'est difficile d'arrêter. Et je trouve admirables
ceux qui y consacrent leur vie: Proust, Balzac... D'autant
que rien ne nous aide à passer toute une vie à écrire. C'est
un métier extrêmement intérieur. Contre la vie moderne.
Mais on le fait. C'est possible. Avec beaucoup de rigueur
pour soi-même. Les jeunes écrivains qui commencent doivent savoir qu'ils se lancent dans une grande entreprise
de courage! Il n'y a rien autour d'eux pour les soutenir.
Sauf les autres œuvres qu'ils peuvent lire.

«C'est très dur d'écrire. Pas seulement au Québec
mais partout. J'arrive de Paris où j'ai des amis qui luttent depuis longtemps pour écrire. C'est difficile, non seulement pour la vie économique mais aussi parce que c'est
intérieur: comment trouver les gens pour vous comprendre? Si on choisit ce métier d'écrire, il faut savoir lutter
au départ, il faut savoir qu'on va être seul. Si on ne veut
pas être seul, il faut trouver des amis solidaires. Mais dans
une vie où tout est agitation, c'est très difficile de se retirer, de se concentrer pour écrire. C'est très exigeant,
l'écriture.»

1981

«Au-delà des ruines, des mots»

Avec Marie-Claire Blais c'est toute une génération d'écrivains québécois qui accède au prix David: celle qui écrit depuis vingt ans déjà et dont on commence à reconnaître la maturité dans les œuvres.

Cette semaine, quand j'ai revu Marie-Claire Blais, celle qui allait recevoir la plus haute récompense littéraire du Québec, je ne pouvais m'empêcher de m'émouvoir de la maturité de l'œuvre que nous a donnée déjà cette jeune femme fragile que j'avais rencontrée d'abord sur les bancs de l'université il y a vingt ans. Le Québec n'a pas encore pris l'habitude de reconnaître les écrivains de ma génération. Heureusement, il y a aujourd'hui Marie-Claire Blais, prix David.

«Devant un prix, il faut savoir rester simple, m'a dit Marie-Claire Blais. Mais un tel honneur nous touche quand il vient de notre pays. J'avais reçu beaucoup de témoignages extérieurs, des États-Unis, de la France et d'ailleurs mais peu du Québec. C'est en ce sens que le prix David me fait plaisir.»

Au niveau international, ce que recherche Marie-Claire Blais avant tout, c'est l'échange avec les artistes des autres pays. Elle déplore évidemment que la France recherche trop souvent le pittoresque dans les œuvres américaines, celles de Faulkner ou O'Connor et celles des écrivains québécois. Elle cite Anne Hébert qui, justement, sans perdre sa marque d'origine, a réussi à écrire une œuvre parfaitement universelle. «L'écriture c'est un art, comme la peinture, qui transcende le seul portrait réaliste d'une société. D'autre part, ajoute Marie-Claire

Blais, ce qui manque le plus au Québec comme en France, c'est d'échanger avec les poètes et les artistes d'ailleurs. On souffre malheureusement de l'absence de curiosité pour tout ce qui est universel.»

D'autre part, celle qui devient peut-être notre plus jeune prix David, souhaite que l'écrivain finisse par avoir sa place dans la société québécoise: «Peut-être que nous, les aînés, par notre travail nous réussirons à entraîner les jeunes écrivains à prendre leur place dans cette société.»

Cette générosité, Marie-Claire Blais l'incarne et l'exprime aussi dans son attitude face à son métier d'écrivain, quand elle me confie: «Pour écrire, il faut aimer écrire. Il faut aimer la lutte et la discipline, l'analyse intérieure et la méditation. On commence à travailler l'écriture quand on commence à l'aimer et à la défendre. Et tout cela prend du temps. Peut-être que le poète qui commence aujourd'hui à écrire — comme je le faisais il y a quelque temps déjà — est pris d'un sentiment de grand vide devant lui, dans une inquiétude de l'avenir. Mais je crois qu'il faut alors avoir du courage. L'écriture, c'est un travail. Au début, c'est une délivrance personnelle des pensées et des cauchemars qui nous hantent. Mais peu à peu l'écriture devient un vrai travail où l'écrivain se fait très exigeant pour lui-même. Il faut assumer l'intransigeance de l'écriture.»

L'œuvre de Marie-Claire Blais, comme celle de tous les grands écrivains, continue d'affirmer que l'art nous reste, avec l'amour, réponse souveraine. Car non seulement l'art est-il inséparable de la vie mais encore constitue-t-il notre seule victoire sur l'amour impossible.

«L'art est sûrement une façon comme une autre de survivre, me dit Marie-Claire Blais. Je pense que les gens ont toujours besoin de nourriture spirituelle. Même si nous décrivons des choses atroces — la plupart des écrivains contemporains n'ont pas le choix de faire autrement — nous apportons quelque chose: la légèreté et la beauté qui sont contenues dans une œuvre d'art. Et c'est le plus difficile à atteindre dans l'œuvre, cette unité de la douleur et de la joie.

«Car il n'y a pas seulement le mal et le malheur dans mes livres, il y a aussi des moments purement extatiques. Si on les lit avec autant d'attention que l'auteur a mis de soin à les écrire, on y reconnaîtra aussi une sorte d'allégresse de se retrouver les uns les autres dans l'art comme dans la vie. Ainsi, dans *Visions d'Anna*, une des jeunes filles, à la fin du livre, éprouve une grande joie en pensant à ces artistes qui ont travaillé avant elle, à ces femmes qui ont fait des sculptures remarquables. Dans mes livres, l'art procure de grandes joies aux êtres. L'art est pour moi, pour nous tous, un sujet important. L'art et l'amour sont les moments de joie de nos existences. Ces deux thèmes existent profondément dans ce que j'écris et particulièrement dans les deux derniers livres, *Visions d'Anna* et *Le sourd dans la ville*. Mais la critique en a très peu parlé comme on a peu parlé de l'humour, de ce sourire effacé qui est très présent dans ces livres. Tant au Québec qu'en France, on ne me parle que de mon obsession du malheur. C'est vrai que le malheur des autres devient pour moi une obsession. Je ne peux m'empêcher de voir la cruauté dans le monde où nous vivons. On dirait que c'est tout ce que nous savons faire, être cruels. Mais les gens éprouvent aussi dans la vie des moments de détente, à travers l'amour, à travers l'approche la plus tendre des autres. Cette tendresse, je l'exprime avec des nuances qu'on ne semble pas voir, comme dans la vie on ne voit pas toujours la tendresse, ce sentiment assez pudique.»

Pour arriver à cette tendresse, pour essayer de toucher l'humain, Marie-Claire Blais se met à l'écoute, dans son écriture, de la musique des êtres. Ce sont les voix intérieures de ses personnages qu'il faut bien entendre. On pourra alors reconnaître un des thèmes fondamentaux de cette œuvre: l'avenir impossible de l'enfance dans les conditions actuelles sociales, culturelles et politiques.

«Oui. Il est évident que nous sommes dans un univers où l'enfance aura beaucoup de mal à survivre. Nous le voyons, nous le savons et nous sommes responsables des vies autour de nous. L'enfant, lui aussi, a conscience de la destruction qu'il voit autour de lui. Déjà il sait qu'il existe peu de pays où les enfants vivent heureux. Il le voit, il en est conscient, il devine l'avenir politique qui lui est réservé. Oui, c'est certain que ces enfants n'ont aucun avenir, dans ces conditions. Nous non plus, d'ailleurs.

— *Mais comment passer de l'enfance à un âge adulte qui sache recommencer le monde?*

— Dans *Visions d'Anna,* j'essaie justement d'écrire ce moment de passage du bonheur à la conscience, où l'enfant se retrouve seul au monde. Hors de la chambre des privilèges familiaux et de l'aide des parents, l'enfant se retrouve tout à coup devant la vérité du monde actuel. Et je crois que c'est un choc terrible pour la plupart des gens. Certains enfants, devenus adultes, se referment sur eux-mêmes ou se retrouvent apathiques ou amers. À côté de cela, la conscience de l'enfant, de l'adolescent peut aussi devenir impénétrable. L'enfant se cache lui aussi. Il se défend dans un certain silence.

— *L'artiste a donc encore aujourd'hui plus que jamais son rôle à jouer...*

— Oui. Le poète américain Allen Ginsberg disait récemment à Montréal que les artistes ont encore des choses à dénoncer du côté de la dureté de notre vie contemporaine. À leur façon, le mot et l'écriture sont des armes, non violentes mais essentielles en ce moment. Il faut les faire exister, les entendre avant qu'il ne soit trop tard. Je les vois aussi menacés que des enfants. Je crains pour l'avenir de l'art autant que je crains pour l'avenir de la génération actuelle. L'art reste une forme de protestation virulente contre les maux les plus égoïstes et les plus pernicieux de la société. Par exemple, la faim dans le monde, qui est notre responsabilité. Quand les écrivains, conscients de ces maux, les décrivent avec dureté, on leur en veut beaucoup, on considère leur écriture dangereuse. Mais l'écrivain reste un témoin et l'art fait bien partie des affaires publiques. On arrivera à le comprendre un jour. Il y a bien eu des moments dans l'histoire où les humains ont beaucoup aimé. On y reviendra. Au-delà des ruines il y aura toujours des mots.»

1982

Marie-Claire Blais est née en 1939 à Québec.
Une saison dans la vie d'Emmanuel, Éd. du Jour, 1965; Grasset, 1966; Stanké, coll. Québec 10/10, 1979;
Le sourd dans la ville, Stanké, 1979; Gallimard, 1980; Stanké, coll. Québec 10/10, 1987;
L'ange de la solitude, VLB Éditeur/Belfond, 1989.

NICOLE BROSSARD

La tentation du roman

Nicole Brossard, dans un premier entretien, en 1978, retraçait ses chemins en poésie. Quatre ans plus tard, la chef de file de la modernité québécoise s'explique sur la tentation du roman. L'occasion est belle. Nicole Brossard vient de publier son sixième roman: *Picture theory,* aux éditions Nouvelle Optique. De plus, le second colloque de la revue *La Nouvelle Barre du Jour,* était consacré à l'écriture de Nicole Brossard. C'est un précédent pour la littérature québécoise, comme nous l'explique plus loin Claude Beausoleil, l'initiateur de l'événement. Pour la première fois, nos «nouveaux» écrivains discutent sur la place publique de leur travail. Car il ne s'agit pas seulement de l'écriture de Nicole Brossard mais aussi, à travers ses œuvres, du travail qui a inspiré toute la génération des *Herbes rouges* depuis quinze ans.

Pour Nicole Brossard, le bilan s'est écrit dans *Picture theory,* son dernier roman, dont le titre est une expression anglaise empruntée à l'auteur autrichien Wittgenstein et pourrait se traduire par «peinture de la réalité». «C'est un roman qui fait la synthèse de tout ce que j'ai écrit, du ''comment'' de mon écriture, me dit Nicole Brossard. Il me renvoie à la poésie et à l'essai, les deux modes d'existence que je me souhaite dans ma pratique d'écriture pour les prochaines années.»

En 1970, Nicole Brossard publie son premier roman, qu'elle intitule *Un livre* et où se cristallise son interrogation sur la langue, sur la poésie et le roman: désormais, tout est possible en écriture. L'euphorie du récit, comme le disait Ricardou, peut s'accompagner d'une contestation dans le mouvement même de son écriture. La fluidité peut apparaître dans les autres romans de Nicole Brossard: *French kiss* et *Le sens apparent.* Puis, surgit *L'amèr,* un livre qui interroge ce qui se produit quand la fiction émerge dans le texte, c'est-à-dire quand la fiction devient réalité. Quant à *Picture theory,* c'est un roman qui fait la synthèse de cette recherche en écriture. «J'ai vraiment l'impression, plus que jamais avec *Picture theory*, de la création d'un univers qui serait autonome, j'ai le sentiment d'un microcosme de la pensée et de l'émotion plus que devant mes autres romans, constate Nicole Brossard. C'est comme si *Picture theory* m'amenait à passer du fragment à l'intégral.»

«*Picture theory* répond de ce que j'appelle "la tentation du roman". Le roman comme possibilité de transgresser les lois du genre et de transgresser la réalité qu'il dévoile. Le roman comme nécessité de négocier, de discuter avec la réalité. Car le roman diffère de la poésie. Je pense que dans la poésie on affirme, on est. Tandis que dans le roman on discute de la réalité, on la négocie. C'est pourquoi on prend dans le roman différentes postures, divers angles de lecture de la réalité. C'est ce qui explique la présence des personnages, le je, réel ou anonyme, dédoublé ou multiplié dans les différents personnages. Il faut se voir ou se reproduire comme étant multiple pour pouvoir argumenter avec la réalité. En même temps, je pense qu'à travers le roman on cherche à s'assurer de la cohérence de son monde intérieur ou de sa perception du réel. Disons que la réalité c'est ce que nous subissons et que le réel c'est ce que nous avons comme sentiment du vrai de la réalité. Le réel, c'est la réalité expérimentée à travers nos corps, notre enfance, notre histoire personnelle. Le réel qui s'inscrit dans un texte est déjà bien différent de la réalité et peut la transformer. Donc, passer par le roman permet de s'assurer, en négociant avec la réalité, de créer la cohérence de son univers intérieur. Dans ce sens, on peut dire peut-être que la poésie témoigne de l'essence tandis que le roman témoigne du mode existentiel, du déploiement de notre existence qui affronte "la dure réalité". Et pour moi qui me définis fondamentalement comme poète, le roman est une "tentation" mais il est devenu une nécessité, qui s'est accentuée avec la prise de conscience féministe.

«La conscience féministe a complètement modifié mon sentiment du vrai, mon sentiment du réel. Beaucoup d'inavouables ont émergé dans mon écriture, donc dans une réalité publique. Des milliers d'inavouables concernent le sentiment du vrai que la plupart des gens ont et qui ne correspond pas à la réalité. À travers cela se pose la question de l'identité. Car pour arriver à connaître son identité, il faut aussi passer par la pratique du «nous». Piaget le disait: on ne peut pas avoir conscience de soi tant qu'on ne peut pas dire nous. Avant de se déployer, le je a besoin d'un miroir. Or, les femmes n'ont jamais eu de reflets positifs, d'images captivantes d'elles-mêmes. Il leur est alors difficile de se captiver pour elles en tant qu'individu[e]s et pour les autres femmes en tant que collectivité. Jusqu'à maintenant, le seul nous qui a pu être utilisé est celui qui reflète les effets de l'oppression. On n'est

pas encore passé au nous qui refléterait les dimensions
les plus transcendantes de ce que les femmes pourraient
être. Je crois que ce nous va peu à peu pouvoir se consti-
tuer à partir des œuvres et des individu[e]s-femmes qui
vont refléter des je positifs de ce qu'elles sont. Nous sommes en pleine période d'élaboration. Même si la deuxième
vague du féminisme est apparue déjà depuis vingt ans,
cela demeure très court dans l'histoire des femmes. Après
la projection des femmes en tant qu'êtres opprimés, c'est
la projection de quelques femmes qui déploient des dimensions positives de ce que peut être une femme. On peut
rattacher tout cela au territoire de l'imaginaire qui se
déplace: dans les représentations que les femmes se font
de leur corps et de leur être. Si on ouvre le dictionnaire
des symboles, on constate que l'homme s'est symbolisé
comme microcosme de l'univers. Par contre, le mot
femme n'existe pas au dictionnaire des symboles. Femme
n'est pas symbolisé, si ce n'est par personnes intermé-
diaires: c'est-à-dire par la sorcière, par les nymphes, par
les sirènes, par la gorgone. L'être femme est inexistant
en quelque sorte dans l'imaginaire qui gouverne le symbolique et le religieux, et par voie de conséquence le système
économique et culturel. Il faut donc arriver à pouvoir
s'inscrire comme être, sans les représentations que la mentalité patriarcale a eues des femmes en tant que telles. Pour
prendre place dans l'espace symbolique, il faut beaucoup
de textes, d'images et de représentations publiques qui
sont à leur origine l'affirmation au positif d'un certain
nombre de femmes. Mais il faut d'abord nous décrire collectivement et nous nous rejoignons par le biais de notre
oppression. Cela rejoint aussi toute la question des héroïnes: des femmes auxquelles on puisse s'identifier dans

un premier temps pour devenir par la suite ce qu'on a à devenir au positif.

«Dans *Picture theory,* il y avait d'abord comme propos l'idée de faire surgir une femme qui serait intégrale. Une femme dont on aurait des informations sur son quotidien, sur sa façon de vivre dans la réalité, mais qui deviendrait abstraite par la langue, par l'emploi des mots et par les phrases. Devenant abstraite, elle pourrait tout devenir. Elle pourrait devenir les quatre éléments. Elle pourrait devenir — d'autres diraient Dieu — celle par qui tout arrive. Elle ne serait pas associée à la mère biologique. Elle serait à l'origine du monde des émotions, du monde des idées et des abstractions. Voilà ce qui intuitivement animait mon projet d'écrire *Picture theory.* Je ne savais pas comment j'allais pouvoir créer cette atmosphère de la naissance de la femme abstraite et concrète à la fois. Le roman s'est écrit en cinq parties: un chapitre qui a pour titre ''L'ordinaire'', suivi de quatre ''Livres'' où l'écriture se module différemment. Pour arriver à exister dans ma propre écriture, je me déplace du prosaïque au poétique. Dans une alternance des temps profanes et des temps sacrés. Les temps profanes étant liés à l'urbanité, au patriarcat symbolisé dans une certaine mesure par le métro, les hôtels, les bars, toute une vie où l'on se retrouve dans des lieux obscurs. Tandis que dans la deuxième partie, une scène amoureuse entre deux femmes est souvent traversée par le mot ''lumière'', où des miroirs signifient la naissance de l'être femme, justement, où les deux femmes se trouvent à basculer de la réalité à l'abstraction. Alors pourra s'écrire la suite du roman et cette cinquième partie qui a pour titre ''L'hologramme''. L'idée de l'hologramme m'a beaucoup stimulée au niveau de la formulation d'abord: quand on parle

d'hologramme, on parle de "lumière blanche", d'image
virtuelle et réelle mais surtout tridimensionnelle. Justement, c'est de faire apparaître une femme que l'on puisse
voir dans toutes ses dimensions, une femme qui soit intégrale et inaltérable. Mais aussi, l'analogie de l'hologramme se retrouve probablement dans la structure de
Picture theory: c'est-à-dire que si l'on brise la plaque ico-
nographique, on peut la reconstituer à partir d'un de ses
fragments. En fait, tout le roman travaille à préciser
l'image subliminale que j'ai de cette femme que je veux
faire apparaître. Et peu à peu à travers les mots elle apparaît. Je trouve les bons mots pour faire sentir la forme
de cette femme mais cela fonctionne d'une manière tout
à fait subliminale. Et si le roman se termine par les mots:
"Elle était parfaitement lisible", c'est qu'en fait l'image
se stabilise suffisamment longtemps sur la rétine de l'imaginaire pour qu'enfin on puisse lire cette image de femme,
pour qu'on puisse la lire intégralement: c'est-à-dire en
faire un tour complet, la voir dans ses trois dimensions
et non pas à travers une alternance binaire — blanc ou
noir, mâle ou femelle — avec laquelle on est habitué de
fonctionner dans la vie quotidienne.

«Vivre en trois dimensions, et peut-être écrire en trois
dimensions, c'est ma quête et ma conquête quotidienne.
Quand je parle de trois dimensions, je fais référence au
sentiment que j'avais parfois en écrivant *Picture theory*:
je voyais le mot à la fois comme signifiant et signifié, en
même temps dans sa posture grammaticale, dans son lieu
syntaxique et dans sa dimension sémantique. Tout m'apparaissait en même temps dans les mots que j'utilisais. La
troisième dimension existe aussi dans la conversation.
Quand on parle de vive voix, la troisième dimension est
toujours cachée: c'est celle qui fait l'argumentation et qui

préside à tous les malentendus. Car on peut s'entendre sur le sens des mots mais fondamentalement et subliminalement nous avons tous et toutes un vécu derrière ces mots communs. C'est ce vécu derrière les mots qui crée les malentendus. On peut facilement s'entendre sur le mot "table" mais pour le mot "liberté", c'est plus difficile. Il y a des mots avec lesquels on n'en aura jamais fini: comme le mot "femme".»

1982

Nicole Brossard est née en 1943 à Montréal.
L'amèr ou Le chapitre effrité, fiction théorique, Les Quinze, 1977; l'Hexagone, coll. Typo, 1988;
Picture theory, essai, Nouvelle Optique, 1982; l'Hexagone, coll. Typo, 1989;
Le désert mauve, roman, l'Hexagone, 1987.

LOUIS CARON

Les fils de la liberté

Louis Caron me sourit, fier de son dernier roman, *Le canard de bois*. Il arrive de Nicolet où il s'était retiré en 1976 pour écrire *L'emmitouflé* (prix Hermès et France-Canada, 1977) et *Le bonhomme Sept-Heures* (Laffont/Leméac, 1978). Louis Caron-la-tendresse. Sa pipe pour le trop-plein d'émotion. La douceur du regard pour garder le secret de vivre. La parole généreuse pour se raconter le monde. Et son sac de souvenirs sur l'épaule. Après avoir fait trente-six métiers jusqu'à devenir un fonctionnaire modèle, il s'était juré en 1976 de vivre de sa plume comme un de ses aînés, Yves Thériault. Il a réussi.

Son troisième roman, *Le canard de bois,* constitue le premier volet d'une suite romanesque intitulée *Les fils de la liberté*. L'écrivain l'a déjà adapté pour la télévision. En coproduction avec la France, la série est aussi vue à l'écran de Radio-Québec. On y retrace les mésaventures de Hyacinthe Bellerose, qui revient dans son village après un exil dans les Bois-Francs et se trouve mêlé, bien malgré lui, au soulèvement des Patriotes de 1837-38. On y suit aussi des tranches de la vie d'un des descendants de Hyacinthe Bellerose, qui se voit léguer par son père en 1935 un canard de bois sculpté par son ancêtre en 1837,

symbole de la résistance des Bellerose en terre
d'Amérique.

Le livre de Louis Caron est émouvant et porte géné-
reusement cette histoire de Patriotes jusqu'à nous. L'écrivain continue de nous séduire par son écriture chaleureuse:
cette façon de vivre qu'il cherchait justement depuis
l'enfance, m'a-t-il confié l'autre jour.

«Écrire me vient de l'enfance. De la nuit dans les îles
de Sorel. Du toit du chalet de mon père où je montais
la nuit, poussé par une force que je ne comprenais pas,
pour appréhender l'immensité de l'univers. Écrire me
vient de cette émotion absolument insupportable que
j'avais de me sentir seul dans l'univers. Écrire me vient
du besoin de mesurer la profondeur du mystère.

C'est une sorte de quête de l'origine?

— Je ne sais pas comment les psychiatres, les psycho-
littéraires et tous les psy qui analysent les choses quali-
fieraient cela mais je peux te dire que tout petit, j'ai senti
une affinité profonde entre la forme de vie qui m'était
donnée et celles que je partageais avec d'autres espèces
de la création. J'étais touché par la parenté que j'avais
avec les autres formes de vies: celle des sangsues que je
rencontrais dans l'eau du bout du quai, celle des autres
bestioles à coquillage qui naviguaient sur le bord de la
glaise, ou même celle des étoiles. Tout cela m'apparaissait avoir une source unique, qui serait non pas un dieu
mais un grand courant comme l'eau qui coule. Et chaque
fois que j'écrivais la nuit mes émotions sur un bout de
papier, j'avais effectivement le sentiment de renouer avec
des origines communes aux diverses formes de vies qu'il
y avait sur la terre.

— *Écrire, c'était réinventer l'univers.*

— Je créais d'un soleil à l'autre. J'étais le maître de l'univers. Du plus profond de mes rêves la nuit jusqu'à la plénitude du soleil l'après-midi où normalement t'as perdu toute faculté de création.

«J'étais un véritable dieu, tout petit, dans les îles de Sorel. J'agençais des créations et je les défaisais dans des spectacles aussi naïfs que troublants. C'est moi qui refaisais l'univers: à ma dimension, à ma portée et à mon ambition toute démesurée d'enfant qui n'a pas d'autocensure.

— *Mais comment fait le dieu, après avoir traversé l'enfance, pour aborder l'âge adulte?*

— Je vais te dire, Jean. J'ai l'impression que les véritables dieux, s'ils veulent atteindre à la maturité, doivent eux aussi — et ce n'est que justice — passer par le purgatoire. Les dieux doivent revêtir la forme de l'être humain, se couvrir d'oripeaux quotidiens et circuler sur la rue Saint-Sacrement et rentrer au *Devoir* tous les matins. C'est leur seule façon de continuer à être dieux une fois qu'ils ont décidé de fréquenter la terre. Mais, je le sais, cela coûte très cher. Je le dis avec humour aujourd'hui parce que je suis en train de récupérer cette période de purgatoire. Cela m'a coûté vingt ans de ma vie. Cela m'a coûté une femme, cela m'a coûté ma fille. Cela m'a coûté tout ce que j'étais profondément en moi-même, que j'ai brimé, écrasé, contraint, habillé pendant des années jusqu'à m'accorder le droit de redevenir moi-même, beaucoup plus tard.

— *Par l'écriture et par l'enfance?*

— Oui. Uniquement par l'écriture et par l'enfance. Et surtout par l'enfance. Car le purgatoire dont je te parle s'exprimait de la façon suivante: «Tu vas faire un homme de toi.» Bon. Le contraire d'un homme c'est l'enfant. Et quand j'ai réussi à revenir travailler chez moi dans ma

région, à Trois-Rivières en 1970, je sentais la possibilité
de renouer avec mes racines et mes origines. Encore tout
revêtu de mon uniforme de civilité, je me suis inno-
cemment placé dans la situation de me confronter avec
moi-même. J'ai passé l'hiver dans un petit chalet au Port
Saint-François. Et je me suis laissé sortir en moi les toutes premières pousses... Et il s'est mis à sortir, monsieur,
des choses qui parlaient un pur langage d'enfance. Et
c'était monstrueux, c'était maladroit et malheureux, abîmé
d'humanité, si tu veux. C'était rouge. Comme ce qui doit
sortir du ventre d'une femme avant que l'enfant sorte,
avant que ça soit vraiment beau et que ça chante et que
ça écrive des poèmes. Et là, je me suis senti emporté dans
un tourbillon qui m'amène aujourd'hui devant toi. Je me
suis laissé couler dans ma noyade. Avec une sérénité semblable à celle des gens qui disent oui au Bon Dieu! Je disais
oui à mes propres faiblesses, à mes propres interrogations.
Je disais oui à mes contradictions mais aussi à des som-
mets d'émotion que je pouvais me permettre: par
l'écriture.

— *Écrire, c'est apprivoiser l'enfance? Ou la rendre
mythique?*

— Non. Écrire, c'est se réconcilier avec son enfance.
L'accepter. Et, pour prendre un mot psychanalytique:
l'assumer. Écrire, c'est aimer son enfance. Je dirais
encore plus: écrire, c'est se donner les moyens de son
enfance. C'est puissant, l'enfance. Et l'on perd les moyens
de cette enfance sous l'uniforme de la quotidienneté de
l'âge adulte. Écrire, c'est se redonner la démesure de
l'enfance.

«Si t'as besoin de transformer l'univers en une demi-
page et de faire un arbre se replier sur lui-même et retrouver ses racines pour laisser passer l'hiver au-dessus de

sa tête, tu peux le faire dans l'écriture. Écrire, c'est se donner tous les moyens.

— *Et dans l'écriture se retrouve cette tendresse qui relie la force de l'enfance à la sagesse des vieux?*

— Le mot tendresse est un mot-clé. Je te dirai qu'hier soir j'étais au chevet de mon beau-père, un homme de soixante-huit ans, pas loin de mourir. Un homme à qui j'ai souhaité bon voyage en le laissant pour venir à Montréal et sachant que je ne le reverrais peut-être pas. Et cet homme s'est mis à pleurer. Et moi je me suis mis à pleurer devant lui. Et nous avons pleuré ensemble. J'avais vraiment le sentiment, moi qui suis un homme de quarante ans maintenant, que j'étais un enfant, agenouillé à côté de son lit. J'ai eu le sentiment qu'à ce moment-là l'enfance et l'autre extrémité de la vie se rejoignaient. Écrire, c'est effectivement se permettre la tendresse naïve de l'enfance et la tendresse — fatiguée? — exacerbée de l'âge adulte. Écrire, c'est donc se permettre, à bord du véhicule Tendresse, de naviguer constamment entre l'enfance et l'autre extrémité de la vie. Un matin, je sors de chez moi, je vois une pivoine et je redeviens un tout petit enfant. Et le lendemain, la deuxième pivoine que je vois est une fleur qui pousse sur la tombe d'un mort. Qui est le personnage de mon roman, mon père, mon grand-père, mon ami Pierre qui s'est suicidé l'hiver passé à cinquante ans à dix pieds de chez moi sans me demander la permission de quitter ma compagnie. Écrire, c'est fréquenter l'enfance et la tendresse exacerbée à l'autre bout de la vie.

— *Et la solitude?*

— Je me sens aussi seul face à la foule des personnages et des générations que je soulève dans mes livres que face à mon enfant qui se réveille la nuit et que j'essaye

d'apaiser en lui disant: «Il est parti le monsieur, le monstre sous ton lit je vais le chasser, tu peux dormir,
calme-toi.»

— *L'enfant a peur comme les hommes de tes romans*
ont peur d'une certaine étrangeté.

— Quand on naît, à l'instant même où on naît, on
vient d'être condamné à l'étrangeté. C'est la naissance
même qui te condamne à l'exil. Et ce n'est pas moi qui
te dirai à l'exil de quoi. Ce n'est ni mon métier ni mon
ambition. Mais j'ai bien le sentiment que la naissance est
un exil. Pourtant, je suis heureux sur la terre et j'ai envie
d'y vivre six mille ans. Mais j'ai vraiment le sentiment
qu'à partir du moment où je suis né, je suis un point de
fuite et je m'en vais dans un pays qui m'est complètement étranger: celui-là que je confrontais avec le beau-
père l'autre jour.

«J'en ai la preuve dans le suicide de mon ami Pierre.
Il avait cinquante ans. Il était un photographe de qualité.
Il vivait dans un milieu agréable. Et il n'avait qu'à se présenter chez moi pour y trouver à la fois de quoi à boire,
de quoi se mettre la main sur l'épaule, de quoi partager
dans le cœur et dans l'esprit. Il le faisait avec moi, avec
ma femme. Mes enfants étaient les siens. Et sans me pré-
venir il s'est suicidé. Fallait-il que cet homme-là soit étranger sur la terre! Il entrait chez moi, il me prenait dans
ses bras, il me souriait et il m'aimait. Puis il me regardait dans les yeux et me disait: ''Mon p'tit Louis!'' Christ!
le lendemain, il s'est suicidé! C'est pas à moi que tu vas
tenter d'inculquer la notion d'étrangeté sur la terre.

— *Toi, tu es un drôle de terrien!*

— Oui. Je suis fondamentalement un terrien. Mais
un terrien des îles de Sorel. Ma mère m'a trop dit qu'il
fallait faire attention à l'eau. Autrement, je serais sans

doute un aquatique. Mais ma mère m'a vraiment inculqué la notion que l'eau était une substance extrêmement dangereuse. J'ai appris à y faire attention et jusqu'à la fin de mes jours j'en serai très inquiet. J'ai deux grands amis qui ont deux beaux grands voiliers sur le lac Champlain et je ne vais pas les voir. Deux grands amis que j'aime. Mais j'ai peur de l'eau. J'ai peur de ce qu'ils vont me faire subir sur l'eau. Je ne veux approcher l'eau qu'à mon rythme et que sous mon contrôle. J'ai peur de l'eau comme de mon contraire ou de ce que je suis de l'autre côté de la face cachée de la lune!

«Je suis un terrien des îles de Sorel. Je pense que cela résume bien des choses. Les îles de Sorel sont en glaise. Elles sont bourrées d'arbres. Des saules tortueux, pas beaucoup plus grands que moi, frisés comme je le suis. T'as des bouts de racines qui sortent au bord des rives coupées abruptes et qui finissent par jeter la main dans l'eau comme je sais le faire. Qui ne sont pas des plantes aquatiques mais qui vivent avec l'eau. Qui en sont en même temps les victimes. Qui sont agressées par les méchantes débâcles du printemps. Qui ont la moitié de leur écorce arrachée, la moitié de leurs racines à l'air libre.

«Je suis un terrien qui voyage. Y compris à l'intérieur de lui-même. Y compris sous terre. Parmi les choses que je me suis laissé écrire le plus spontanément au Port Saint-François, où j'ai renoué avec mes origines, il y avait ces textes où des personnages tenaient absolument à pénétrer sous la terre, dans les vaisseaux sanguins de la terre, dans les puits, pour aller jusqu'à l'origine, la moelle, le sens de nos départs. Je ne suis pas le terrien qui debout sur sa terre la regarde et en respire l'odeur. Je suis un terrien qui rentre dedans. Qui gratte même jusqu'au fond des puits. Cela me fait faire des voyages étonnants. Là où l'humide précisément rejoint la motte de glaise. Peut-être que l'humide, c'est la tendresse. Parce que je lui donne accès de plus en plus, à la tendresse. Et j'ai été terrien si longtemps que je ne trouverai pas ma tendresse dans l'eau franche comme la mer mais en descendant dans ce que je suis, dans ce que je me suis condamné à être. Dans l'eau qui est sous terre, au fond du puits. Mon goût de l'eau, je le trouve au plus profond de mon sous-sol.

— *Quand la terre s'ouvre, c'est le destin!*

— C'est la révélation de forces que nous ne contrôlons pas. Avec lesquelles il faut jouer. Qui se nomment de noms aussi banals mais aussi énormes que l'Amour, la Mort, la Femme, l'Enfance, la Tendresse, l'Ambition. Toutes des choses que tu connais en surface mais qui t'étonnent et te déroutent profondément quand tu les rencontres en sous-sol, dans leur nudité hideuse. Tu vois sortir la Tendresse d'une veine d'eau dans la glaise. Tu vois sortir l'Enfance, pas encore habillée de son petit béret rouge et de son petit manteau bleu mais telle qu'elle est. Et dans le même voyage, tu vois passer la Mort, dans une veine qui t'effleure et qui t'évite à l'occasion mais que tu retrouveras sans doute un peu plus loin. Ce n'est pas particulièrement simple mais c'est un jeu qui est le seul vrai, à mon avis. Qui est le seul à donner toute sa dimension, toute sa densité à la fumée de pipe que je fais, à la gorgée que je vais boire ou à la pesanteur de mon livre...

— *Pourquoi écrire des romans en essayant de rattraper le sens de l'Histoire?*

— Parce que j'ai peur. Essentiellement parce que j'ai peur. Je vais te faire des confidences. J'ai quarante ans et je commence à avoir mal à la gorge, du côté gauche, ici. Le mal grandit tous les jours, à force de fumer comme je fume. Il doit y avoir quelque chose. J'ai peur. Je suis inquiet. Et je me penche sur le lit de mon petit garçon la nuit. Lui, il voit des monstres qui l'assaillent dans son sommeil. Et je me dis: est-ce que j'ai le droit de jeter cet enfant, aussi innocent qu'il est, dans la terreur de la vie? Et je n'ai qu'un seul réflexe pour le rassurer. Je lui dis: «Benoît, ton grand-père aussi avait peur. On a tous peur. T'auras peur à ton tour. Mais cette peur doit avoir un sens puisque ton grand-père l'a portée avant toi. Et voyons voir un peu comment il l'a assumée.» Et je lègue ma peur à mon fils dans ma dédicace du *Canard de bois*. Et j'ai assez peur pour envelopper de racontages les choses qui me troublent. Tout ce que je dis là est naïf. Je sais bien que la peur de mon grand-père ne justifie ni n'explique la mienne. Et je sais que je peux avoir plus peur que mon grand-père. Et que mon grand-père a sans doute eu plus peur que moi. Qu'il n'y a pas beaucoup de rapports entre les deux peurs. Que le destin est bouclé. Je sais bien encore que je ne peux pas enlever à mon beau-père sa peur de mourir. Tout ce que je peux faire, c'est lui mettre la main sur l'épaule et lui dire: «Moi aussi, j'ai peur.» Je ne peux pas lui enlever sa peur. Mais je peux au moins la partager. Voilà pourquoi je raconte des histoires de peurs!

— *Les personnages de tes romans sont des victimes, qui finissent rebelles.*

— Ils n'acceptent pas d'être victimes. Je crois que la condition humaine est marquée par un déterminisme profond et que ses proportions sont déterminées par la densité de rébellion qu'on y met. Moi, j'ai un profond sentiment de détresse devant la futilité de ce qu'on est en train de vivre et du peu de maîtrise qu'on en a. En même temps qu'une détermination constante qui va sans doute me mener debout sur mon lit de mort, les poings au ciel à hurler que je n'accepte pas que ça se passe de cette façon. Et si je ne l'accepte pas, c'est surtout pour défendre la peau de mon petit gars. Il n'y a rien de plus insupportable dans la vie que de prendre ses deux mains et de caresser le visage d'un enfant de quatre ans qui dort et de penser à la mort de cet être humain qui sera à soixante ans ravagé par la maladie. Cela, je ne l'accepterai jamais. Mes personnages non plus. Ni Augustin Lenoir, ni Hyacinthe Bellerose.

— *Et qui forme la confrérie universelle des fils de la liberté?*

— Monsieur Royer, la confrérie universelle des fils de la liberté, c'est celle de tous ceux qui ont le visage doux, l'ongle tendre encore et le sourire facile. Autrement dit, c'est l'enfance. C'est la confrérie des enfants, de ceux qui le sont restés. Pour être fils de la liberté, il faut être assez naïf pour dire: le roi est nu. Le vrai fils de la liberté, c'est celui qui reste enfant et qui garde l'innocence de dire les choses dans leur vérité.»

1981

Louis Caron est né en 1942 à Sorel.
L'emmitouflé, Laffont, 1977; Seuil, 1982;
Le canard de bois, Boréal Express, 1981; Seuil, coll. Points Roman, 1982;
La corne de Brume, Boréal Express / Seuil, 1982.

JEAN ÉTHIER-BLAIS

«C'est tout ce que nous avons, une littérature»

Diplomate canadien devenu écrivain québécois puis professeur à l'Université McGill, Jean Éthier-Blais est aussi un critique littéraire remarquable qu'on lit depuis vingt-cinq ans dans les pages du journal *Le Devoir*.

Quand Gilles Hénault, directeur des pages littéraires, l'engage au *Devoir* dans les années soixante, Jean Éthier-Blais devient, avec Roger Duhamel, un de nos principaux critiques intéressés par la littérature québécoise. Son enthousiasme n'a jamais flanché depuis ce temps. Je me souviens encore de cet homme qui me regardait droit dans les yeux, un jour de janvier 1978: «Je suis un nationaliste de droite, j'aime la littérature québécoise et *Le Devoir,* ce haut-lieu de notre culture», me lançait-il d'une voix vibrante d'émotion. Je venais de prendre la direction des pages culturelles du *Devoir* et je lui proposais de tenir ses premiers «Carnets».

Jean Éthier-Blais est certes un homme de lettres attaché à la culture du XIXe siècle, ce qui ne l'empêche pas d'être aussi passionné par la littérature québécoise contemporaine. C'est ce qu'il m'expliquera au cours de notre entretien où il s'avouera profondément bouleversé de vivre «cette période tragique et décisive» de l'histoire du Québec.

Il vient de faire paraître deux livres de grande qualité: *Le désert blanc,* un recueil de nouvelles, et *Voyage d'hiver,* un récit de voyage. Ces deux nouveaux titres nous rappellent que Jean Éthier-Blais est, avec Jacques Ferron, un de nos plus élégants stylistes. Ils nous font voir aussi, encore une fois, un écrivain de grande culture. Dans *Voyage d'hiver,* Éthier-Blais prend prétexte d'un périple en Italie pour retracer un univers et des êtres qui lui sont chers. Il nous parle, avec une tendresse contenue, de certains de ses amis comme René Garneau et François Hertel. Il identifie, au bout de ses voyages, les «vides» de sa vie et se décrit comme un «diable québécois» qui finit par s'ennuyer loin de son pays. «Le plein, pour moi, il est ici. Je me vois mal loin de Montréal. C'est ici que je vis ma vie nationale et que je participe, comme écrivain, à la transformation de la société.»

La nouvelle, qui donne son titre à son autre livre, «Le désert blanc», comme dans son magnifique roman *Les pays étrangers* (1982), nous révèle un homme déçu d'un Québec qui ne s'assume pas. «Je voulais décrire le personnage type d'un certain milieu québécois, riche et bête, où l'on se dit prêt à parler anglais parce qu'au Japon tout le monde parle anglais! C'est le milieu de Pierre Elliot Trudeau, que je connais bien. Ce sont des gens qui ont perdu le sentiment national, qui vivent dans une sorte de sentiment intermédiaire où ils ne savent pas qui ils sont. Car je crois que le Québécois qui a perdu le sentiment national est un être vide.»

Jean Éthier-Blais est évidemment remué par les attaques contre la langue française au Québec et par la situation politique actuelle. «Nous vivons des heures de décision pour notre destin, dit-il. Ce sont des heures très graves qui n'ont l'air de rien et qui dépassent en importance les événements d'Octobre 70. Maintenant, tout se fait d'une façon sous-jacente, dans la grisaille et le mensonge. Avec une population surfavorisée au point de vue économique, qu'on achète par des prestations de toutes sortes et à qui on enseigne juste ce qu'il faut pour qu'elle puisse lire des slogans! Alors, la partie est très belle pour les ennemis du devenir québécois. Ils ont les leviers du pouvoir et, en face d'eux, quelques intellectuels qui désespèrent. Je pense que toute la politique, en ce moment, est faite de telle sorte que l'on empêche les sursauts. Tout est organisé pour que l'homme québécois ne prenne pas conscience de ce qu'il est et de ce qu'il ne sera pas.»

C'est la question de la langue qui blesse le plus profondément Jean Éthier-Blais. Il ressent les attaques contre la loi 101 comme «un attentat à notre dignité humaine».

«Moi, vous comprenez, je n'ai qu'un amour dans la vie et c'est la langue française. Naturellement, je ressens la situation actuelle très profondément. Et je crois que c'est le cas de tous les écrivains de s'inquiéter de l'avenir de leur langue, qu'ils soient de langue française, chinoise, allemande ou autre. Est-ce que l'écrivain ne se définit pas comme étant celui qui aime sa langue avant tout? Si vous aimez votre langue avant toute chose, vous devenez totalement un écrivain. Avec plus ou moins de talent. Mais vous devenez un écrivain. Parce que vous vous mettez totalement au service de cet instrument de pensée, d'expression, de personnalisation. Un écrivain, c'est peut-être celui qui ne peut pas exister sans cette langue.

«Alors, si vous écrivez à la fois en français et en anglais, vous ne pouvez pas être écrivain, ni dans une lan-

gue ni dans l'autre, je crois. L'amour d'une langue se
développe avec la pratique et la connaissance. Ici, on peut
se poser des questions. On a souvent choisi la mode plutôt que l'essentiel. S'il y a un pays où l'on doit enseigner
une langue structurée et forte, la grammaire et le vocabulaire, c'est bien au Québec. Pourtant, on ne donne
même pas un cours de vocabulaire dans les écoles québécoises!

«Nous vivons dans un univers où la langue est figée.
On la transforme toujours mais dans un sens négatif,
jamais dans le sens de la richesse. Ce qui fait qu'il y a
très peu de Québécois, des écrivains et quelques autres
personnes, qui conçoivent d'instinct le français comme
une langue complète. Pour le Québécois, le français n'est
pas une langue complète. Je m'en rends compte souvent.
C'est une langue qui n'a pas tous les mots à son service:
voilà la mentalité québécoise. Pour le Québécois, le français n'aurait pas évolué et en serait resté à la langue de
Racine avec un maximum de trois mille mots, ce qui fait
apparaître la périphrase au lieu du mot juste.»

Écrivain, Jean Éthier-Blais a surtout publié des articles et des essais avant d'aborder le roman et la poésie.
«Je n'avais pas le courage psychologique et moral de passer à la fiction. Mais à l'âge de quarante-deux ou quarante-
cinq ans, je me suis demandé si à partir du moment où
l'on est écrivain il ne faut pas faire une œuvre.

«Je crois beaucoup à la notion d'œuvre chez l'écrivain. Vous avez écrit récemment, me dit-il (dans *Le
Devoir* du 5 janvier 1987), un article que j'ai beaucoup
aimé sur la maturité d'Anne Hébert. Moi, vous voyez,
j'ai soixante ans et c'est maintenant que je commence ma
carrière d'écrivain. L'œuvre, c'est la pierre de touche
d'un écrivain. J'aime les écrivains qui font une œuvre.

Hubert Aquin, Gabrielle Roy, Michel Tremblay. L'œuvre n'a pas besoin d'être à un niveau supérieur de l'expérience humaine. Tout le monde ne peut pas être Julien Gracq ou André Breton. Mais il faut qu'il y ait cette volonté d'arriver à s'exprimer totalement par une œuvre complète. C'est pourquoi il faut accepter la loi très dure des genres. Il faut faire de tout: de la poésie, du roman, du théâtre, des essais. L'écrivain est celui qui sent qu'il possède toutes les virtualités.

«Dans mon cas, je suis un homme très lent à évoluer. J'ai signé un pacte avec le temps. Si je vis très vieux, je vais écrire jusqu'à la fin. Cela ne fait aucun doute, pour moi. Je vais aussi écrire les œuvres d'un vieillard. Pour moi, c'est très important.

«Dans un pays comme le nôtre, c'est aussi important que d'activer la notion d'œuvre et de durée. En me disant que je vais écrire une œuvre qui dure et qui s'étend sur un grand nombre d'années, je fais mentir la vie politique québécoise. C'est ma réponse à moi. À tous les gens qui cèdent et qui donnent cette langue et cette culture à la fois française et québécoise, moi, la réponse que je peux donner, c'est de faire une œuvre. Comme ça, ces gens sont démasqués.

«D'ailleurs, ce qui caractérise la culture québécoise, c'est un très grand besoin de vitalité. Il y a une production constante dans tous les genres, avec une très grande facilité de renouvellement. Cela se passait déjà ainsi au XIXe siècle. Il existe, chez les Québécois, en littérature comme en peinture, par exemple, un besoin profond de représenter l'univers dans lequel ils vivent.

«Ce qui est très beau dans la littérature québécoise, c'est qu'elle reste la seule littérature de langue française qui se soit créée comme un bloc en face de la littérature française. Il y a des écrivains suisses et des écrivains belges, mais ils deviennent immédiatement des écrivains français. Ici, grâce à l'Atlantique, nous avons échappé à cette mainmise de la France sur nos grands écrivains. Bien sûr, un effort se fait: voyez Anne Hébert à Paris. Dès qu'ils en ont l'occasion et que cela fait leur affaire, les Français s'approprient nos écrivains. Mais les écrivains québécois en général se rebiffent. Moi, par exemple, Yves Berger, quand il était à Montréal, me voyait très bien en écrivain français. Ce n'était pas ma volonté.

«Nous appartenons à un corpus littéraire très spécifique et chacun travaille dans un domaine à l'intérieur de ce corpus. Moi, je suis un romancier de la bourgeoisie. Je suis très fier de l'expérience humaine que j'ai eue dans le milieu bourgeois auquel j'appartiens. Je ne connais pas du tout les ouvriers. Je ne connais pas les paysans. De quoi voulez-vous que je parle?»

C'est comme critique littéraire au *Devoir* que Jean Éthier-Blais a vraiment fait connaissance avec la littérature québécoise. «Je venais de quitter les Affaires étrangères canadiennes pour l'Université de Carleton et je connaissais mal cette littérature. Par ailleurs, je connaissais bien les littératures française, anglaise, allemande, un peu l'italienne et assez bien la chinoise. Ce sont les littératures que je fréquente, surtout. Et tout d'un coup je me suis trouvé, avec ce bagage de connaissances littéraires, en face d'une littérature qui était en réalité la mienne et je ne le savais pas. Je l'ai découverte et je me suis découvert moi-même dans cette littérature.

«Ce fut une très belle expérience, ma découverte de la littérature québécoise. J'avais trente-cinq ans. C'était à une époque où l'on méprisait la littérature québécoise, ne l'oubliez pas. Alors, ma réaction a été de parler régulièrement, presque toutes les semaines, d'un ouvrage québécois. Priorité au québécois. Et je traitais cet ouvrage québécois exactement comme s'il était belge, suisse ou français. Je disais ce que je pensais. C'était une grande preuve de respect de l'écrivain québécois que de le traiter comme s'il s'était agi d'un écrivain français.

« L'écrivain québécois est aussi autonome que l'écrivain français. Il a droit aux mêmes critères. J'ai gardé la même attitude tout le temps que j'ai écrit au *Devoir*. Pas de fausse sentimentalité. Pas de manque de respect de l'écrivain qui a fait le geste de faire paraître son livre. Et sans aucun parti pris de personne. Je n'ai pris parti pour rien du tout, sauf pour la pureté du style et l'organisation du texte.

« La littérature québécoise, je l'aime beaucoup parce qu'il y a là un effort collectif d'affirmation qui est une grande réussite sur le plan humain. En l'an 3000, quand les Chinois viendront exhumer cette civilisation qui aura disparu, quand la terre entière pleurera sur la disparition de ce peuple, on sera étonné de voir à quel point cette littérature se tient, ainsi que la beauté, la logique et l'élégance de son mouvement. Déjà vous le voyez dans notre littérature du XIXe siècle. Et l'homme de l'an 2050 ou de l'an 2125 qui fera l'analyse de notre littérature du XXe siècle verra exactement la même chose. J'en suis persuadé.

« L'effort de notre littérature, c'est peut-être une réaction à l'impossibilité d'accéder à la vie politique la plus haute. Car nous vivons dans un pays où il n'y a pas de pensée politique. C'est pourquoi — la littérature étant l'expression la plus haute du génie humain — on a fait cette littérature très importante qui est la nôtre.

«Notre littérature, c'est ce qui peut nous permettre de penser que le Québec ne disparaîtra pas. Peut-être que la littérature va pouvoir remplacer les traditions paysannes que nous avons éloignées au moment de la Révolution tranquille et de la transformation de notre système d'enseignement. Aujourd'hui, pour prendre possession de notre réalité, tout ce que nous avons, c'est une littérature. Et l'amour d'un certain paysage.»

1987

Jean Éthier-Blais est né en 1925 à Sudbury.
Le désert blanc, Leméac, 1986;
Voyage d'hiver, Leméac, 1986;
Fragments d'une enfance, Leméac, 1989.

JACQUES FERRON

Pays, langue vivante

Jacques Ferron, affable, presque familier, m'accueille dans son cabinet de médecin. L'écrivain est visiblement ému de recevoir cette année le prix David, la plus haute distinction littéraire au Québec: «C'est un prix que tous ceux qui écrivent et ne cessent pas d'écrire finissent par obtenir un jour. Cela indique un certain âge, un certain nombre de livres.»

Sur son bureau de médecin: des pages d'un manuscrit en cours, des exemplaires de ses livres publiés, un appareil à mesurer la tension artérielle et le téléphone qui sonne de temps en temps. Aux murs du petit sous-sol de Ville Jacques-Cartier qu'il partage depuis des années avec son frère Paul, médecin comme lui: des photos de ses enfants et une peinture qui retrace le paysage de son village natal.

En face de moi, l'homme est souriant. Il a la tête blanche et le regard perçant. Sa voix mesure notre intimité. Notre conversation se déroulera dans la simplicité et l'humour. Jacques Ferron est heureux, cela se voit. Que répond-il aujourd'hui à la société québécoise qui lui attribue le prix David? — «Dans ce temps-là, tu dis à la société qui te le donne que c'est à elle au fond qu'elle le remet!»

D'ailleurs, selon Ferron, le Québec a toujours bien traité ses écrivains. Autrefois! «Mais ils ne se donnaient pas de mal: ils écrivaient deux livres et avaient immédiatement un emploi dans la fonction publique! Aujourd'hui, c'est différent. Il y a des écrivains sérieux qui publient beaucoup. Je me sens renversé par mes cadets, comme Lévy Beaulieu. Ces gens-là sont plus véritablement écrivains que nous. Ils ont la force de s'en faire une carrière. Tandis que moi je ne me suis jamais senti assez fort pour faire seulement un écrivain. J'ai pris la précaution d'être médecin aussi! Mais j'avoue que la médecine m'a aidé beaucoup en me tenant en contact avec les gens qui n'étaient pas intellectuels. On n'apprend rien des intellectuels!»

Jacques Ferron n'a jamais cessé d'écrire. Pour mille raisons. Entre autres, parce qu'il n'était pas satisfait de son unique personnage de médecin: «Il y a tellement de virtualités dans un homme. Il peut être médecin, il peut être soldat! Quand on choisit un personnage: médecin, ce n'est pas suffisant pour satisfaire toutes les virtualités. Et puis, il y a toujours l'ambition: qu'il faut freiner, qui nous ferait faire des bêtises. Écrire est une façon d'être ambitieux sans mettre sa dignité en jeu: sans enlever quoi que ce soit à personne.»

Et Jacques Ferron a toujours écrit, dans son cabinet de médecin, parmi le monde, entre ses consultations. Certains de ses clients — il ne les a pourtant jamais trahis — ont même déserté son bureau en apprenant que le docteur Ferron était écrivain: «On se méfie toujours un peu des gens qui ont des grimoires. Mais ça m'a montré qu'au moins j'étais sérieux comme écrivain!»

Son œuvre a fait son chemin. Ses contes ont ébloui peu à peu un public et des critiques attentifs: Jean

Marcel, Gérard Bessette, Yves Taschereau, entre autres, puis Jean-Pierre Boucher, qui s'est justement attaché aux contes. Car, à cette époque où la littérature baigne dans la recherche formelle, Ferron, lui, s'est mis à l'écoute du peuple pour écrire. Il a bâti son œuvre à partir de l'oralité: «les contes et les chansons font partie des nécessités de la vie». Pour lui, un pays, c'est une langue qui vit: «Et pour qu'elle vive, il faut qu'elle soit verte d'abord, qu'elle soit enfantine. C'est dans la langue verte que se vivifie indéfiniment la langue écrite, la belle langue.»

«L'écriture part de l'oral et doit revenir à l'oral, me dit encore Ferron. Dickens en est le meilleur exemple. Petit sténographe, il a fait des livres qu'il disait ensuite. Il n'était peut-être pas son meilleur lecteur mais il faisait le tour: il partait de la parole et y revenait. Je ne crois pas procéder autrement. Car je sais, d'autre part, que l'écriture est aussi un moyen de gouverner les gens. De faire des fiches. C'est l'écriture qui organise la société. Cela va jusqu'à l'ordinateur. Mais ce n'est pas l'écriture des honnêtes gens! C'est l'écriture du pouvoir!

«Il se peut qu'il y ait justement une forme d'écriture qui conteste l'écriture du pouvoir et qui est liée à l'indiscrétion, à l'oralité, à la confrontation. Le rôle de l'écrivain serait de contester l'écriture du pouvoir. Et il est libre de le faire: personne ne lui demande d'écrire. Il le fait lui-même, de sa propre autorité! Alors, il peut être indépendant!»

Pour Jacques Ferron, l'œuvre de l'écrivain participe du salut collectif. C'est ainsi qu'elle a engagé l'homme au plan politique. C'est ainsi que s'inscrivent les «escarmouches» de l'écrivain Ferron, qui a mis dans sa vie beaucoup d'énergie pour les questions politiques:

«C'était pour moi une question de langue. Je suis devenu nationaliste en revenant de Gaspésie — où j'avais pratiqué la médecine, — quand je me suis rendu compte que les gens de Gaspésie, analphabètes, parlaient un français admirable et que, dans la région de Montréal, c'était bâtard: la langue n'avait pas cette électricité qui faisait les réunions heureuses! C'est donc à partir de considérations sur la langue que je suis devenu nationaliste. Je ne crois pas que deux langues complètes puissent coexister. Le bilinguisme n'est pas fonctionnel. On peut avoir une langue qui n'a pas d'écriture avec une langue de civilisation, mais pas deux langues aussi voisines que l'anglais et le français, qui ont la même bibliothèque!»

Mais l'auteur des *Grands soleils,* qui a proposé Chénier comme héros québécois contre le Dollard des Ormeaux de Lionel Groulx («l'Iroquois, c'était le tiers monde et ça nous empêchait de voir notre véritable ennemi»), s'intéresse à la politique «pour en parler seulement», non pour le pouvoir: «Après le 15 novembre 1976, je ne me voyais pas faire grand-chose. D'ailleurs, c'est classique: il y a un tas de gens qui pensent à une Histoire, à un changement politique et qui ne sont bons que pour le changement, non pour l'administrer!»

Ce qui intéresse l'écrivain, c'est la liberté, «qui, par définition, doit être menacée et qu'on doit sauver à tout instant: la liberté de penser, de s'exprimer, de vivre à sa façon».

Et Ferron ajoute: «J'ai l'impression que les gens les plus libres sont ceux qui, dans leur vie, en abusent le moins. Ta liberté est toujours en corollaire avec celle des autres. La liberté de devenir César, ça nuit à celle des autres. En paroles, on peut nuire aussi à la liberté des autres: les empêcher de parler en parlant soi-même. Mais quand on écrit, on ne fait pas taire les autres. Il y a peut-être beaucoup de liberté dans l'écriture. Seulement, on manque de stimulation. On se dit qu'on va se retirer pour pouvoir écrire. On se retire et on n'écrit pas. Et ce qu'on fait, c'est toujours à la hâte, en se disant qu'on fera un jour quelque chose de bien. Mais on ne le fait jamais... Évidemment, quand vous faites un livre que vous aimez beaucoup — mais vous pouvez vous tromper sur sa valeur — vous voulez le finir vite: parce que vous avez peur de mourir avant de l'avoir fini. Mais ça, ce sont des fantasmes...»

Nous avons parlé durant plus d'une heure. Jacques Ferron se lève pour me reconduire. Il s'attarde à me montrer quelques trésors de sa bibliothèque religieuse, tout près de la porte. Dans l'antichambre, à ma grande surprise, six ou sept patients attendent leur médecin. Jacques Ferron, lui, de son bureau, les voyait arriver un à un, tout en me parlant de sa vie d'écrivain...

1977

Jacques Ferron (1921-1985) est né à Louiseville.
Contes, Hurtubise HMH, 1968;
Théâtre 1, Déom, 1968; l'Hexagone, coll. Typo, 1990;
L'amélanchier, Éd. du Jour, 1970; VLB Éditeur, coll. Courants, 1986.

MADELEINE FERRON

Dans les blancs de l'histoire

Madeleine Ferron a vécu trente ans dans la Beauce québécoise, le pays de son mari le juge Robert Cliche. C'est là qu'elle a situé l'action de la plupart de ses livres, recueils de nouvelles, essais historique et romans, dont le dernier, *Le chemin Craig,* évoque l'histoire de l'implantation tumultueuse des immigrés irlandais dans la Beauce en 1885.

«Cette histoire m'a fascinée, dit la romancière, parce que j'ai appris à aimer la Beauce et ses gens. Pour écrire, j'ai besoin aussi d'une connaissance charnelle des gens qui m'inspirent, Beaucerons, Irlandais immigrés et autres personnages de mes livres. De plus, la nature est pour moi aussi importante que les personnes qui y vivent. J'aime beaucoup les paysages de la Beauce, avec ses collines et sa vallée, sa nature domestiquée et ses grandes étendues sauvages. Il y a de tout dans la Beauce. La vallée, tout à fait humanisée, où se sont installés les mythes, les préjugés et les croyances. Puis les grandes étendues de Dorchester, où la vie est plus libre, rude mais saine, où tu retrouves plus la vraie vérité des gens, comme à Saint-Zacharie où nous avions une terre à bois.»

Avec *le Chemin Craig,* voici donc l'histoire des Irlandais immigrés en Beauce à la fin du XIXe siècle. Catholiques et protestants qui avaient survécu à la difficile traversée depuis l'Irlande se sont retrouvés ennemis en Beauce, reproduisant ici la violence de leur histoire et de leur pays colonisé par l'Angleterre.

Le livre de Madeleine Ferron nous conduit au cœur de cette violence. Dans un premier temps, le roman explique les circonstances et les lieux de l'implantation des Irlandais. Puis nous faisons connaissance avec Ann et Robert Corrigan et la vie quotidienne des protestants. Le roman nous fait voir ensuite la violence de la situation et le meurtre de Robert Corrigan. En troisième partie, l'amour de Ann esseulée, le procès des coupables qui s'en sauveront et la vie politique de la fin du siècle font l'objet d'une longue lettre émouvante de Ann à une cousine de l'Ulster. Enfin, l'épilogue raconte l'installation d'un curé catholique canadien-français dans la paroisse des Irlandais.

Ainsi construit, le roman de Madeleine Ferron évite les anecdotes trop répétitives, approfondit la réalité documentaire par la liberté de la fiction où se profilent, à côté de l'ombre de Robert Corrigan, deux personnages très forts: Ann, la femme amoureuse qui demande justice, et le révérend King, le pasteur presbytérien empreint d'une bonté certaine mais aussi d'un goût étrange pour le maintien de la violence qui oppose les deux clans sous la bannière de leurs religions. En fait, ce pasteur un peu mystérieux possède des traits en commun avec le curé des Loyalistes qui habite le roman de Anne Hébert, *Les fous de bassan.* Mais c'est à travers Ann et Robert Corrigan que Madeleine Ferron nous fait comprendre un peu mieux cette violence qui anime la lutte intestine irlandaise en

Beauce. On s'approche aussi des raisons qui font cette guerre interminable jusque dans l'Irlande contemporaine.

«Ce n'est pas le fait historique en lui-même qui m'intéresse, c'est la connaissance de l'humain, dit Madeleine Ferron. Pourquoi des Irlandais arrivant à Saint-Sylvestre en Beauce, après une traversée si difficile, ont reproduit ici les conflits de leur Irlande natale?»

La romancière a travaillé durant dix ans pour réunir les documents sur lesquels se fonde son livre. Mais elle ne s'est pas contentée des archives. Elle s'est fiée à la tradition orale. «Avec un vieux qui te raconte ce que lui a dit son grand-père, tu te retrouves au commencement de la Beauce! Je m'en vais dans la tradition orale comme si je faisais de l'archéologie: étage par étage, couche par couche, pour arriver à l'humain. Ce goût de la tradition orale me vient sans doute de loin. Dans la famille des Ferron, il y avait des conteurs, à commencer par mon père qui nous racontait les histoires de ce personnage mythique qu'est Ti-Jean, rusé, astucieux, qui vient à bout des pires difficultés. J'ai été initiée très tôt à la tradition orale.

«D'autre part, poursuit Madeleine Ferron, dans l'écriture d'un roman historique, il n'y a pas que la contrainte des documents. Il y a les faits historiques mais il y a aussi plein de blancs, comme le disait Michel Tournier à Bernard Pivot, lors d'une émission d'*Apostrophes*. Ce sont ces blancs que tu peux habiter comme romancière. Par exemple, le personnage de Ann est en grande partie inventé. Investir ce personnage, c'est ma façon à moi de juger tout ce monde et d'éviter que le récit historique se referme sur lui-même. Dans l'écriture du roman, des personnages s'imposent. Il se crée ainsi un climat qui est peut-être plus proche de la vérité que l'histoire officielle. Car n'oublions pas qu'il y a plein de silences dans les monographies. Dans le roman historique, la magie de l'écriture joue. Tout à coup, à l'intérieur de votre projet, des personnages se mettent à vous posséder. Comme dans mon roman *Le baron écarlate*, où je voulais faire une étude d'un milieu non encore inventorié: celui des petits industriels et des petits notables des campagnes, que j'appelle les petits barons de province. En écrivant le roman j'ai trouvé mon père, qui n'était pas un petit baron mais un notaire dont le personnage prenait vie et me possédait de plus en plus.

«Écrire de la nouvelle, c'est différent. Tu saisis ton personnage à l'occasion d'un événement, d'un geste de bonté ou d'un crime. Là, tu l'explores. Et tu le fais souvent sortir de scène par une pirouette à laquelle les lecteurs ne s'attendent pas. Pour moi, la nouvelle, c'est une tranche de vie analysée de façon particulière. C'est un genre qui m'est naturel, c'est ma manière instinctive de m'exprimer. Comme d'autres font des miniatures. La nouvelle, c'est près de l'humain. Quand tu as fait ton approche — la personne ou le fait ou la phrase qui t'ont inspirée à un moment donné disparaissent — tu t'impliques dans l'écriture de la nouvelle. Et puis, une nouvelle, tu peux la frotter, la polir. Cela devient comme une sorte d'objet précieux. Tandis que dans le roman tu es emportée, tu ne peux plus revenir en arrière polir et frotter aussi facilement. La nouvelle, c'est un texte que tu peux laisser dormir après le premier jet. Puis tu la retrouves, tu la relis, tu la retravailles.»

Son désir d'écriture, Madeleine Ferron le tient de son enfance, heureuse et malheureuse à la fois. Sa mère est morte quand elle avait huit ans. Sa sœur Marcelle, qui deviendra peintre, en avait six. Et son frère Jacques, qui sera médecin et lui aussi écrivain, en avait dix. Cette mère

morte trop jeune, elle possédait une grande culture littéraire, elle était capable de déchiffrer les textes anciens,
elle avait appelé son fils Jean-Jacques. Mais sans leur
mère, ses enfants en bas âge se retrouvaient pensionnai-
res pour étudier et seuls à la campagne l'été, à Saint-
Alexis-des-Monts où leur père les envoyait vivre. En
pleine nature, les adolescents s'initient aux sciences natu-
relles mais en même temps, dans cette sorte de solitude,
doivent puiser à même des ressources personnelles. Ils
s'adonnent aux jeux et concours littéraires. Chaque visi-
teur devient un «correspondant» éventuel pour Madeleine
Ferron. Son grand frère Jacques, lui, fait jouer des disques des musiques de Debussy et Fauré. Pour épater ses
jeunes sœurs, il leur lit Mallarmé à haute voix et les traite
d'incultes quand elles ne comprennent pas cette poésie.
Voilà peut-être pourquoi, aujourd'hui qu'elle a écrit plus
d'une demi-douzaine d'ouvrages, Madeleine Ferron me
dit: «L'écriture, c'est une grâce. J'aime mieux avoir la
grâce de l'écriture que la grâce de la foi.»

1983

Madeleine Ferron est née en 1922 à Louiseville.
Cœur de sucre, contes, Hurtubise HMH, 1966;
Le chemin des dames, nouvelles, La Presse, 1977;
Un singulier amour, nouvelles, Boréal, 1987.

JACQUES FOLCH-RIBAS

«Un beau livre, et je suis réconcilié
avec les hommes...»

Jacques Folch-Ribas parle beaucoup: à la radio, dans les salons, dans les colloques, avec ses amis. Il sait aussi se taire: il écrit. Son dernier livre s'intitule justement *Le silence ou Le parfait bonheur*.

Architecte de profession, musicien dans l'intimité, critique littéraire pour le plaisir, Jacques Folch-Ribas, né en pays catalan et vivant en pays québécois, est surtout un écrivain d'une qualité exceptionnelle. On n'oublie pas *Le greffon* (1971), *Une aurore boréale* (1974) ni *Le valet de plume* (1983). Ses romans nous font voir combien l'homme est en exil. Ils posent les questions de la condition humaine et de la beauté en art. Folch-Ribas, comme il le suggère lui-même dans son plus récent roman, est cet écrivain «pris entre l'exaltation de son art et la vie brève». Ou peut-être est-il comme son personnage Olivier Sanche, pour qui le bonheur serait le parfait silence du cœur?

Le roman se passe dans une villa du Levant espagnol, la Rugiada, où vivent la *principessa* Clara et le baron Karl avec leur fille Élisabeth et quelques domestiques: un monde de lumière et de silence que visitent le narrateur, un médecin, et son ami Olivier Sanche, un pianiste célèbre. Invité pour un week-end, Olivier choisira de rester chez ses nouveaux amis et de quitter la musique. Son destin se confondra ensuite avec l'irruption du hasard dans la vie des personnages.

Cette histoire d'un pianiste qui a quitté la musique, Folch-Ribas l'avait entendue étant enfant. L'artiste avait-il quitté la vie publique par amour? Pour rejoindre une femme? Ou pour se faire moine? Peut-être aura-t-il fait comme Fisher, ce joueur d'échecs qui a «poussé du bois» jusqu'au championnat puis, ayant accompli son parcours, s'est retiré dans un monastère cistercien.

Le silence ou Le parfait bonheur est un roman sur le silence de l'artiste: ce silence d'où lui vient l'art et où il retourne. C'est aussi un roman d'amour, ou plutôt un roman sur le désir de la perfection. Nous apprenons encore, dans ce livre splendide, que «la faille de notre monde c'est le bruit», que «la seule justice est celle du hasard», que «le bonheur [est] peut-être à ce prix: ne s'accomplir jamais». Cette œuvre fascinante est écrite dans un style inoubliable, aux contours aussi purs et précis qu'un diamant.

«L'art pour moi, me lance Folch-Ribas, c'est une transposition, un rêve, une invention, une poésie. Sinon, ce n'est plus de l'art, c'est du reportage. Qu'est-ce que cela peut me faire à moi que, dans le dernier roman de Pierre-Jean-Jacques, on me parle de la société des bourgeois d'Outremont ou de la société des petites filles de cégep ou de la société des gens de Laval ou de Longueuil? C'est peut-être intéressant mais c'est de la sociologie; c'est de la science et ce n'est pas de l'art.»

Son roman, Folch-Ribas l'a donc situé dans l'intemporel. Au cœur du silence, justement. Dans une villa où peuvent surgir tous les hasards et se défaire tous les destins. Dans un pays où Karl ne pourra survivre à la disparition de sa fille Élisabeth et de la beauté qu'il s'était inventée. Dans un lieu où un artiste apprend à se taire.

«Dans quelle mesure l'art n'essaye-t-il pas d'atteindre une sorte de silence qui serait le bonheur? Ne serait-ce pas le but final de tous les artistes et particulièrement du poète? Que vise le poète, sinon dire si bien qu'il n'y ait plus besoin de dire!

«Mais je ne voudrais pas trop charger mon roman d'idées, s'empresse d'ajouter Folch-Ribas. Je ne voudrais plus le considérer que comme un objet de plaisir et de lecture. Ce qui compte, c'est le plaisir que j'ai eu à me raconter une histoire. J'aimerais que les gens la lisent avec le même plaisir que j'ai eu à l'écrire. Si je charge le roman de soi-disant idées, j'ai peur de l'abîmer, de le déformer.»

Son œuvre, le romancier veut en prendre soin comme si c'était «une petite pièce de Liszt, de Schumann ou de Bach, mais surtout pas de Mozart», précise-t-il. Comme le pianiste de son roman et comme le regretté Glenn Gould, Folch-Ribas n'aime pas Mozart: «Trop récitatif dans l'opéra, trop transparent, trop léger! Verlaine mais pas Mozart!», insiste-t-il.

Cet artiste de Folch-Ribas n'aime pas non plus «se tacher les doigts au siècle», selon l'expression d'Angelo Rinaldi. «Si tu es dans le siècle, tu parades, tu t'agites, tu fais des tas de choses. Mais si tu réfléchis que le siècle c'est rien, si tu cherches l'intemporalité, alors tu t'approches de ces lieux de solitude où le silence est possible, comme à la Rugiada, où peut-être pourrait-on vivre sans s'occuper du siècle.»

Cet hédoniste de Folch-Ribas, vous l'avez deviné, n'aime pas son siècle et le nôtre: alors il écrit des livres où trouver le silence. «C'est ça! Mon livre, c'est ma fuite, mon départ! Ma fuite d'un lieu, d'un siècle que je trouve détestable actuellement: on y mélange tout, on y égalise tout! Mireille Mathieu fait plus de lignes dans les journaux que la mort de René Char. C'est ça, une civilisation de deux mille ans? Allons donc!

«Mais je suis quelqu'un qui aime la vie. Comme le dit Olivier: j'ai choisi la vie. Pour moi, la vie c'est quelque chose qui vaut la peine. Vivre, c'est peut-être cela: écrire et lire de beaux livres. Quand je lis un beau livre, je suis réconcilié avec les hommes, la vie, le climat, la nourriture… Tout est beau, tout est bien, tout est parfait. Et quand je lis une ânerie, je suis en maudit pour trois jours! Je suis un hédoniste, mon cher, un jouisseur. Hélas ou tant mieux!»

1988

Jacques Folch-Ribas est né en 1928 à Barcelone et vit au Québec depuis les années cinquante.
Le greffon, Robert Laffont / Éd. du jour, 1971;
Le valet de plume, Acropole, 1983;
Le silence ou le parfait bonheur, Robert Laffont, 1988.

JACQUES GODBOUT

Le Québécois et son double

Jacques Godbout prend le peuple québécois pour un monstre dans son dernier roman, *Les têtes à Papineau*. Pour le romancier, qui s'est toujours inspiré de notre situation politique, la vie québécoise est un cirque! Comme si le peuple québécois devait assumer à lui seul la dualité canadienne. En fait, le roman de Godbout profite d'un certain retour d'âge de notre schizophrénie politique. *Les têtes à Papineau* serait, si l'on veut, le roman de notre «génopause»: après *Le Canadien français et son double*, de Bouthillette, voici «Le Québécois et son double», par Godbout.

Ce livre est à la fois le plus drôle et le plus pessimiste des dernières années de la littérature québécoise. Jacques Godbout, l'un des animateurs du mouvement Ti-Pop pour la dérision de nos kétaineries nationales, invente ici un nouveau pittoresque littéraire: notre folklore politique comparé à la dégénérescence de certaines familles du Bas du Fleuve. Comme si le monstre à deux têtes qu'est le personnage de Godbout, Charles-François Papineau, voulait défoncer le mur de la thématique du pays.

Mais le monstre doit-il vivre? — Non, disent les premiers ministres Trudeau et Lévesque, qui réclament chacun une tête. — Oui, le monstre doit vivre, dit Godbout, dont l'intuition romanesque finit par soutenir la thèse de l'impossible autonomie du Québec.

Je dis que ce livre est à la fois le plus drôle et le plus pessimiste. En effet, le romancier que j'ai rencontré m'est apparu comme un intellectuel déçu. L'ex-militant pour un Québec laïc doute de notre chemin politique parcouru depuis 1960: «Est-ce qu'on peut agir suffisamment sur la réalité pour exister encore pendant un certain nombre d'années?» me lance Godbout. «Est-ce que l'indépendance dont parle le Parti québécois est la solution au problème?» Et Godbout ajoute qu'il faut parler d'autonomie culturelle puisque, de toute façon, notre avenir économique dépend exclusivement de Washington. D'autre part, ajoute le réformiste Godbout: «La démission récente du député Claude Forget me rend triste: elle veut dire qu'on est rendu à un point où la vérité politique n'a plus d'intérêt et que tout ce qui compte c'est de gagner d'un côté ou de l'autre. Cependant que tout se passe comme si nos deux gouvernements du Canada et du Québec ne s'affrontent plus sur le même terrain électoral. Comme si Trudeau jouait au stade olympique et Lévesque au parc Jarry.»

Il est certain que le roman de Jacques Godbout examine de près la situation politique actuelle et qu'il en fait la caricature à froid, avec le cynisme le plus sincère. Mais on se prend à s'interroger, après la lecture du livre de Godbout, sur ce qu'en penserait Hubert Aquin qui, lui, n'avait qu'une tête. Mais Aquin ne répond plus depuis 1977: au moment où Jacques Godbout entreprenait l'écriture de son roman *Les têtes à Papineau*.

— Vous faites du cinéma et de la littérature, comme si l'un n'allait pas sans l'autre?

— Faisant du cinéma documentaire, j'ai besoin de fiction. Et la fiction, je la trouve dans l'écriture romanesque. Le documentaire est une façon de comprendre et d'organiser le monde mais c'est Dieu-le-père qui nous donne les personnages et les situations. Le documentaliste ne crée rien des personnages et des décors: il les ordonne. C'est très satisfaisant mais ça s'apparente de très près au journalisme de reportage, d'analyse ou d'enquête. Avec le documentaire, on est toujours dans une forme de journalisme illustré. Par contre, dans la fiction, sans se prendre nécessairement pour Dieu-le-père soi-même, on peut se donner au moins le jeu de cartes que l'on veut. On peut laisser son jeu se développer jusqu'à ce que l'on comprenne plus profondément ce qui se passe autour de soi ou en soi, selon le genre d'écrivain qu'on est.

— À quoi sert la fiction?

— La fiction, à mon avis, sert à donner du sens à ce qui n'en a pas. Comme on dit: donner du pain à ceux qui n'en ont pas. La fiction me permet de comprendre en me déplaçant, de prendre mes distances avec la vie et à lui donner justement le côté humain, la réflexion qui me permet de mieux sentir ce qui se passe. Puis d'avoir des balises ensuite, un phare, un système de références. Et de pouvoir rêver à partir de là. C'est-à-dire de sortir de l'information exclusive, de l'information qui ne fait que nourrir ton ordinateur mental. Alors, des relations s'établissent, qui deviennent multiples, mystérieuses, inattendues, surprenantes, cocasses. Toutes ces relations-là tout à coup font un livre qui te permet d'être plus humain.

— *Comment vous est venu votre dernier roman,* Les têtes à Papineau?

— Tous les trois, quatre ou cinq ans — cela dépend de ce qui se passe dans l'atmosphère — je sens le besoin de faire le point. Je m'assois et j'écris un roman. Sans trop me préoccuper d'abord de ce qu'il adviendra. Les phrases se suivent. Cela te fait un brouillon, que tu défais, que tu reconstruis. Il en sort un objet auquel tu travailles et qui est un roman. Cette fois, voici *Les têtes à Papineau.* Parce que visiblement, depuis quatre ou cinq ans, l'atmosphère n'était qu'à la schizophrénie: nous en sommes à l'ultime et dernière expression de la dualité canadienne! Quand j'ai écrit *L'isle au dragon,* nous étions dans la protection de notre univers culturel. Pour *D'amour P.Q.,* c'était l'histoire du féminisme qui m'avait rejoint. Dans *Salut Galarneau!,* c'était la lancée de la «Révolution tranquille» et du besoin de réussir des Québécois, qui se prenaient enfin pour ce qu'ils étaient. *Le couteau sur la table,* c'était d'entreprendre une action sur notre réalité nord-américaine. Quant à *L'aquarium,* c'est un roman qui décrivait la vie sous Duplessis, dans une espèce de magma incertain où ce sont les autres qui agissaient et non les Québécois. Alors, tous ces livres-là ne sont pas venus avec un plan de carrière! Ils ont été écrits l'un après l'autre, correspondant à ce qui se passait. Le critique Gilles Marcotte a dit, je pense, à un moment, que j'étais une sorte de romancier-journaliste, plus influencé par l'information que la plupart des autres romanciers. C'est peut-être vrai. Effectivement, ce qui se passe dans le monde me touche.

— *Selon votre roman, le Québécois serait donc un monstre à deux têtes: une en France et l'autre en Amérique?*

— Plus que ça: on a une tête française de province et une tête américaine avec des goûts américains. Et c'est la même tête et c'est deux têtes à la fois. On hésite continuellement entre les deux. On ne veut pas perdre l'une et l'autre parce que c'est aussi pourquoi nos ancêtres sont venus ici: pour rester eux-mêmes mais devenir autre chose.

— *Il faudrait donc garder nos deux «têtes à Papineau»?*

— Si tu veux le fond de mon intuition: il faudrait que les monstres puissent vivre. Je pense qu'il faut que les monstres vivent. Mais je suis mal placé pour en parler. J'ai l'impression que la polarisation des esprits fait en sorte que beaucoup de gens souhaiteraient que le monstre soit tué et que naisse de ses cendres un nouvel homme. Soit le nouvel homme fédéral du «partage de la fraternité», comme le dit Trudeau. Soit l'homme québécois, «l'homme d'ici» dont parle Lévesque. Moi, je t'avoue franchement que ni l'un ni l'autre ne m'intéresse.

— *Serions-nous passés, entre 1960 et 1980, de «Canadiens français» à «Québécois américains»?*

— L'expression est exacte. Et si on est devenu ''Québécois américains'', on a tout simplement suivi le chemin qu'a suivi Papineau quand les Anglais se sont mis à courir après lui. Il s'est sauvé aux États-Unis. C'est peut-être pourquoi on n'a jamais utilisé de façon positive l'expression ''la tête à Papineau''! Cela peut venir du fait qu'ils n'ont pas eu la tête à Papineau! Car il était plus vite que les autres. Au point de filer aux USA dès qu'il a compris le problème. Et le monsieur Papineau de mon roman, le père de Charles et de François, est déjà rendu aux États-Unis, lui aussi. Je dirais, à la limite, que

Léandre Bergeron, quand je le vois passer avec son dictionnaire et son chapeau de cow-boy, est un cousin très
proche du père Papineau.»

1981

Jacques Godbout est né en 1933 à Montréal.
L'aquarium, Seuil, 1962; Boréal Compact, 1989;
Salut Galarneau!, Seuil, 1967; Seuil, coll. Points Roman,
1980;
Les têtes à Papineau, Seuil, 1981.

PAULINE HARVEY

Montréal comme labyrinthe

Quand Pauline Harvey promène sa crinière de lionne dans le labyrinthe de la ville, on la croirait sortie de son dernier roman. Elle a l'air d'écrire de ses yeux chercheurs sur les murs de brique et de se profiler dans les vitrines de Montréal telle la Shawinigan de sa fiction aux prises avec les mystères du sentiment urbain.

Dans ce roman qui s'intitule *Encore une partie pour Berri,* la romancière questionne l'art de vivre de la génération punk (synonyme de *peace* pour elle) dans sa pulsion sexuelle et créatrice ainsi que dans sa façon d'habiter les espaces de la ville.

Pauline Harvey nous fait entrer dans le monde d'aujourd'hui en compagnie de personnages qui ont quelque parenté avec ceux de Boris Vian et de Réjean Ducharme. Ces grands adolescents androgynes, qui cherchent le passage entre la gratuité du jeu et la quête de l'absolu, se rencontrent au bord de l'abîme où des forces obscures se jouent de leur tendresse. Entre les excès de Bloc, qui fréquente les utopies, et la sérénité de Madame Eaton, qui joue au canasta, Sha et Berri cherchent à se rencontrer plus loin que leurs angoisses. L'amour est un état qu'on trouve dans la ville, au bord de la nuit ou dans les yeux d'un chat. L'amour est un cruel point de fuite.

Née à Chicoutimi en 1950, Pauline Harvey s'est fait connaître à Montréal en pratiquant la poésie sonore dans les années soixante-dix. C'était pour elle une façon d'apprivoiser l'écriture et d'allonger son souffle. Mais c'est l'écriture du roman qui l'attirait le plus. Elle ne voulait pas passer sa vie à vendre des disques et vanter ses spectacles, dit-elle. «La poésie sonore, cela me venait de ma culture rock. J'avais été très impressionnée aussi par le poème ''Speak white'' de Michèle Lalonde. J'avais fait du théâtre et me voyais sur une scène. Il fallait que je commence par la poésie pour me donner une certaine aisance et pour apprendre comment fonctionnait l'écriture dans cette ville. Mais je voulais que la poésie me conduise au roman.»

Après cette poésie sonore, réunie sous le titre *Ta dactylo va taper,* Pauline Harvey a fait paraître deux contes: *Le deuxième Monopoly des précieux* et *la Ville aux gueux,* qui lui a valu le prix des jeunes écrivains du Journal de Montréal. Son plus récent roman, *Encore une partie pour Berri,* lui méritera peut-être des prix mais surtout lui vaudra certainement un public-lecteur nombreux, grâce à la qualité du style et à l'originalité de l'univers qu'il explore.

Ses succès, Pauline Harvey les attribue d'abord à son éditrice, Marie-Madeleine Raoult. «Elle a beaucoup de respect pour les écrivaines et leurs manuscrits. Elle nous conseille pour la structure et les personnages. Elle corrige le style et connaît bien son français. Elle est une passionnée de la langue et vit entourée de dictionnaires. La correction, cela fait partie de la création. C'est parce qu'on publie aux Éditions de la Pleine Lune que nos textes sont bons aussi, parfois. De plus, les livres de la Pleine Lune sont bien fabriqués et Marie-Madeleine Raoult fait avec Rolande Meunier une équipe efficace. Ce n'est pas par hasard que cette maison d'édition des femmes a mérité deux prix en deux ans. Elle se révèle de plus en plus solide», ajoute Pauline Harvey.

«Pour moi, écrire, c'est un vrai métier. C'est un travail d'artisan. Tu fabriques des bijoux et tu cisèles ta phrase. Tu apprends tes notes et tu fais de l'harmonie. C'est un métier très concret, qui s'apprend en lisant et en écrivant.

«Écrire, c'est aussi un travail collectif. L'écrivain, dans la ville, fait partie de la collectivité. Ce que tu écris a un impact sur les gens. Peut-être que la seule responsabilité de l'écrivain serait de produire un effet de bonheur, un effet de plaisir. Pour améliorer la qualité de la vie.

«Pour savoir mieux écrire, je lis les philosophes, je fréquente les cours des théoriciens depuis dix ans. Deleuze et les autres. Je vais en France quelques semaines par année. Pour mieux voir dans quel monde on vit, pour me ressourcer et me situer comme Québécoise.

«Je sais que j'en suis à l'adolescence de l'art. J'essaie de me dépasser en me disant que je ne suis pas arrivée à pleine maturité dans mon métier. Il me semble qu'on peut toujours apprendre. Par exemple, par rapport à ce que pouvaient faire les grands écrivains du XVIIIe siècle, Dostoïevski, Tolstoï, Balzac, et Proust au XXe. J'ai l'impression qu'on est un peu en décadence. Peut-être à cause du cinéma et de la télévision: on se fatigue moins à travailler nos livres. On pense moins à des projets gigantesques. On se contente d'une certaine fragilité, d'un certain succès. On fait des relations publiques et on s'arrête là.

«L'écriture, cela se perfectionne. Tu cherches des nouvelles structures. Tu délires. Tu rêves. À un moment donné, je cherchais une structure qui serait comme un cristal magique qui aurait été utilisé de façon alchimique par tous les romanciers depuis l'Antiquité. Les romans sont toujours fabriqués dans l'inconscient et toi, sur le canevas, comme une peinture à numéros, tu peins les couleurs de l'époque, tout simplement. J'avais l'impression de découvrir de telles structures aussi bien chez Proust que chez Dostoïevski ou Henry James. Très souvent, je voyage un peu comme ça. Je fais des rêves. Je me raconte des histoires. Je cherche des nouvelles techniques. J'essaie de voir celles des Anciens. Je me pose beaucoup de questions de métier. Je fouille dans les dictionnaires. J'essaie de ciseler mes phrases de plus en plus. J'aime les gens qui ont beaucoup de qualité et je me dis qu'on n'a jamais fini d'apprendre. C'est pourquoi d'ailleurs il est intéressant de vieillir.

«On est une jeune littérature. On pourrait rêver plus grand. Imaginer par exemple ce que serait une littérature vraiment moderne dans une société postindustrielle comme la nôtre, une littérature qui irait chercher le *vent* de la modernité! Cela peut sembler complètement fou mais ce serait mieux que ce qu'on raconte à la télévision. On n'invente pas encore assez. On pourrait mieux parler des comportements de notre époque, des rapports sociaux et affectifs.

«Il faut un autre regard. L'opinion dit qu'un mur de béton c'est laid. Mais quand on regarde bien la ville, on se dit qu'elle nous appartient et le mur de béton devient aussi doux, aussi tendre, aussi chaud que le corps de ma mère. Un bloc comme le complexe Desjardins, cela devient beau comme un lac de ton enfance.

«Écrire *Encore une partie pour Berri,* c'était me rendre amoureuse de la ville aussi. Je lisais beaucoup Henry Miller, à l'époque. Il était amoureux de New York. Je cherchais moi-même à me sortir du conte, à écrire sur un territoire concret. J'aimais apprendre à nommer. Nommer la montagne, nommer ce qu'on voit dans les vitrines ici. J'aime écrire des phrases avec Montréal. J'adore cette ville. Je me promène jusque dans l'Ouest. Je vais dans les magasins comme chez Eaton. Je visite le complexe Desjardins. Surtout quand j'écris. Écrire, cela me rend très proche de la ville.

«Et les heures du jour. Cinq heures de l'après-midi. Il fait noir un peu. Aller prendre un petit café en ville. Toute seule. Tu vois que d'autres personnes vivent plus ou moins la même chose que toi. Elles se posent des questions. La ville dans son quotidien. Les enfants sont dehors. Les enfants rentrent de l'école. Les gens sont dehors. Les gens travaillent. Toi, t'as fait ta journée d'écriture. T'as fait les trois pages, cette journée-là. Tu es contente. Tu vas te promener. Ou c'est l'hiver. Tu portes ton manteau de fourrure. Tu rencontres un écrivain. Tu lui dis bonjour!

«Mon amour de la ville a commencé par le quartier où j'habite. Je me sentais aussi bien qu'un loup sur son territoire. Aujourd'hui, c'est dans toute la ville que je me sens à l'aise. Le sol en dessous de mes pieds m'appartient. Je sens qu'on est dans une ville agréable, une ville singulière, aussi étrange que New Orleans, Amsterdam et San Francisco. On a une ville spéciale. Qui a sa banalité mais aussi son originalité. J'aime la regarder et m'y promener. La ville comme labyrinthe. Parfois c'est un trou noir. Mais c'est un paysage réel. Ce n'est plus comme lorsqu'on était jeune et qu'on arrivait en ville en parlant

avec mépris des néons et du béton. La ville, c'est un paysage vivable. On est chanceux d'habiter Montréal.

«Mes personnages, j'aime les esquisser par ce qu'ils
pensent et vivent. Dans un espace. Dans une géographie
physique et émotive. L'espace est peut-être plus important qu'eux. Un espace feutré. Qui peut aussi être tragique parfois. Un labyrinthe où l'on rencontre des monstres.
Comme dans les vidéo-clips des frères Jackson. Mais cela
peut aussi être la joie. Comme dans les yeux lumineux
de Mickey au rayon des jouets chez Eaton. C'est l'espace
qui définit les personnages. Comme s'il s'imprégnait en
eux. Mes personnages cherchent à jouir de l'espace.
D'une façon extrêmement tactile.

«Ils me font beaucoup rire, mes personnages, quand
je les écris. Ils ont des comportements étranges mais réels.
Ils sont à la fois comiques et singuliers. Ils portent en eux
deux bombes: celle de la passion pure et celle de la rigueur
volontaire. Ils portent la bombe de l'impulsion violente,
sexuelle, de la pulsion de vie par rapport à l'inquiétude
actuelle. Ils ont aussi la passion de la création, qui est
violente et qui peut les mener à des délires épouvantables, comme cela arrive pour Bloc. Puis il y a l'autre
bombe, qui est représentée dans le roman par Madame
Eaton: celle de la volonté, de la rigueur, de la discipline
antique des Grecs, celle des cités ordonnées et des idées
claires, de la langue belle et des phrases bien construites.

«L'impulsion sexuelle est très importante. Il faut en
parler. Il faut que les femmes soient fières de leur sexualité. Elles vivent cela autant que les hommes. Les orga-
nes sont différents, c'est tout. Les femmes c'est comme
la rivière Péribonka dans le Nord: c'est fort, c'est violent et c'est épouvantablement sauvage. La sexualité, c'est
une force étrange et obscure qu'on ne comprend pas très

bien. Si tu veux foncer dans ton désir, il faut tout de même rester prudent. Tu te demandes toujours où t'amène cette force. Mais je pense aussi qu'il faut l'écouter. C'est pourquoi Sha et Berri cultivent leur désir, travaillent leur sensibilité.

«Les rapports entre les êtres, c'est vertigineux. Il ne s'agit plus de vivre des rapports de pouvoir mais autre chose. Aimer c'est toujours aimer. Mais on a peur d'aimer. On se chicane parce qu'on ne veut pas aimer. On s'invente des conflits, des triangles, des jalousies. Parce qu'aimer, c'est épeurant. C'est toujours plus facile de faire la guerre que l'amour.»

1985

Pauline Harvey est née en 1950 à Chicoutimi.
La ville aux gueux, La Pleine Lune, 1982;
Encore une partie pour Berri, La Pleine Lune, 1985;
Pitié pour les salauds!, l'Hexagone, 1989.

ANNE HÉBERT

La passion d'écriture

Anne Hébert est une femme secrète mais elle ne cache pas sa joie d'avoir reçu le prix Fémina 1982 pour son roman *Les fous de bassan*. Elle prend cet honneur comme un «cadeau» qui lui donnera probablement une certaine sécurité matérielle. Pour son éditeur, Jean-Marie Borzeix, le prix Fémina rappelle aussi à toute la francophonie qu'Anne Hébert compte parmi les grands écrivains de la langue française. Les Éditions du Seuil ont d'ailleurs voulu fêter l'événement au Québec et Anne Hébert a passé la semaine à Montréal pour rencontrer quelques journalistes et participer à une réception somptueuse qui attirait le tout-Montréal.

Mais n'allez pas croire qu'Anne Hébert se fait moins discrète pour autant. Heureuse, elle garde ses distances avec le succès. Sans doute pour ne pas trop se distraire de sa passion: l'écriture. Car bientôt elle devra quitter ses personnages des *Fous de bassan* pour d'autres qui feront son prochain roman. Mais pour l'instant, elle reste attachée à Olivia et Nora, à Stevens et Perceval, à tous ces personnages de la passion de vivre qui habitent son dernier livre.

«Ce roman, *Les fous de bassan,* je l'ai porté pendant très longtemps. Dans ma jeunesse. Depuis que je connais le fleuve Saint-Laurent, de Charlevoix à Tadoussac et de Gaspé aux Îles de la Madeleine. J'ai toujours été frappée par le fait que ce fleuve possède des marées comme la vraie mer. J'ai rêvé de tous ces paysages pendant assez longtemps. J'imaginais les personnages. Ces petites colonies fermées. Quelques maisons autour d'une église. J'essayais d'imaginer comment pouvaient y vivre les gens. Et j'ai d'abord tenté d'en faire un roman en 1977 mais ça ne marchait pas du tout. J'ai abandonné le sujet avec beaucoup de peine et j'ai tâtonné longtemps avant de trouver le bon ton. J'ai commencé par raconter tout cela à la troisième personne: mais il y avait trop de distance entre les personnages et moi. Puis j'ai pensé de tout faire voir par Perceval, ce personnage voué à une éternelle enfance, à une éternelle innocence: c'était impossible. Enfin, j'ai eu l'idée de faire voir les mêmes événements, les mêmes aventures par chacun des différents personnages. Alors, j'ai pu écrire le roman avec une certaine jubilation, dans un véritable bonheur. Mais j'avais désespéré de ne jamais trouver le ton juste.

«Le roman avait longtemps fermenté dans ma tête. Je vivais avec tous mes souvenirs du fleuve, du golfe, de la mer et du vent. Cet amalgame m'a fait créer un village imaginaire, Griffin Greek. Les lieux sont réalistes mais je me suis mêlée de jouer, de faire un montage comme au cinéma. J'ai mis des rochers, une grève, dans un même lieu. J'ai pensé à un moment donné de situer le roman dans l'île Bonaventure mais c'était un lieu fermé qui compliquait l'histoire. J'ai erré longtemps avant de trouver le lieu du roman. Puis j'ai eu l'impression, heureuse pour moi, de créer un lieu imaginaire, de baptiser un village,

Griffin Greek, entre ses deux caps, le cap Sec et le cap
Sauvagine. Mais j'ai fait ces éléments imaginaires avec
des éléments réels. J'ai fait un montage.

— *Dans* Les fous de bassan, *le vent souffle de sa voix
lancinante, de son haleine salée. Le vent rend fou. Un
drame marque la fin de l'été, le 31 août 1936. Le désir
était aussi fort que la marée montante. Olivia et Nora
Atkins ont disparu. Ce roman, comme tous vos livres,
raconte une histoire de passions.*

— Je crois que c'est toujours assez rare, le sens de
la passion. Bien des gens sont indifférents, ni malheureux
ni heureux. La vie leur passe comme sur le dos d'un
canard. Elle ne les émeut ni en bien ni en mal. Ils arrivent à faire leur petite trouée, leur petite vie, dans un
registre très réduit. Pour se protéger, probablement: on
ne veut pas être trop heureux de peur d'être trop malheureux. Mais pour moi c'est le pire malheur, l'indifférence.
La passion c'est un risque. Cependant c'est indispensa-
ble pour faire quelque chose. Il faut risquer de se perdre
pour se trouver. Si on ne risque rien, on peut vivre d'une
façon agréable, confortable. Moi, j'ai le sentiment très
profond qu'il faut risquer le tout pour le tout. En ce sens,
l'écriture est une sorte de patience: non pas seulement une
passion fulgurante de quelques instants mais une passion
maintenue jour après jour. C'est cette passion qui m'a fait
écrire *Les fous de bassan*. Même quand je n'arrivais pas
à trouver la façon de prendre cette histoire, même quand
tout ce que j'écrivais n'était pas juste, j'ai voulu quand
même persévérer dans le noir pour la petite lumière au
bout du tunnel.

— *Dans vos romans, que ce soit* Kamouraska *ou* Les
fous de bassan, *on voit éclater les passions à travers des
personnages féminins très forts, qui nous font mieux recon-*

naître ce qu'on pourrait peut-être appeler un «âge de la femme»...

— Je ne sais pas si on peut parler d'un «âge de la femme» mais je crois que l'on vit une époque où la femme certainement devient plus consciente de sa réalité, de ce qu'elle veut ou désire, plus consciente même de sa forme dans l'univers. C'est une époque où la femme devient de plus en plus consciente et forcément l'homme en devient conscient pour continuer de vivre à côté d'elle. L'âge de la femme n'est pas encore arrivé mais c'est quelque chose qui chemine, qui se cherche. Et je crois que l'on peut en attendre beaucoup. Tout n'a pas été dit. Pour revenir à l'écriture, qui est la chose que je préfère et que je fais, par exemple, on raconte que tout a été écrit. Moi, je crois que des surprises viendront de l'écriture. Déjà, elles commencent à nous arriver. Il a toujours été question de la femme en littérature mais très souvent ce sont les hommes qui font parler la femme. Maintenant, la femme parle pour elle-même, en son nom propre. La littérature change. On y reconnaît une voix de femme. Il est très important qu'on entende cette voix. Une voix qui soit audible et perceptible, une voix qui rende un son juste et vrai. Pendant si longtemps cette voix a été étouffée, camouflée. C'est un son très pur qui vient au jour. Une voix nouvelle.

— Et cette voix nouvelle parle très souvent dans l'intimité d'une nature sauvage et forte...

— Oui. Parce que l'idée qu'on se faisait d'une voix féminine était plutôt celle d'une voix mièvre, à l'eau de rose. On n'imaginait pas toute la force que la femme pouvait avoir en elle. Pourtant, elle manifestait toute sa puissance dans la vie courante, en mettant un enfant au monde, par exemple. On ne l'imaginait pas mais elle existait quand même, cette force.

«Et l'écriture des femmes explore des mémoires qui sont souterraines parce qu'elles ont été enfouies assez longtemps. Olivia est très sensible justement à toutes ces voix de femmes qui l'ont précédée, ces mères et ces grands-mères qui l'avaient d'ailleurs prévenue dans l'ombre de se méfier de Stevens. J'ai de la tendresse pour tous mes personnages mais celui qui me touche le plus, c'est Olivia. Par le fait que ce soit quelqu'un qui a été emporté par l'océan, réduite à une goutte d'eau, qui revient hanter le rivage où elle a habité. Je crois que je me sens aussi très proche de l'eau comme de mon élément naturel. J'en suis à la fois fascinée, émerveillée et effrayée. J'aime beaucoup nager mais j'ai peur de l'eau. C'est un élément extraordinaire. Le feu est beau mais je crois être plus proche de l'eau.

«Mais il n'y a pas seulement Olivia. Tous les personnages des *Fous de bassan* vivent, en fait, en symbiose avec la nature. Ils ne se posent pas de question. Ils vivent au jour le jour. Ils ont des impulsions, des désirs. C'est un roman sur le désir. Il y a la mort, la vie. Et la vie naît de la mort. Et ça continue comme ça, exactement comme dans la nature. Je dirais que *Les fous de bassan,* c'est un roman sur le désir.»

1982

«*Cette cinquième saison qui nous est donnée...*»

«Je crois qu'on ne se sépare jamais de son enfance», me dit Anne Hébert, pour expliquer le sujet de son plus récent roman, *Le premier jardin*. La romancière a quelque ressemblance avec son personnage, Flora Fontanges, comédienne. Elles sont nées toutes deux en 1916, dans une ville au bord d'un fleuve. Mais là s'arrête la comparaison.

Anne Hébert n'a pas été une orpheline sauvée du feu de l'hospice Saint-Louis et adoptée par des bourgeois qui voulaient en faire une lady. Non. La romancière est descendante d'une des filles de Louis Hébert et Marie Rollet, qui ont semé ici «le premier jardin» et «*toute l'histoire du monde s'est mise à recommencer à cause d'un homme et d'une femme plantés en terre nouvelle*». Anne Hébert eut à Québec «une éducation plus française qu'américaine». Sa mère lui donna le goût du théâtre et son père, celui de la littérature.

«Il y a peut-être plus de coïncidences entre Flora Fontanges et moi qu'il y en a entre la vie d'Élisabeth de *Kamouraska* et la mienne. Mais on met toujours un peu de soi dans tous les personnages», me précise Anne Hébert avec son sourire de femme toujours jeune et lointaine.

Comme Flora Fontanges, Anne Hébert a un jour quitté Québec pour la France. «J'ai été séduite par Paris. J'avais une bourse et je suis partie en me jurant de revenir dans un an, jour pour jour. Puis, j'ai demandé à l'ONF de prolonger mon congé et finalement j'ai passé trois ans sans revenir. Aujourd'hui, je demeure à Paris mais je reviens quand même deux fois par année au Québec. Paris, dit Anne Hébert, ce n'est pas seulement la culture mais un art de vivre. Il y a là un art de la vie quotidienne, de la vie tout court, dans les rues, dans les marchés.»

N'empêche que son roman *Le premier jardin* est un hymne à Québec. La ville n'y est pas nommée mais si bien décrite qu'on y voit apparaître son âme dans les pierres des vieux murs, aux détours des rues, au haut des côtes, derrière les fenêtres de la rue d'Auteuil ou de la Grande-Allée.

«Québec est ma première ville, celle que je connais le mieux. Québec, c'est toute mon enfance, c'est toute ma jeunesse, c'est mes parents, mes grands-parents, mes arrière-grands-parents, mes racines profondes. C'est toute une éducation aussi, pour moi, tout un milieu, tout un paysage exceptionnel. On a d'un côté le fleuve et de l'autre la montagne. Québec, c'est toujours une très belle ville, même si elle a pu changer. J'aime beaucoup Québec.

«Le Québec, ajoutera Anne Hébert, est devenu mon arrière-pays, celui que j'ai aujourd'hui dans mon imaginaire, et j'ai besoin de le garder à distance pour en parler.»

Pour Flora Fontanges, Québec est «la ville interdite», celle d'une enfance qu'elle veut oublier mais c'est en marchant dans la ville qu'elle se sentira *appelée par son enfance vivace et têtue*.

«Je crois qu'on ne se sépare jamais de son enfance, dit la romancière. Il y a des gens qui réussissent peut-être à bien la caler au fond. Mais je crois que, pour tous, si l'enfance n'est pas présente dans les faits, elle existe par nos agissements, nos façons de voir, de parler et d'entendre. L'enfance vit encore en nous. On ne serait pas l'adulte qu'on est si on n'avait pas été l'enfant qu'on a été.»

C'est dans l'enfance que se fomentent les rêves et que se forme l'imaginaire. «L'enfance, ajoute Anne Hébert, c'est une époque de la vie où tout est ouvert, où tout est possible. En même temps, on n'a pas encore les réponses, alors on les invente, on les rêve. L'enfance, c'est aussi le premier jardin que chacun porte dans son cœur.»

Ce «premier jardin», bien sûr, c'est encore ce vieux rêve de l'humanité, cet Éden perdu, «l'idée de la bonté maternelle absolue», qui fait peut-être fuir Maud, la fille de Flora Fontanges. *«L'amour est difficile à saisir,* écrit la romancière. *De quelle blessure initiale s'agit-il pour tous, et non seulement pour Flora Fontanges qui est sans père ni mère? De quel manque s'agit-il?»*

Ainsi le roman d'Anne Hébert superpose l'histoire de l'enfance perdue de Flora Fontanges à une quête d'identité. Elle qui n'a pas eu de mère, qui a reçu le nom de Pierrette Paul à l'orphelinat, puis celui de Marie Éventurel de ses parents adoptifs; elle qui a fui l'éducation bourgeoise pour se refaire une vie bien à elle et loin de son enfance; elle qui a voulu choisir son nom de comédienne, *«qui lui permettra toutes les métamorphoses nécessaires à sa vie»*; elle qui a voulu habiter tant de noms d'héroïnes de théâtre, la voici qui, de retour dans sa ville natale, se cherche une généalogie.

Car *Le premier jardin* est aussi un hommage à toutes ces «Filles du roi» qui ont bâti la Nouvelle-France: *«Il faudrait les nommer toutes, à haute voix, les appeler par leur nom, face au fleuve d'où elles sont sorties au dix-septième siècle, pour nous mettre au monde et tout le pays avec nous.»* Un hommage encore à ces travailleuses anonymes au service des bourgeois: *«... si la vieille ville et la Grande-Allée se sont maintenues si longtemps dans leurs pierres grises et leurs jalousies vertes, c'est à cause des bonnes. Femmes de chambre, cuisinières, bonnes*

*d'enfants, bonnes à tout faire, elles ont tenu à bout de
bras des rues entières, intactes et fraîches.»*

«Mon roman est un hommage à toutes les femmes
qui sont nos mères, me dit Anne Hébert, qui sont les multiples visages d'Ève incarnée en Amérique, en Nouvelle-
France. En faisant mes recherches pour le roman, j'éprou-
vais beaucoup de compassion, beaucoup de tendresse pour
toutes ces femmes inconnues, ces femmes dont on n'a
même pas gardé le nom et que l'histoire a fait disparaître.»

Cette généalogie que cherche à s'approprier Flora
Fontanges, elle est parallèle à sa propre histoire au présent: la comédienne a tenté de gommer son histoire personnelle en incarnant toutes ces héroïnes de théâtre,
Mademoiselle Julie, Phèdre ou Winnie de la pièce de Beckett qu'elle vient jouer au petit théâtre de l'Émérillon, rue
Champlain.

*«Longtemps Flora Fontanges a été une voleuse
d'âme, dans les hôpitaux, dans les asiles, dans la rue,
dans les salons, dans les coulisses, à l'affût des mourants
et des bien portants, des innocents et des fous, des gens
ordinaires et des autres qui sont pleins de prétentions,
de ceux qui sont masqués et de ceux qui avancent à découvert, le visage nu comme la main, de ceux qui sont sans
amour et des autres qui rayonnent de passion débordante,
comme des ostensoirs.*

*«Elle leur prend leurs gestes et leurs tics, leur façon
de pencher la tête et de baisser les yeux, elle se nourrit
de leur sang et de leurs larmes. Elle apprend à vivre et
à mourir»* (p. 81).

Comme son personnage, Anne Hébert a toujours aimé
le théâtre. «J'ai fait du théâtre d'amateur quand j'étais
jeune, avec mon cousin Saint-Denys Garneau. Ma mère
aimait beaucoup le théâtre. Mon frère Pierre en a fait,

il animait le Théâtre de la Basoche à Québec. J'ai toujours eu des amis qui faisaient du théâtre.»

Comme Flora Fontanges, la romancière crée des personnages, non pas seulement sur scène (elle a fait jouer *Le temps sauvage* au Théâtre du Nouveau Monde) mais dans ses livres. Quand Flora Fontanges parle de sa relation avec les personnages qu'elle incarne, il faut aussi entendre la romancière parler de l'écriture de ses romans. «Oui. J'ai essayé de transposer ce qu'est la création de personnages, pour moi, en décrivant la manière dont Flora Fontanges crée ses rôles. J'ai agi avec mes personnages, je m'y suis identifiée de la même manière que la comédienne peut s'identifier à ceux qu'elle incarne.»

Flora Fontanges définit le théâtre pour elle comme «une saison de surcroît». Pour Anne Hébert, c'est bien là une définition de l'écriture: «Cette saison de surcroît, c'est le roman, c'est le poème, c'est cette cinquième saison qui nous est donnée et c'est merveilleux.»

1988

Anne Hébert est née en 1916 à Sainte-Catherine-de-Fossambault, près de Québec.
Kamouraska, Seuil, 1970; Seuil, coll. Points Roman, 1984;
Les fous de Bassan, Seuil, 1982; Seuil, coll. Points Roman, 1984;
Le premier jardin, Seuil, 1988; Seuil, coll. Points Roman, 1989.

SUZANNE JACOB

Comment passer de l'image à l'acte?

Il y a deux Suzanne Jacob: celle qui chante et celle qui écrit. Les deux personnages éclatent de rire en même temps quand il faut répondre aux questions les plus directes. Elles cultivent le mystère et s'en retournent chez elles préciser leur sentiment de vivre: l'une à Paris pour chanter, l'autre à Montréal pour écrire. Elles sont les jumelles vulnérables d'un monde qui semble les traverser violemment. Elles questionnent l'espace et le temps avec la même passion.

Je les ai rencontrées toutes les deux, cette semaine, à l'occasion de la parution de *La passion de Galatée,* leur troisième roman. Mais de grâce, corrigez la faute de l'éditeur français en page couverture et mettez un P majuscule à Passion. La Passion de Galatée, c'est celle de son chemin vers la connaissance de soi. Cette sorte de calvaire ontologique contient toutes les autres petites passions qui nous relient aux autres. «La Passion de Galatée, me dira Suzanne Jacob, c'est ce chemin où parcourir une série d'événements — épreuves et plaisirs — pour arriver à l'acte.»

Chantera-t-elle, chantera-t-elle pas? Galatée rencontrera beaucoup de monde sur son chemin pour le savoir.

Ces personnages hétéroclites dessinent son âme et lui donnent des musiques intérieures: Augustine, Cyrille, Titi, Pigue, Sylvie Nord. Puis Baldwin et Babey, Bottes Boulé et l'Araignée, Le Bourru et Nathe. Voilà autant d'histoires qui feront celle de Galatée, dite Gala. Mais, dit le roman, il y a deux Gala. Une qui discute de la question de Dieu avec la vitre du wagon du train qui roule vers Montréal et la deuxième qui se prend pour la réalité depuis le début de l'éternité.

Galatée, vous connaissez? Avez-vous oublié votre mythologie? Allons, un petit effort. Bon. Eh bien, rappelez-vous Pygmalion: la statue qu'il anime, cette image qu'il se donne de la femme et de lui-même. Vous y êtes. Galatée, c'est celle qu'on oublie toujours et qui pourtant a fait vivre Pygmalion jusqu'à nous. «Elle a trouvé son Pygmalion», disaient nos aînés de certaines femmes qui réussissaient à devenir quelqu'un.

«Je n'ai jamais été très sensible à la légende de Pygmalion jusqu'à ce que je me pose des questions sur la statue elle-même, me lance Suzanne Jacob. Une fois animée, Galatée a-t-elle compris le monde tout de suite? Elle s'est allumé une cigarette et puis quoi? Pygmalion a-t-il sculpté en elle les codes et les façons d'agir? S'est-elle mise à éprouver quelque chose tout de suite et d'elle-même? Je me disais que cette femme-là n'a pas d'image de soi, puisque c'est Pygmalion qui l'a, l'image d'elle! Comment fera-t-elle pour poser ses actes?»

Pendant qu'elle se questionnait sur Galatée, Suzanne Jacob a hérité d'un manuscrit de son grand-père, un roman qu'il avait travaillé toute sa vie sans jamais le publier. Devinez quoi: c'était l'histoire d'un Pygmalion. Un homme d'âge mûr rencontre une jeune femme dont il dirige l'énergie vers la culture. Grand rire!

«La question de Galatée me paraissait drôle et importante du côté mythologique. Mais plus je m'interrogeais,
plus je m'apercevais qu'elle était très actuelle et corres-
pondait à notre monde. Nous vivons dans un univers
façonné: une sorte de super-pygmalion dont on ne peut
préciser la présence. Et chacun va essayer de trouver
l'image du monde qui va faire qu'on sera tous d'accord.
On essayera de remettre nos images ensemble et de fonctionner. Cela rejoint aussi le fait que plusieurs sociétés
n'ont plus d'image d'elles-mêmes ou n'ont pas une image
assez forte pour se poser comme sociétés en dehors
d'elles-mêmes. Je pensais au Québec, par exemple. J'ai
écrit ce roman dans la période postréférendaire. Je cherchais à m'expliquer cette attitude d'un Québec qui se dit
non à lui-même. Peut-être n'avait-on pas encore réussi
à réaliser cette structure qui va séduire tout le monde et
donner une image assez forte de l'idée qu'on se fait de
ce Québec.»

De *Laura Laur* (1983) à *La passion de Galatée,*
Suzanne Jacob poursuit son entreprise romanesque comme
un projet de structuration du regard. Comment l'image
de soi se construit-elle et se maintient-elle? Comment
l'image de soi fait-elle agir? Laura Laur se définit dans
et par le regard des autres. Elle joue à être sa propre
énigme. Galatée, elle, fait voir son *je* et son jeu: elle
regarde les autres la regarder. Ce jeu, c'est celui de la
séduction.

«Quand l'image de soi est assez forte pour porter un
être dans l'autonomie, c'est une structure de l'être qui
est proposée. Ainsi, la véritable séduction en profondeur
est-elle celle d'une structure de l'être qui rencontre celle
de l'autre. Il y a dans la séduction un échange de structures qui va changer la vie, qui va faire que la vie a lieu:

dans une mise au monde. Galatée cherche donc la structure qui la séduit, l'idée qui va l'emporter. Avec Babey, par exemple, il n'arrive rien parce qu'il manque à la séduction un certain degré. Il n'y a pas entre Galatée et Babey cette structure qui ferait que tout se mettrait à exister très fort. Il manque la synthèse qui les engendrerait de nouveau dans leur relation.»

Cette histoire de séduction continuelle entre Galatée et les autres contient une autre question: celle de la sexualité. Galatée se complaît dans le regard des autres femmes en même temps qu'elle les fuit. C'est sur les hommes que son propre regard la porte, finalement. Doit-on voir la vie sexuelle de Galatée comme une distorsion, une faillite ou une ambiguïté insoluble?

«J'ai été vite fatiguée par le fait que la révolution sexuelle ait limité son propos au sexe comme organe et objet unique de la relation. On aurait dit que c'était devenu une loi, une obligation que le sexe soit découpé: le mâle et la femelle, un point c'est tout. Il me semble qu'il faut élargir la notion de sexualité. Il y a la sensualité et la tendresse et non pas seulement un organe comme une machine qu'on règle en fonction de l'inconscient.

«Galatée vit sa relation avec les femmes un peu comme une situation d'attraction-rejet avec la mère. Elle rebranche ce désir dans sa sexualité avec les hommes. Pour elle, l'homme ne représente pas seulement l'homme mais aussi toute sa sexualité. Elle accomplit sa sexualité qui la relie aux autres femmes à travers son désir de l'homme. Ce n'est pas le sujet du roman mais, pour moi, c'est comme ça. Les hommes aussi, il me semble, accomplissent leur désir pour l'homme à travers les diverses sexualités qu'ils vivent. Il n'y a pas qu'une sexualité. Le sexe n'est pas découpé. Il y a longtemps que je voulais parler de ce sujet. Aussi bien du côté des lesbiennes radicales que de celui des hétéros radicaux, on ne tient jamais compte de l'incroyable largeur de la sexualité, qui est désir de la structure et de la séduction, désir de se reposer dans les autres, d'être porté et remis au monde. C'est tellement vaste qu'on ne peut pas demander à un organe sexuel comme structure de nous remettre au monde! Ainsi Galatée n'a pas une relation génitale avec Babey mais elle est prête à dire qu'elle a eu une relation sexuelle plus large. Cependant, cette sexualité ne s'accomplit pas à la manière obligatoire de notre société de consommation qui lui reprocherait de ne pas *agir* sa sexualité.»

Les personnages autour desquels se construisent les romans de Suzanne Jacob sont tout à fait narcissiques. Le monde n'existe pas en dehors d'elles. Laura Laur est une sorte d'énigme que les autres regardent. Galatée, pour sa part, regarde les autres la regarder. Est-ce que, dans un prochain roman, Suzanne Jacob nous proposera une Galatée qui voit et vit le monde, qui regarde en dehors d'elle?

«Peut-être», répond la romancière avec hésitation, cherchant à redessiner le nœud ombilical qui semble relier Galatée aux autres. Elle me rappelle cette scène où Galatée se mirant dans la vitre d'un wagon, dialogue avec *l'autre* Gala. Le reproche surgit aussitôt dans le miroir de sa vie en marche: «Toi, tes entrailles, c'est des grands boulevards où tout le monde se promène en liberté.» En fait, Gala ne fait que contenir les autres, comme si elle était un corps mystique à elle toute seule. Elle veut leur liberté plus que tout, en même temps qu'elle reste complètement en relation avec les gens. J'avale et tout m'avale, dirait Réjean Ducharme. «Comme si ce mouvement intérieur était un moyen d'appréhender le monde du dehors, précise Suzanne Jacob. Par exemple, dès que c'est elle qui regarde Baldwin, il est dedans, il vit en elle et pour elle. Peut-être qu'un jour Galatée sera dedans dehors!»

1987

Suzanne Jacob est née en 1945 à Amos en Abitibi.
Flore Cocon, Parti pris, 1978;
Laura Laur, Seuil, 1983;
La passion selon Galatée, Seuil, 1987.

NAÏM KATTAN

L'héritier du livre

Naïm Kattan est né Juif en pays arabe. Il est devenu un écrivain québécois, ayant choisi de vivre en français en Amérique. Cette destinée peu commune nous vaut une œuvre unique dont le dernier volet, *Le repos et l'oubli* retrace l'itinéraire du côté de l'essai. Il y est question de la traversée des civilisations et des cultures jusqu'au «temps dans la littérature québécoise».

Déjà, dans son magnifique roman *Adieu, Babylone,* qui vient de paraître en édition de poche, Naïm Kattan racontait son adolescence passionnée à Bagdad, dans sa communauté juive transplantée en pays arabe vingt-cinq siècles plus tôt par le roi babylonien Nabuchodonosor II. Minoritaire dans son pays natal, Naïm Kattan, nationaliste irakien pendant la dernière guerre, se passionnera pour la culture française, ira étudier à la Sorbonne avant de venir vivre sa nouvelle culture à Montréal, cette ville française de la Terre promise d'Amérique.

Dans *Le repos et l'oubli,* qui est peut-être son meilleur recueil d'essais, Naïm Kattan retrace cette fois son aventure intellectuelle. Il réfléchit sur sa vie d'écrivain, sur les mythes qui l'habitent, sur les différences fondamentales qui définissent l'Orient et l'Occident, l'Europe et l'Amérique. Il tente aussi de définir des lieux, des temps et des manières de vivre: la prière, le verbe et l'icône, le jardin rêvé, la trahison, l'Histoire et le destin, l'amitié, et l'érotisme. L'écrivain se décrit comme «l'héritier du livre», c'est-à-dire de la Bible, du Coran et des Contes des mille et une nuits.

Cette réflexion se fait dans l'échange de deux attitudes: le repos et l'oubli. Le repos, c'est le temps essentiel, celui où l'œuvre est contemplée, où le temps impose sa vie et constitue le tissu de nos jours et de nos rêves. L'oubli, c'est le temps arrêté, sans attente, c'est la mort dans l'agitation sans mémoire.

«Le temps essentiel, pour moi, se confond avec l'écriture, me dit Naïm Kattan. L'écrivain est l'homme de repos. Il passe sa vie à s'agiter, à travailler, à voir des gens, à vivre le quotidien. Le repos vient quand il vit l'essentiel: l'écriture. Par contre, l'oubli, c'est l'anti-mémoire. Mais aucun être humain ne peut vivre dans l'effacement de sa mémoire.

«J'ai vécu des tentations d'oubli toute ma vie: j'ai changé de langue. Mais la langue arabe reste présente en moi par des images, par des figures. Je prétends que toutes les langues que nous avons dans notre mémoire s'expriment dans la langue que nous choisissons.

«Je vais encore plus loin. Pour dire que, pour moi, accepter le français, c'est en même temps accepter la mémoire qu'il contient et qui pourtant n'est pas ma mémoire personnelle. À partir du moment où j'écris en français, je deviens l'héritier de Molière et de Racine. Même si je suis né à Bagdad, je les reconnais et je les lis comme mes ancêtres. Quand j'ai appris la langue française, j'ai appris toute sa mémoire. D'autre part, j'apporte avec moi une tout autre mémoire que j'essaie d'inclure dans celle que je tente d'absorber. C'est une entreprise énorme. C'est une lutte continuelle contre l'oubli.

«Si je raconte mon enfance à Bagdad, je l'écris en français. Ce n'est pas un Arabe qui écrit en français, c'est un écrivain de langue française qui parle d'une mémoire arabe. L'écrivain sait que la langue n'est pas un simple instrument ni un véhicule, c'est une mémoire.»

Dans la préface de son ouvrage, où il retrace son itinéraire d'écrivain, Naïm Kattan précise: «Écrire en français et non en arabe, c'était refuser l'exil et la nostalgie.»

«J'ai changé de pays. J'ai choisi de vivre en français, me rappelle aujourd'hui l'écrivain. Certes, il y a beaucoup d'ambiguïté dans ce choix du français: il y entre de l'opposition nationaliste à la présence anglaise en Irak jusqu'au plaisir d'entendre la langue française elle-même. Un plaisir que je ne peux pas décrire, sauf en me battant avec cette langue. Ce choix, je ne peux l'exprimer qu'en pratiquant la langue.

«Ce choix était définitif, puisque je suis venu ici comme immigrant. Et vivre dans ce pays, c'est pratiquer d'abord la langue du pays, c'est-à-dire avoir comme écrivain un public, communiquer avec des gens. C'est pourquoi je publie d'abord mes livres ici, avant de les faire paraître ailleurs. L'écrivain s'adresse à un public réel, quel qu'il soit, grand ou petit, étendu ou restreint. Mais il faut que l'écrivain parle à des gens.

«C'est pourquoi le choix de la langue, pour moi, c'est aussi le choix d'un pays. Et ce lieu ne peut être habité que dans la parole, c'est-à-dire dans la communication et, pour un écrivain, dans la langue. Le français est pour moi un choix essentiel, fondamental mais surtout nécessaire.»

Pour Naïm Kattan, «vivre à Montréal est une manière différente de s'insérer dans le réel». Mais comment?

«Comme beaucoup de villes nord-américaines, Montréal ressemble aux villes du Moyen-Orient. Dans Bagdad, ma ville natale, il y avait des quartiers: celui des Arméniens, celui des chrétiens assyriens, celui des Chaldéens, des Juifs, des musulmans chiites, des musulmans sémites. La ville était un agglomérat de groupes qui se rencontrent. La ville était une mosaïque. Puis, j'arrive à Montréal et je découvre une ville dont une partie est anglophone, une autre francophone, une autre juive, italienne ou grecque. L'espace est découpé en quartiers.

«Ce rapport d'une ville avec son espace intérieur crée une liberté. Chacun peut vivre s'il accepte la loi de la cité. Bien sûr, il se crée des tensions entre minorités et majorités. C'est très difficile de créer un consensus quand il y a des intérêts en jeu. J'ai trouvé dans Montréal des tensions mais pas de haine. Il n'y avait pas eu de sang ni de cadavres dont les gens se souvenaient ou pour lesquels ils criaient vengeance, comme cela arrive dans des villes plus antiques où j'ai vécu.

«Il devenait donc encore possible dans le monde de découper la ville en cultures différentes qui peuvent vivre ensemble. Pour moi, c'est une possibilité essentielle. Pas seulement pour une ville mais pour le monde entier. Si on peut vivre dans une ville en étant différents et en s'acceptant dans nos différences, avec des tensions inévitables mais en acceptant de les régler par des paroles et des manifestations sans passer par les cadavres, c'est donc une possibilité de civilisation. Montréal était devenue pour moi une expérience vitale.

«Cependant, comme dans n'importe quelle civilisation, il faut dans cette ville une ligne commune où les gens
s'entendent et peuvent se parler. Ce lien commun, pour
moi, c'était le français. Montréal est — ou devrait être
— une ville de langue française, ce qui ne veut pas dire
qu'on ne peut pas parler toutes les autres langues ou que
toutes les autres langues n'ont pas la même liberté
d'expression. Au contraire. Mais c'est à partir du moment
où on affirme que la langue de communication sera le français que l'on crée une liberté. En effet, à l'intérieur de
cette contrainte de la loi de parler le français, il y a la
liberté de parler toutes les autres. Ainsi, pour moi, Montréal peut devenir un exemple de civilisation universelle.»

C'est donc à Montréal finalement que Naïm Kattan
est devenu écrivain. Il a publié depuis 1970 une quinzaine
de recueils d'essais et d'ouvrages de fiction.

«Mon rapport au monde en est un de narration. Pour
moi, le monde, à partir du début jusqu'à maintenant, est
une histoire qu'on raconte. L'essai est la continuation de
cette fiction. Il est écrit à la première personne. C'est une
réflexion sur l'histoire mais c'est la poursuite de l'histoire. À un certain moment, je ne peux plus me raconter
d'histoire. Il faut que je cherche, à travers ces histoires
que je raconte dans mes nouvelles et mes romans, une
autre forme d'écriture qui m'est aussi nécessaire, et qui
est l'essai. Car pour moi, l'essai ne prend pas la forme
d'un discours didactique, c'est une continuation de
l'histoire.

Dans *Le repos et l'oubli,* Naïm Kattan explique bien
que, pour lui, l'écriture n'est pas une réflexion sur la vie
mais bien une quête de sens.

«J'étais écrivain avant de changer de langue. Même
enfant, vivant dans ma langue maternelle, je voulais être

écrivain. L'écriture n'est donc pas pour moi une médiation avec le monde, ni une explication de moi-même. Je
n'écris pas par volonté narcissique délibérée de m'expliquer ou de chercher ce qu'est ma personne. Cela n'est
pas intéressant. Sauf si, à partir de mon expérience, à partir de ma traversée des civilisations et des cultures, je cherche à voir le sens du destin de l'homme. C'est là un grand
mot mais c'est réel. Le véritable écrivain veut comprendre le monde et non pas exclusivement se raconter. Le
poète qui parle de son amour de la manière plus lyrique,
je le lis comme une quête du sens du destin de l'humanité.

«C'est pourquoi toute écriture qui s'éloigne de ce sens
primordial appartient à ce que j'appellerais ''une littérature de la frivolité''. Il y a beaucoup de frivolité dans ce
qui peut sembler être très recherché, condensé ou compliqué, si on se limite à un commentaire oiseux du fondamental. C'est plus difficile de dire le fondamental mais
c'est ce que l'écrivain doit chercher à communiquer. Je
relis la Bible, Shakespeare, et je peux penser que tout est
dit! Mais il y a à chaque génération et à chaque homme
une redécouverte, à partir de son propre destin, du destin de l'humanité. C'est là où le sens loge. Autrement,
on retombe dans la frivolité. C'est pourquoi le poète le
plus personnel est quelqu'un qui parle pour tout le monde.
En étant le moins frivole possible et le moins volontaire-
ment compliqué, afin de communiquer avec beaucoup de
monde et de rester universel.

«D'autre part, il y a la tentation, pour tout écrivain,
de ne vivre que pour écrire. Par exemple, vivre une expérience amoureuse pour pouvoir en parler ensuite, cela
aussi, c'est de la frivolité. Un écrivain ne vit pas pour
écrire, il écrit parce qu'il vit. Et à l'instant même où il
est saisi de la vie, il est saisi de l'écriture. Il lui faut recréer

cet instant. L'écriture est une manière de dire que l'éphémère n'est pas éphémère. Non parce qu'on l'enregistre mais parce qu'on l'affirme. Quand on affirme l'amour, on affirme la présence dans l'éphémère. C'est là qu'il y a une possibilité de sens et que l'écriture devient nécessaire pour l'écrivain.»

Un des essais importants du recueil de Naïm Kattan porte sur «le temps dans la littérature québécoise». Selon l'essayiste, les Québécois, privés d'une Histoire et faute d'un plan d'action pour le présent, le réhabilitent à travers des romans folkloriques. Ils se servent de la modernité comme seul moyen d'échapper à la redondance revendicatrice du texte. «Dans le constat d'absence du lecteur, une littérature veut se justifier par sa propre existence», écrit Naïm Kattan, qui s'empresse d'ajouter que la littérature québécoise «est assez substantielle pour permettre à ses adeptes de voler de leurs propres ailes, d'explorer toutes les voies, de s'inscrire dans le temps, non pas par le repli ou la fuite mais par l'angoisse de l'attente, par la quête de l'instant et par l'aménagement d'un lieu qui n'est pas un refuge ou une place forte protectrice mais une ouverture sur l'espace».

«En effet, me précise Naïm Kattan, comme lecteur et critique, je vois que cette littérature est unique et non singulière. La singularité empêcherait la communication et nous ferait tomber dans l'exotisme. Je crois qu'il y a un danger, dit-il, qu'on relègue à l'intérieur du français la littérature québécoise comme un exotisme. Pour moi, cette littérature n'est pas exotique. Elle est une dimension de l'homme qui est l'homme tel qu'il vit en Amérique. Elle est en rapport avec le réel qui est vécu d'une manière particulière, unique, mais qui n'est pas singulier et donc communicable.»

«D'autre part, il n'y a pas une surproduction de la littérature québécoise. Plus il y a de gens qui se font entendre, mieux c'est. Il n'y a pas trop de paroles ni trop de voix. Un poète ne prend pas la place d'un autre poète. Un écrivain ne prend pas la place d'un autre écrivain. Une littérature ne prend pas la place d'une autre littérature. Tous et toutes sont nécessaires. Il y a évidemment un choix à faire à cause de l'encombrement dans le monde. Le choix devient difficile à faire mais on va apprendre à vivre avec cette richesse culturelle du monde.

«Le problème, c'est la lecture. Avons-nous assez de lecteurs pour tous nos écrivains? Je crois que c'est là un problème mondial. Aux États-Unis, c'est un problème qui tombe dans la pratique de l'édition et des médias. On vit entre deux pôles. D'un côté, il faut trouver une voix anonyme qui englobe et rejoint tout le monde. C'est le travail des médias. Pour moi, cela est l'anti-culture et c'est l'oubli. C'est cette homogénéisation de la culture par le nombre qui devient l'oubli.

«D'autre part, il y a cette tentative de trouver pour chaque voix un répondant, un groupe de lecteurs. On va apprendre à vivre dans des sociétés où chacun de nous va trouver un groupe, quelques lecteurs qui vont lire et entendre un écrivain. Chaque écrivain a toujours ce rêve de parler au monde entier. Peut-être que certains d'entre nous vont l'atteindre un jour ou l'autre. Mais il faut commencer par atteindre un public et c'est là le problème: trouver son public.

«Il y a un public qui est happé par l'anonymat de certaines voix de l'oubli. Il y a un autre public qui essaie de vibrer à la voix du repos et de l'essentiel des écrivains. Pour vivre le repos, il faut être actif et présent. Chez les lecteurs, il y a des gens qui acceptent aussi de lire le repos.»

1987

Naïm Kattan est né en 1928 à Bagdad et s'est établi au Québec en 1954.
Adieu Babylone, roman, La Presse, 1975; Julliard, 1976; Leméac, coll. Poche Québec, 1986;
Le sable de l'île, nouvelles, Hurtubise HMH/Gallimard, 1981;
Le repos et l'oubli, essais, Hurtubise HMH, 1987.

MICHELINE LA FRANCE

La qualité du regard

Avec la parution de *Bleue* de Micheline La France, le roman québécois vient d'aborder d'une manière nouvelle la question de l'identité. Il ne s'agit plus ici, comme chez les romanciers des générations précédentes, de l'identité du pays mais plutôt de l'identification à soi-même dans le pays tel qu'il se présente. Par leur quête démesurée, d'abord en opposition puis en osmose, Bleue et Josse seraient l'envers et l'endroit d'un même personnage qui cherche à résoudre le conflit entre le dedans et le dehors, entre son existence et l'image de soi posée par le monde extérieur: Bleue se définit comme «le terrible plaisir de vivre» pendant que Josse affirme sa misère incommensurable.

Micheline La France nous suggère donc dans son roman que, pour assumer son identité, il faut savoir imposer son regard intérieur au monde extérieur. Assumant ce regard dès le ventre de sa mère, Bleue sait prendre son espace. Josse, de son côté, prisonnière des circonstances, doit apprendre à naître à elle-même.

Ce livre magnifiquement écrit est un roman de l'accès au désir. Car trouver son identité c'est s'ajuster à soi et donc posséder son propre plaisir de vivre.

Les pages de ce roman font écho aux vers de Saint-Denys-Garneau:

> *Je marche à côté d'une joie*
> *D'une joie qui n'est pas à moi*
> *D'une joie à moi que je ne puis pas prendre*
> *Je marche à côté de moi en joie*
> *J'entends mon pas en joie qui marche à côté de*
>   *moi*

«En effet, me dit Micheline La France, Bleue marche dans sa joie alors que Josse apprend à se l'approprier. La plupart des gens ont une expérience *poétique* à l'adolescence mais leur vie se passe ensuite à côté de la poésie. (Ainsi le poète est toujours perçu comme vivant à côté de la vie.) Le pari de Bleue, c'est d'incarner la perception *poétique* dans chaque moment de sa vie: elle n'est pas plus heureuse, elle est plus consciente de sa vie. Le combat de Josse, c'est celui de quelqu'un qui a été coupé de l'expérience poétique dès sa naissance. Elle est née à l'envers, comme la plupart du monde, d'ailleurs. Il s'agit pour elle de renaître à l'endroit et de recoller ses morceaux.»

Pendant que Josse doit s'approprier son identité, Bleue, elle, met ses pieds dans ses propres pas. Elle conquiert peu à peu ses espaces. Toute la vie de Bleue consiste à occuper de plus en plus d'espace. Comme dans le ventre de sa mère où s'agrandit son regard sur le monde. Tous les chapitres du «Livre de Bleue» sont d'ailleurs des espaces successifs qu'elle habite: le ventre de sa mère, la maison, le balcon, la rue, l'école, le parc… Au contraire, le mouvement de Josse aura été de fuir tous les espaces dévorés par sa mère pour se retrouver à deux cents kilomètres de son enfance dans un taudis minuscule.

D'autre part, malgré le point de vue *fœtal* de Bleue (qu'on retrouvera dans d'autres romans publiés après celui de Micheline La France, *Naissance d'une passion* de Michel Braudeau, *La vie d'un bébé* de François Weyergans et *Une belle journée d'avance* de Robert Lalonde), le sujet du livre n'est pas l'enfance mais l'identité. L'histoire de *Bleue* raconte comment Josse en est venue à trouver *en elle-même* son identité. Elle tente d'abord une démarche psychanalytique qui échoue. Car toute tentative d'appropriation de sa naissance et de son enfance n'aboutit qu'à la révolte et s'avère impuissante à combler son besoin fondamental qui est l'accès au plaisir de vivre. À trente-deux ans, son unique tentative d'amour a échoué puis s'est muée en haine. Elle croit que son besoin fondamental est d'exprimer sa haine. Mais face à Jacques, il lui est impossible de lâcher sa haine. La présence de Micheline, la femme de Jacques, obèse affective c'est-à-dire «au-dessus de ses affaires côté amour», agit comme un bouclier. Non seulement le coup est paré mais Josse retourne chez elle en compagnie d'un personnage *imaginaire* qui s'appelle Bleue, né dans le manuscrit inachevé de Micheline.

Josse porte encore le poids de sa haine mais le regard de Micheline s'est insinué en elle: «Comment échapper à ce regard?» se demande Josse. Le regard de Micheline, c'est le regard de l'écrivain. Voici que Josse, propriétaire du «Livre de Bleue», va devenir malgré elle personnage de roman. Elle ne peut lire les récits de Bleue qu'en transparence avec sa propre expérience, sa propre vie. Aussi longtemps que sa lecture se fera sur le plan psychologique, Josse ne pourra pas entrer en contact avec elle-même. Elle rencontrera Bleue sur le terrain *poétique*.

Mais qui est Bleue? Il se trouve que dans les pages que Josse a sous la main, Bleue est d'abord un fœtus, puis un bébé, une enfant et enfin une pré-adolescente. À la fin du roman de Micheline La France, Bleue est âgée de soixante-seize ans et partage une orange avec une jeune femme, une Bleue nouvelle. Comme pour lui communiquer le secret des mots d'Éluard: «La terre est bleue comme une orange.»

«Bleue, dit Micheline La France, n'est pas une ''enfant heureuse'', c'est une personne lucide. D'ailleurs, dans ce qu'elle raconte, elle ne cesse d'exprimer sa révolte, même si elle y met beaucoup d'humour. Bleue est avant tout en possession de son identité. Personne n'arrive à déstabiliser chez elle son sentiment d'appartenance à elle-même et c'est là sa force. Bleue est donc une personne libre. Elle peut choisir son propre langage contre le b-a-ba de la ''langue étrangère'' de ses géniteurs, qui lui paraît absurde et qu'elle n'acceptera, le temps venu, que par nécessité.

«Cependant, Bleue reste seule. Personne d'autre qu'elle ne parle son langage. Extrêmement vulnérable, elle vit dans sa tête. Elle qui cherche tant le plaisir de vivre ne connaîtra jamais l'harmonie avec les autres. Aussi n'est-elle pas l'enfance rêvée par Josse pour corriger la sienne. On ne corrige pas son enfance, les gestes de la vie sont indélébiles.»

Josse, elle, du fond de sa misère, peut faire peur, à son auteure comme aux lecteurs. «Josse m'est apparue avec sa violence, dit la romancière. Écouter ce personnage me faisait peur. Je l'ai apprivoisée en l'écrivant. Aujourd'hui, je la trouve drôle. Mais je comprends que

Josse fasse peur à certains lecteurs. Il faut dire que sans elle Bleue n'a pas de sens. C'est beau d'affirmer son identité comme le fait Bleue depuis le ventre de sa mère: c'est bien ce que nous avons fait comme Québécois depuis la Révolution tranquille et plus particulièrement de 1976 à 1980. Mais depuis l'échec du référendum, où nous ne nous sommes pas dit oui à nous-mêmes, nous n'allons nulle part. Tandis qu'avec Josse et ses difficultés de vivre, on peut au moins se demander comment elle pourra s'en sortir. En écrivant ce roman du combat de Josse, je pensais à des situations où tout le monde peut se reconnaître.»

La situation de Josse est désespérante. Sa mère est devenue folle. Son père s'est suicidé. Ses frères sont eux aussi avalés par les forces occultes de la misère. Il ne reste à Josse que le souvenir de Jacques, c'est-à-dire l'image de l'amour. Car Josse n'ayant pas accédé à son identité, n'aura pas connu Jacques. Nous assistons à l'échec de l'amour romantique. Josse est un personnage chez qui l'amour doit se redéfinir pour exister. Dans le roman de Micheline La France, c'en est fini de l'amour romantique. Nous sommes au XXe siècle et dans sa démarche de l'identité, l'humanité rompt avec l'amour courtois instauré au Moyen Âge et ayant abouti au romantisme du XIXe siècle. Adieu les images et les reflets! La préférence du poète romantique pour l'image de l'être aimé au détriment de sa présence et de sa réalité concrète a conduit à la cristallisation de la notion de femme-objet (ou d'homme-objet), ce sur quoi notre siècle bute encore malgré la conscience féministe. Chez Micheline La France, le personnage de Josse établit la rupture d'avec ce courant de l'amour idéalisé. De quelle nouvelle manière Josse vivra-t-elle désormais l'amour? Elle ne le sait pas encore. Elle se dit cependant prête à l'accueil. Josse fait un pas de plus dans la redéfinition d'un amour vivant.

*

La maturité qui fonde ce premier roman de Micheline La France n'est pas le fait d'un hasard. D'autres livres ont précédé *Bleue*: une biographie de la grande comédienne québécoise Denise Pelletier et un poème narratif intitulé *Le soleil des hommes*. En fait, Micheline La France écrit depuis l'enfance. «Romans-feuilletons et pièces de théâtre en vers —, j'ai toujours écrit pour mes camarades de classe. Dans toutes les écoles que j'ai fréquentées, ma première activité a toujours été l'écriture. Ma mère n'a jamais cessé de m'encourager dans ce sens et mon père est devenu un romancier de science-fiction.»

Pour parfaire son écriture, Micheline La France a choisi très jeune de fréquenter l'École Nationale de Théâtre de Montréal. Elle est donc devenue comédienne avant d'écrire pour la scène, la télévision et la radio. Écrivaine, scénariste et journaliste, elle a aussi animé avec succès des ateliers d'écriture. Aujourd'hui, après la publication de *Bleue,* elle prépare un second roman et un recueil de nouvelles.

«Écrire c'est être en état de veille, dit-elle. Écrire, c'est se sentir personnellement concernée par un personnage qui vous arrive. Souvent, le personnage va surgir de l'envers de moi. Quand Josse m'arrive, c'est l'angoisse, la crampe de vivre qui vient se placer devant ce que je porte en moi, le plaisir de vivre de Bleue. J'ouvre alors mes yeux, les pores de ma peau et tout ce que je suis à l'espace de Josse. Un personnage m'arrive avec sa propre vision du monde. Je ne partage pas cette vision mais c'est là que se situe le jeu et le paradoxe fondamental de l'écriture: je suis personnellement concernée par une histoire dont je n'ai pas vécu la moindre anecdote.

«Josse arrive un beau soir dans la cuisine de Micheline et cet envers de moi va se mettre à occuper tout l'espace. Je ne suis pas une observatrice objective de Josse. Je deviens Josse et je regarde à travers ses yeux. Il est évident que la vie vient de changer de couleur pour moi. Je me laisse pénétrer complètement par cette réalité nouvelle qui m'apparaît, sans même tenter d'y opposer la mienne. Et c'est là que l'aventure est dangereuse parce que je me retrouve avec les cicatrices de Josse. Je deviens perméable à sa souffrance, à son émotivité excessive, au prisme déformant de son mal de vivre, tandis que ce que je porte en moi c'est le plaisir de vivre de Bleue. Accueillir un personnage, c'est souvent accueillir l'envers de moi pour le regarder en face.

«Un jour, dans le parc de mon enfance, j'avais dit à ma mère: ''Va falloir que je me souvienne des arbres.'' Avant ce jour, j'avais cru les arbres plantés là de toute éternité et pour toujours. Mais je venais de me rendre compte que les arbres changeaient. On en coupait aussi de temps à autre. Les petits arbres grandissaient et occupaient de plus en plus d'espace. Surtout, je découvrais que moi, qui regardais les arbres, je changeais. Le regard était quelque part *entre* les arbres et moi. J'avais l'impression que toute la vie était contenue dans ce moment où je regardais les arbres. Les arbres prenaient un sens dans mon acte de les regarder. Dès lors, je pouvais me mettre à écrire parce que le geste d'écrire devenait *de la vie*.

«C'est pourquoi ce ne sont pas les belles images ni l'esthétique formelle qui m'intéressent mais plutôt la réalité dans sa complexité. Dans mon écriture, je ne m'attache pas à ce qui serait joli, décoratif ou gratuit. Quand je décris un lieu, c'est pour parler d'un espace réel. On habite souvent des lieux qui nous ressemblent. Par exemple, quand on habite un lieu sordide, comme Josse, il y a le risque que notre perception de nous-mêmes et de la vie soit blessée, égratignée ou même malade. Habiter un taudis c'est avouer son manque d'existence.»

Dans un roman comme dans la vie, la qualité du regard n'est possible que du point de vue auquel on fait appel. La justesse du regard se trouve dans une identité assumée.

Ainsi Bleue affirme son identité dès le premier moment de sa conception. Le ventre devient son lieu, son espace habitable. On ne l'en délogera pas facilement. «Je suis sédentaire et j'ai horreur d'être bousculée», dit-elle. Bleue ne quittera cet espace qu'après l'avoir bien assimilé: «Quand tout l'espace sera devenu moi, y aura-t-il un ailleurs où me laisser bercer?» Elle décidera d'elle-même de quitter cet espace devenu trop étroit qui menace de l'étrangler.

«Je n'ai jamais écrit un livre sur l'enfance, comme l'ont affirmé certaines critiques, proteste Micheline La France. J'ai écrit un livre sur le regard, sur la perception, sur l'accès au plaisir. Ce qui n'a rien à voir avec ''la joie de vivre'' ni avec ''l'innocence de l'enfance'' ni même avec ''l'enfance rêvée'' qui corrigerait l'enfance gâchée.

«D'ailleurs, la vie de Bleue n'est pas exempte de souffrance. Chacune des scènes qu'elle nous raconte a bouleversé sa vie. Chaque récit exige de Bleue qu'elle prenne une décision et choisisse son identité. Bleue se choisit dans ses relations avec les objets, avec les adultes, avec les enfants de son entourage et avec l'autorité. Remarquons que ce n'est pas plus facile de se choisir que de se nier.»

Contrairement à ce que pense Josse au début du roman, rien n'a été donné de plus à Bleue qu'à elle. Bleue a tout acquis à force d'entêtement. Elle n'accepte tout simplement pas que le regard des autres la réduise. «J'attends qu'on soit toutes assez grandes pour pouvoir sauter», dit-elle aux petites filles qui veulent qu'elle tourne la corde à danser.

«Bleue, c'est le choix assumé, tandis que Josse doute de son existence et attend du regard de l'autre sa définition d'elle-même, explique Micheline La France. Bleue choisit de ne pas douter. Ce n'est pas plus facile — l'histoire du Québec en est une triste illustration — mais c'est la seule issue du côté de la vie. Bleue peut accéder au regard parce qu'elle sait qui elle est. Il peut donc y avoir pour elle une relation à l'espace qui lui permet de construire, de créer, de jouer ou de rire.

«Au contraire, aucune relation n'est possible quand le sujet n'existe pas par lui-même. C'est pourquoi Josse, au début du livre, est complètement paranoïaque. Sa crampe de vivre lui masque la vie. Le regard des autres gruge sa propre existence. ''La folie de ma mère occupait tout l'espace'', dit Josse. Mais dès qu'elle accepte de prendre cet espace qu'on lui volait, son propre regard s'impose et transforme les éléments de sa vie. Je ne sais pas si elle est plus heureuse, se demande la romancière. Je sais seulement qu'elle a plus d'existence, qu'elle est plus vivante.

«Ce qui m'intéresse ce n'est pas le bonheur c'est la vie, ajoute Micheline La France. Je veux contrôler ce qui m'arrive. Le bonheur qui t'apparaît sur un plateau d'argent avec un prince toujours très charmant, cela n'existe pas. C'est ce que toi-même tu te donnes qui existe. C'est ton rapport à la vie. C'est ta capacité de te construire un monde. Choisir d'habiter le ventre de sa mère, c'est savoir qu'un jour on aura mangé cet espace et qu'on devra déménager. Cela est aussi exigeant que d'attendre tout du ventre. Ou de refuser le ventre. Mais c'est la seule façon d'éviter la fausse couche. De naître dans des conditions acceptables.

«Je voulais écrire un roman sur le regard, c'est pourquoi Bleue est devenue le noyau du livre. Cependant, dans un pays qui souffre dans son identité comme le Québec, c'est l'histoire de Josse — avec ses avancées vers le monde de Bleue, avec ses reculs, ses doutes, ses rages et sa crampe de vivre — qui donnait le contexte nécessaire à un livre sur le regard. Autrement, l'histoire de Bleue devenait un conte ou même un jeu gratuit. Le personnage de Josse permettait d'incarner la démarche et de révéler Bleue à travers un cheminement plausible.»

*

La publication de *Bleue* a été accueillie chaleureusement par le public et la critique. La plupart des médias du Québec en ont fait écho. Il faut cependant noter que les diverses lectures du roman de Micheline La France ne portaient pas toutes la même attention au sens de l'ouvrage. En général, la critique a même choisi d'enfermer *Bleue* dans le thème de l'enfance rêvée malgré le discours très explicite des autres personnages, soit Josse, Jacques et Micheline, sur Bleue.

«L'enfance, c'est un âge de la vie, rien de plus, répond Micheline La France. Moi, j'étais fascinée dans ce roman par le commencement des choses, par la naissance, parce qu'il était intéressant de poser le regard au commencement. Mais l'histoire de Bleue aurait pu se passer à n'importe quel âge de sa vie. Bleue, c'est le regard. Le parc de Bleue, c'est l'imaginaire. J'ai rencontré des

lecteurs qui ont bien vu cela mais non certains journalistes pour qui Josse est même devenue un personnage hyper-
réaliste dans un roman qui serait mon *autobiographie*!
Imaginez! Vous prenez trois ans à bâtir une histoire que
vous espérez cohérente, vous la publiez et le lendemain
dans les journaux vous apprenez que vous êtes née à Hull
d'un père alcoolique et d'une mère obèse et schizophrène,
qu'on vous a retirée de l'école à l'âge de dix ans, etc.,
mais qu'à présent tout doit aller mieux puisque vous avez
utilisé l'écriture comme *thérapie*. Que penser de telles critiques? Après vingt ans de pratique d'écriture, je m'attendais à plus de compétence de la part de ceux qu'on appelle
''les lecteurs professionnels''! Tous les journalistes littéraires ne semblent pas se morfondre pour vérifier la source
de leurs informations!

   «La fiction a-t-elle encore sa place en littérature? Il
est vrai qu'à notre époque n'importe qui écrit ses mémoires, coiffe le tout du nom magique de *roman* et devient
écrivain du jour au lendemain. Alors, quand un romancier invente une histoire, les gens sont tentés de lire son
livre comme une autobiographie. Il n'est certes pas facile
de travailler dans un tel contexte littéraire. On dirait qu'au
Québec on a peur de l'imaginaire. Croit-on, comme Josse,
que l'imaginaire c'est la folie? Car on fait souvent comme
si l'imaginaire ne devait pas exister. Comme si, se per-
cevant dans la fiction, l'imaginaire était la maille de ton
bas qui a filé et que tu caches parce que ce n'est pas beau.

   «Quand, au lieu de lire ton roman comme une histoire et d'établir ses propres rapports aux personnages,
tout un chacun se met à faire ta psychanalyse — en attendant ton autopsie! — ce n'est pas drôle à vivre comme
écrivain. Trop souvent, au Québec, on s'intéresse beaucoup plus au personnage de l'auteur qu'à ses ouvrages.

On fait un mythe de l'écrivain pour mieux refuser sa fiction dans les œuvres. D'ailleurs, dans la mentalité des
gens, un écrivain, ça se suicide ou ça devient fou! C'est
Aquin ou Nelligan! Comme si l'écrivain ne pouvait pas
être simplement une personne qui a des histoires à
raconter.»

1986

Micheline La France est née en 1944 à Montréal.
Bleue, roman, Libre Expression, 1985;
Le fils d'Ariane, nouvelles, La Pleine Lune, 1986;
Le talent d'Achille, roman, Boréal, 1990.

ROBERT LALONDE

Le roman de l'identité

Parti à la recherche d'un personnage qui semblait inconnaissable malgré sa légende, Robert Lalonde nous revient avec *Le diable en personne.* Ce nouveau roman est celui d'un écrivain en pleine maturité et nous donne un immense plaisir de lecture.

«J'ai voulu raconter l'histoire d'un hors-la-loi, célèbre dans les Cantons de l'Est, que personne pourtant ne semble avoir vraiment connu. J'étais hanté par l'idée d'un personnage dont les traces sont plus importantes que ce qu'on connaît de lui. J'ai fait un pèlerinage géographique dans les lieux qu'il a fréquentés, Abercorn, Sainte-Anne de la Rochelle, Lac-Mégantic. J'ai recueilli des documents, des témoignages contradictoires. On me l'a décrit tour à tour comme un bandit, un saint ou un fou, un sage ou un imbécile, comme quelqu'un de magique ou de médiocre. Cet homme, connu sous le nom de Morrison, m'est donc apparu plus mystérieux que ce que les autres ont vu de lui.»

Ainsi est né en littérature Jos Pacôme alias Laurel Dumoulin alias Warden Laforce, tour à tour cow-boy d'Indian Stream, amant de Florent Bazinet et mari de Marie-Ange Choinière. Mais je vous en ai déjà trop dit, car le dévoilement de l'identité de Jos n'est pas si simple et Robert Lalonde a construit son roman comme un suspense — chaque tableau du livre nous faisant entrer peu à peu dans les univers qui finissent par composer la vie du personnage. Cette construction du roman est fascinante en ce qu'elle renouvelle constamment le point de vue du lecteur face à la trajectoire du personnage.

Dans ses précédents romans, *Le dernier été des Indiens, Une belle journée d'avance, Le fou du père,* Robert Lalonde a fait œuvre d'apprentissage: ses personnages apprenaient la vie, l'amour, la tendresse et la conquête de leur destin. Dans *Le diable en personne,* ces univers se rassemblent pour le pur plaisir de vivre. Des destins se croisent et s'accomplissent. Des hommes et des femmes s'aiment ou se méconnaissent jusqu'au bout de leur chemin. Après les romans de l'apprentissage, voici le roman de l'identité.

Des personnages émergent de cette histoire mystérieuse: Jos Pacôme, bien sûr, l'énigmatique étranger, puis Florent, avec sa jeunesse et son cahier d'écriture, Marie-Ange, l'aimée, Mathilde, l'esseulée, la lectrice du cahier mystérieux, qui part avec le romancier et nous emmène sur les traces de Jos-Laurel-Warden. Car, il faut le dire, Jos disparaît dès le début de cette histoire, juste avant les funérailles de Marie-Ange.

On retrouve dans ce roman une des obsessions de l'écrivain: déjouer le tabou de la sexualité. En effet, on pourrait se surprendre des vies sexuelles successives de Jos avec Florent, puis avec Marie-Ange.

«C'est ma grande désolation dans l'existence moderne, précise Robert Lalonde, ma perplexité devant la sexualité prise comme identité. Pourtant, la sexualité ne nous définit pas. L'identité sexuelle ou amoureuse est plus trouble chez les gens que ce qu'ils en disent. Moi, j'ai vécu des déchirements par rapport à la sexualité, à cause de mon éducation. Né à Oka, j'avais une éducation de Blanc: purement moralisatrice. Quand je franchissais la frontière du village et que j'entrais sur la réserve indienne, j'apprenais que le corps n'était pas soumis à un comportement codifié: on pouvait apprendre le plaisir sans qu'y soit rattachée la notion d'amour ou de possession. J'insiste là-dessus dans mes livres, un peu par provocation. La sexualité, c'est plus complexe qu'une grossière définition des rôles sexuels.

«D'autre part, poursuit le romancier, quelle connaissance peut-on avoir de soi-même au point de penser qu'une histoire d'amour risque de ressembler à la précédente? On pourrait être en présence d'une personne qui est neuve et qui nous rend tout à fait neuf, qui nous redonne notre spontanéité. Le sens de la rencontre se perd, dans notre société: comme si on n'avait plus cette confiance dans l'autre personne au point de l'accueillir dans quelque chose qu'on ne comprend pas.»

C'est en ce sens que Florent est un révélateur pour Jos et pour les autres personnages du roman de Lalonde. Quand il se met à écrire son expérience de la vie dans un cahier, le jeune homme devient aussi le poète qui prend possession du monde.

«Florent ignore ce qu'il fait et jusqu'où iront ses mots mais son poème ne peut pas être autrement que visionnaire, dit Robert Lalonde. Il n'est pas contaminé par les codes, il n'a pas de raison de censurer son plaisir et son vertige d'écrire. Ainsi est-il plus proche des illuminations qu'il peut avoir. Il prend plaisir à garder son récit secret. Puis son cahier devient si précieux parce que chaque personne qui le découvre reconnaît un ton qui s'impose avant même de comprendre de quoi parle le poème. Les gens sont d'abord enchantés par l'écriture.»

Robert Lalonde tient la poésie pour quelque chose de foudroyant. «Je suis d'une grande pudeur, comme auteur de poésie. La poésie est ce que j'estime le plus au monde et ce que je montre le moins facilement. J'en lis et j'en écris beaucoup. Mais elle garde pour moi un caractère secret. Je suis plus ému par un poème que par les cinq cents pages d'un journal intime. Il me semble entrer infiniment plus dans l'intimité des gens par la poésie que je lis d'eux que par leurs conversations.»

Mais la fulgurance du poème ne remplace pas la nécessité du roman. Robert Lalonde écrit chaque jour. Par nécessité. «Autrement, avoue-t-il, je me sens nulle part et inutile. Si je n'écris pas, les choses ne s'incarnent pas. Malgré ce que je peux vivre dans la journée, mes antennes ne se déploieront pas pour les solutionner. Quand je n'écris pas, il s'installe ce que j'appelle le grand vide de l'immobilité: on dirait que tout à coup plus rien ne va se passer. C'est Giono qui disait que pour écrire il faut deux choses: une discipline, et l'amour de cette discipline. C'est pourquoi je peux travailler durant cinq ans sur un roman comme *Le diable en personne,* en acceptant de cafouiller parfois et de jeter certaines pages ratées, pour arriver au bout avec un petit livre, qui ne fait pas huit cents pages mais qui reste fidèle à la forme dans laquelle il m'est venu en l'écrivant.»

1989

Robert Lalonde est né en 1947 à Oka.
Le dernier été des Indiens, Seuil, 1982;
Le fou du père, Boréal, 1988;
Le diable en personne, Seuil, 1989.

GILBERT LA ROCQUE

Une œuvre de personnalité

Ce jour-là, Gilbert La Rocque n'a pas fui le journaliste comme le fait son personnage Alain dans *Les masques*. Le romancier (le vrai) venait de remporter deux prix littéraires. Il m'a accordé l'interview.

Écrivain, La Rocque a publié depuis 1970 une œuvre qu'on commence à reconnaître, avec *Le nombril, Corridors, Après la boue, Serge d'entre les morts* et *Les masques*.

Éditeur, La Rocque dirige la collection littéraire chez Jacques Fortin à Québec/Amérique. Il est, avec Victor-Lévy Beaulieu, celui qui a pris la véritable succession de Jacques Hébert et de la grande époque des Éditions du Jour. Aujourd'hui, La Rocque possède un catalogue littéraire enviable avec des œuvres de Gérard Bessette, André Major, Yves Beauchemin, Hélène Ouvrard et d'autres.

Mais qui est donc cet écrivain qui déroule son malaise de vivre dans ses premiers romans? Qui est cet éditeur à l'air bourru? Qui est cet homme qui travaille tant à nous séduire? Je suis d'abord tenté de le chercher dans *Les travaux et les jours* d'Hésiode, où courent les mythes de Prométhée et de Pandore, où s'invente aussi la loi du travail.

Mais c'est peut-être finalement dans le labyrinthe de Cnos-
sos que je trouverais Gilbert La Rocque. Cet amant des
labyrinthes et autres lieux telluriques y déroulerait l'écriture comme fil d'Ariane. Mais Thésée tuerait-il pour
autant le Minotaure? La Rocque, ce serait un peu les deux.
Un peu comme l'écrivain serait à la fois Prométhée et
Sisyphe.

Laissons là les mythes pour retrouver l'homme. Ce
travailleur a pratiqué divers métiers. Ferblantier puis
ouvrier dans la chaussure, il s'est ensuite retrouvé fonctionnaire durant huit ans à l'hôtel de ville de Montréal-
Nord, où il a eu le temps d'écrire ses trois premiers livres.
Cela, c'était après l'époque où il se prenait pour Mallarmé
et écrivait des poèmes que lui ont d'ailleurs refusés divers
éditeurs. Tout en s'initiant à l'écriture par ses propres
romans et en rencontrant d'autres jeunes écrivains chez
Jacques Hébert, La Rocque s'est mis à apprendre le métier
d'éditeur. Aux éditions de L'Homme, d'abord, puis aux
premières éditions de L'Aurore, «avant le crépuscule»,
comme il dit. Mais Victor-Lévy Beaulieu et Gilbert
La Rocque dans le même bureau, c'est trop. Alors,
La Rocque se retrouve chez Jacques Fortin, à Qué-
bec/Amérique, où il a bâti déjà une bonne collection littéraire.

Pour Gilbert La Rocque, écrire, ce n'est pas faire des
livres mais faire une œuvre: avoir en tête un projet assez
vaste pour ne jamais le perdre de vue. «Quand tu écris
une œuvre, au fond, tu n'écris qu'un livre, le tien, à travers divers cycles. Écrire, c'est faire une œuvre de personnalité. Si tu n'y mets pas ta signature, ta griffe, cela
paraît. Si t'as une personnalité vide, cela paraît aussi.»

La Rocque me parlera, au cours de l'entretien, de
quelques-uns de ses écrivains préférés: Proust et

Mallarmé, Sade et Céline, Balzac et Faulkner. Il me parlera avec amour aussi des auteurs qu'il édite et avec lesquels il ne refuse pas de travailler les manuscrits. «Écrire, c'est un cheminement. Il faut apprendre le métier, comme le menuisier apprend le sien. Écrire, cela s'apprend durant toute une vie. L'écrivain doit savoir jouer de l'écriture comme un bon violoniste doit disparaître derrière son violon pour jouer du Bach. Un bon écrivain doit disparaître derrière son moi de tous les jours, derrière sa technique d'écriture, pour nous donner une œuvre.»

Il ne faut pas en douter, Gilbert La Rocque aime l'écriture.

«Quand tu te mets à écrire, quand tu t'assois devant ta machine à écrire pour rédiger devant la maudite page blanche, tu te trouves baveux. Tu te dis: je n'ai rien pour pratiquer mon art. Les peintres ont des pinceaux, des couleurs. Les sculpteurs ont des ciseaux, un matériau. Les danseurs se servent de leur corps. Mais moi, qu'est-ce que j'ai? J'ai le langage de tout le monde et il faut que j'en fasse quelque chose qui s'inscrive dans le temps, dans la durée, comme une œuvre d'art. Écrire, c'est très frustrant, au départ. Mais une fois que tu t'es mis à l'œuvre, après cinq ou dix minutes, on dirait que quelqu'un prend la relève. Ta deuxième tête, à côté de toi, te dit des choses et c'est là qu'arrive le plaisir de l'écriture. Tu te sens agi de l'intérieur comme s'il y avait un autre Gilbert La Rocque. Mais ce n'est pas ce qu'on appelle l'Inspiration avec un grand I. On dirait que t'accèdes à un niveau supérieur de ce que tu es. Une espèce d'intuition beaucoup plus aiguë. Une lucidité que tu n'as pas d'habitude. Le seul fait de te mettre devant une machine à écrire te met dans un état de semi-hypnose. Tu as un réflexe pavlovien. Devant une machine à écrire, tu te mets à saliver de la tête. La bave de ta tête dégoutte dans tes mains. Tu sens tes bras écrire. Tu n'écris pas seulement avec le cerveau. Tu écris avec tes bras, ton ventre, tes jambes, avec tout. Et ça devient intéressant. Toute la profusion ventrale qui sort à travers tes mains, qui passe dans la machine à écrire, à travers le clavier. Là, tu te fais des surprises. Là, tu te rends compte que tu lâches des pages que tu ne pourrais jamais refaire…»

C'est donc en écrivain passionné que l'éditeur La Rocque recevra les manuscrits des autres à Québec/Amérique. Mais il ne veut pas publier pour autant les romans qui ressembleraient aux siens. Il veut une collection ouverte, aux voix multiples. Il croit aux écrivains qui ont du style, le leur. «Les gens font ce qu'ils sont», me dit-il. «Tu n'as pas à publier seulement les livres que tu aimerais avoir écrit toi-même. Je ne veux pas faire école. Je veux une collection ouverte sur plusieurs avenues de la littérature québécoise. Il y a Bessette, Victor-Lévy Beaulieu, Jacques Ferron. Mais il y a aussi entre eux, au-dessus, au-dessous, de côté, partout, toutes sortes de livres. Si tu fermes ta collection, tu manques à ta vocation d'éditeur.

«Quand je pense à l'époque des éditions du Jour de Jacques Hébert, où j'ai commencé, c'était très enrichissant. Tout le monde est parti de là. De Ferron à Bessette, de Poupart à Lévy Beaulieu. Même Pierre Turgeon. Tout le monde était là. Poètes, romanciers, dramaturges. Tu avais des rencontres merveilleuses, le mercredi, qui étaient prétextes à un lancement. Moi, j'aimerais que cela revienne. Quand l'écurie sera plus grosse, à Québec/Amérique, pour créer un climat, nous ferons de telles rencontres. Déjà, j'ai réuni autour des éditions pas mal de monde intéressant. L'éditeur n'est pas là seulement comme

courroie de transmission entre l'auteur et le livre publié.
Si tu n'es pas là pour créer un climat d'édition, tu es là
pour rien, au fond. Le travail d'éditeur en est un de présence auprès des manuscrits. Il en est aussi un d'animateur auprès des écrivains. Nous, à Québec/Amérique,
nous faisons deux grandes rencontres par année, avec les
écrivains, leurs amis et leurs lecteurs. On ne fait pas ces
lancements pour le côté commercial mais pour le plaisir
de la rencontre. Parce qu'au fond, l'édition, c'est une
fête.»

1981

Gilbert La Rocque (1943-1984).
Serge d'entre les morts, VLB Éditeur, 1976;
Les masques, Québec/Amérique, 1980;
Le passager, Québec/Amérique, 1984.

MONIQUE LARUE

Le corps des mots

Monique LaRue écrit dans le désir de faire coïncider le corps et les mots, le réel et le langage. Elle écrit comme une femme accouche. Ainsi d'ailleurs son premier roman paru en 1979, *La cohorte fictive,* retrace les chemins d'origine des personnages d'une même famille. Aujourd'hui, dans son deuxième roman, *Les faux fuyants,* Monique LaRue a lancé ses personnages sur les autoroutes où dérivent maintenant leur vie. Mus par leur instinct de fuite, ils poursuivent leur quête du sens de la vie. Ils ont le courage du réel. Ils s'imaginent les uns les autres. Élodie, la jumelle muette, court à sa perte, comme beaucoup de femmes qui se laissent porter sans se servir du langage. Son frère Klaus, prisonnier de son sexe, cherche à sortir de l'enfance. Leurs «faux parents», Zella et Maurice, couple défait, ne peuvent plus corriger leur propre fuite. Mais c'est la vie qui emporte ces personnages qui nous ressemblent tant en cette fin de civilisation. Ces enfants de nos paradis artificiels savent que les autoroutes ne mènent nulle part. Ils avancent pour faire avancer la vie. Désespérés mais non découragés, ils ont sans doute croisé sur leur chemin les personnages de Réjean Ducharme.

Monique LaRue, elle, avec ce deuxième roman, prend déjà une place importante dans la nouvelle littérature québécoise. Elle avait d'abord travaillé le langage du côté de la théorie, chez Roland Barthes, avec qui elle a fait sa thèse de doctorat de 1970 à 1973. Ce qu'elle a retenu de son contact avec la pensée de Barthes? «Une haine de tous les clichés et de tous les stéréotypes.» Aujourd'hui, Monique LaRue est passée du côté de la fiction. Mais pourquoi et comment?

— J'ai toujours été une lectrice de fiction, malgré toutes mes démarches théoriques. J'aimais bien être envoûtée par un texte plutôt que d'être obligée de travailler par la force de la raison. Bien que je trouve qu'il y a une folie extraordinaire dans l'abstraction, la fiction s'est donnée comme ce qu'il y avait de plus près de mes émotions, de mes sentiments.

«Mon premier roman, *La cohorte fictive,* m'est venu après avoir eu un enfant. La maternité a été pour moi une expérience marquante. Car les femmes de ma génération ont souvent commencé la vie en refusant la maternité. Moi, quand j'avais vingt ans, je ne voulais pas avoir d'enfant. C'était radical. La maternité nous apparaissait comme un esclavage, comme une façon de réduire la femme. Ce sentiment était assez fort. Il nous a fallu justement toute une démarche pour accepter l'évidence. Je me suis aperçue que je ne pourrais pas passer ma vie sans aller au bout de mon propre corps et de tout ce que cela suppose d'avoir un enfant: accepter de vivre.

«C'est à ce moment-là que j'ai réussi à construire pour la première fois un livre sous forme de fiction qui se tienne un peu. *La cohorte fictive,* c'était plein de courants d'air, c'était encore très fragmenté mais ça se tenait. Comme si pour la première fois j'avais l'impression d'avoir

assumé le fait d'être un humain. J'ai vu une sorte de parallèle entre le fait de vivre et le fait d'être capable d'utiliser le langage de façon organique, construite.»

— *Dans votre second roman*, Les faux fuyants,
comme dans La cohorte fictive, *les mots ont un effet sur
le corps. On voit chez vos personnages que le corps peut
ou non supporter les mots...*

— Je pense que le corps sans les mots, c'est cela la
mort. Si le corps ne parle pas, s'il ne trouve pas son langage, c'est la mort. En ce sens, il y a beaucoup de morts
partout. Et on risque toujours d'être mort parce que c'est
un effort continuel de forcer le corps à trouver son langage. Cela nous échappe tout le temps. Il faut toujours
rester aux aguets du langage. Il peut toujours nous quitter. On peut toujours abdiquer. Alors, c'est le silence,
c'est le cliché: on accepte de répéter les choses toutes faites qui ne correspondent pas à ce que notre corps vit. On
est tous des corps. Qu'est-ce qui fait que l'on peut communiquer? C'est le langage. Qu'est-ce qui fait que l'on
est vivant? C'est le langage. C'est pourquoi dans *Les faux
fuyants* il y a une lutte contre le silence. Car je pense que
l'on vit dans un monde que le silence arrange. Socialement, individuellement. Dans les familles, ça fait l'affaire
que l'on ne parle pas pour vrai, que l'on ne crée pas de
langage.

«En fait, ce qui fuit, c'est le sens. Il faut au moins
savoir que le sens fuit. Il faut au moins le dire. On ne
l'attrappe jamais, le sens. C'est pour ça qu'il faut toujours parler, qu'il faut toujours écrire. Il faut toujours se
servir du langage pour au moins se rendre compte que le
sens fuit. Si on reste dans un état de silence, on pense que
l'on comprend mais on s'illusionne. Le sens est vraiment

comme un furet qui fuit, après lequel on court toute sa vie, sans pouvoir le fixer.»

— *D'autre part, la quête des personnages de vos deux romans se passe autour de la famille. Pourquoi?*

— C'est une forme de l'imaginaire, la famille. L'imagination sort de notre corps et c'est une façon de voir notre propre vérité. Cette vérité-là, elle se rattache toujours à nos origines, à l'enfance, à ce qu'on appelle donc la famille. Je ne veux pas parler de la famille comme lieu social mais comme lieu biologique. La famille, c'est la vie aussi. On naît tous d'un père et d'une mère. Cela forme notre imagination d'une certaine façon. C'est fascinant de voir que les corps se reproduisent de génération en génération. C'est fascinant de voir les rapports des gens d'une même famille, c'est-à-dire issus d'un même corps. Toute notre vie et notre imagination sont marquées par le fait que l'on soit né d'un autre corps.

— *Par ailleurs, non seulement la maternité est-elle le thème de* La cohorte fictive *mais aussi vos personnages, dans* Les faux fuyants, *ont-ils une parenté avec ceux de Réjean Ducharme, en ce qui concerne leur rapport à l'enfance.*

— L'enfant, c'est le secret. Observer des enfants, c'est connaître sa propre vie. On a complètement perdu l'enfance quand on est adulte. Je ne crois pas tellement à l'idée de retrouver l'enfance. Mais la seule façon de savoir ce qui s'est passé, c'est en recommençant, c'est de connaître les enfants. C'est très dangereux, cela échoue souvent mais c'est un risque à prendre. Le risque des enfants est analogue à celui de l'écriture. Faire des enfants ou faire une œuvre, c'est différent mais c'est analogue. Il faut dire cependant que les enfants sont ignorés du monde culturel. Ils ne sont pas présents, quoiqu'on en dise. Le véritable enfant n'est pas présent parce que trop souvent les gens qui écrivent et qui créent ont l'impression que c'est mutuellement exclusif. Et je pense que la place des femmes va devenir assez importante, dans la mesure où les femmes sont très proches des enfants biologiquement. Les femmes vont faire advenir les enfants dans l'écriture. Il va y avoir enfin des enfants réels dans le monde culturel. Grâce à l'écriture des femmes, non seulement l'enfant sera présent mais aussi la maternité va cesser d'être occultée.

— *Dans* Les faux fuyants, *vous insistez sur «le retour du réel». Le réel serait donc ce qui nous échappe, ce que nous ne comprenons pas mais qui finit par nous rejoindre et nous atteindre dans le langage?*

— Le réel, on ne le touche jamais comme tel. Mais il nous revient sur l'écran mental. Le réel nous revient sous forme de fantasmes. Et c'est cela qu'il ne faut pas laisser mourir, si on ne veut pas devenir uniquement des corps à la dérive.

«C'est pourquoi mes personnages, dans leur fuite en avant, luttent pour la vie. C'est quoi la vie sinon se battre aveuglément? En écrivant, j'avais l'impression de voir mes personnages comme des fourmis qu'on regarde aller. Je les voyais comme des êtres instinctifs. J'avais d'ailleurs donné comme titre de travail à mon roman: L'instinct de fuite. Fuir, circuler, bouger, je vois cela comme un instinct de survie. Si on reste sur place, on meurt. Mes personnages circulent parce que c'est ça la vie. Un instinct les habite. Ils luttent. Ils se battent. Ils essaient de continuer la vie. C'est une compulsion commune et particulière aux humains, non seulement de vivre dans un espace, dans un temps, dans une époque, mais aussi de pouvoir le dire et l'inscrire: par l'écriture, nous pouvons circuler à travers les époques, à travers les paysages, à travers la vie.

«Ainsi, je veux écrire des romans qui nous donnent la sensation de la vie dans ce qu'elle a de plus incompréhensible. Ainsi j'écris des livres, les uns après les autres, qui correspondent à des climats intérieurs. Je suis loin du livre unique. Je ne veux sacraliser l'écriture à aucun niveau. Je ne suis pas du genre à sacrifier ma vie pour l'écriture: ce serait la meilleure façon de l'enfermer, de la scléroser. Il faut que l'écriture soit dans la vie, fasse partie de la vie. L'écriture est essentielle à la vie, en tout cas à la mienne comme à tous ceux qui écrivent. Parce que c'est là où on a l'impression d'être le plus vivant. Mais on est vivant ailleurs aussi. Partout. Il faut que l'écriture soit intégrée à la vie, au fait qu'on travaille, qu'on fait autre chose, qu'on n'écrit pas tout le temps. C'est probablement fini, cette notion de contrôler une œuvre. Je pense qu'on est définitivement diffractés, fragmentés. L'ensemble de l'œuvre, ce sera l'ensemble de toutes les œuvres, qui auront été produites par beaucoup de gens qui sont des corps, qui participent à une inscription générale du sens, partout. L'auteur, c'est la somme de tous les auteurs. Et l'Œuvre, avec un grand O, on la verra dans deux siècles. Mais là, on y est, ça s'écrit!

«Quand on écrit, c'est toujours à la suite de tous les humains qui ont écrit. On n'est pas les premiers, loin de là. Mais il y a quelque chose de commun entre quelqu'un qui écrit aujourd'hui et quelqu'un qui a écrit en Grèce, en Égypte, au Moyen Âge. On fait partie d'un grand ''corps'' — pour employer le terme à la mode — qui est le corps des mots.»

1982

Adieu, Madame Bovary!

«Les modèles de femmes romanesques ne me convainquent pas toujours, c'est pourquoi je continue à écrire des romans», me confie Monique LaRue en parlant de son troisième titre en dix ans, *Copies conformes,* coédité chez Lacombe à Montréal et chez Denoël à Paris dans la collection Sueurs froides.

Écrit sous la forme d'une enquête policière, ce roman met en scène une histoire d'amour où le personnage de la femme ne ressemble en rien à celles des romans du XIXe siècle. Claire Dubé, le personnage de Monique LaRue, est une québécoise moderne, qui ressort vivante de son aventure. Adieu les grandes amoureuses prisonnières de la passion qui les détruit, adieu Anna Karénine et Madame Bovary!

Copies conformes de Monique LaRue est un grand roman moderne. Sur l'autoroute du roman québécois contemporain, Monique LaRue a doublé Hubert Aquin entre l'ici et l'ailleurs et elle a croisé Réjean Ducharme entre les faux-fuyants de la mélancolie et l'affirmation d'une identité. Monique LaRue a dépassé la «fatigue culturelle», elle écrit après les «hivers de force». «Nous ne savons jamais ce que nous sommes, où nous nous trouvons, ce que nous faisons», constate son personnage Claire Dubé. «Et d'un autre côté, il y a un sens à nos trajets.» Le voici le roman le plus fascinant des années quatre-vingt. Résolument moderne et féminin, intelligent et raffiné. Décapant.

Enquête policière et roman sur l'amour, *Copies conformes* est une réflexion palpitante sur l'identité de la femme, comme amoureuse et comme mère, dans la société occidentale, en même temps qu'une étude des mouvements qui lient l'individu à sa société. Ainsi apparaissent les questions de la langue, de la culture et de l'appartenance au Québec américain. La romancière nous convie, non seulement à une définition de la femme comme sujet romanesque mais aussi à une réconciliation du privé et du collectif.

Mais d'abord, pourquoi écrire cette histoire sous forme de roman policier? Nous suivons Claire Dubé, étrangère à San Francisco et au monde de l'informatique. Nous rencontrons des copies presque conformes des personnages du roman de Dashiell Hammett, *Le faucon maltais*.

«J'aime le roman policier de qualité, celui qui fait toujours s'affronter le vrai et le faux, me confie Monique LaRue. On cherche tous à se démêler avec la vérité et la fausseté, quand on écrit. D'autre part, le roman ne se passe pas au Québec. Dans un lieu qui nous est inconnu, on se sent un peu traqué, comme dans un roman policier. Ce genre d'écriture donne aussi un apprentissage sévère de la narration et du récit. Il permet d'aller très loin aux frontières de ce qui est réel ou possible, ou vraisemblable ou fictif. J'ai cherché à construire une intrigue qui ait du sens et j'ai beaucoup d'admiration pour tous les grands auteurs d'intrigues.

«Le roman, c'est une histoire, poursuit Monique LaRue. Quand cette histoire est cohérente et qu'elle épouse des problèmes profonds, on peut atteindre la force du roman, qui est de laisser dans la mémoire des formes et des personnages pris dans des situations porteuses de sens.»

Il y a dans *Copies conformes* une véritable poursuite des lieux où se révéleront les personnages de Monique

LaRue. La découverte de San Francisco n'a rien ici de la carte postale.

«Toute histoire commence par un lieu, comme l'a écrit Stevenson, me précise la romancière. Avant d'inventer une histoire, on doit bien savoir où elle se passe. Alors l'histoire découle des lieux. Je suis convaincue qu'il y a un échange continuel entre le lieu et l'écriture. L'écriture est une forme d'habitation.

«Dans le cas de mon roman, le lieu, San Francisco, n'est familier ni à mon personnage ni à moi-même qui l'écris. Il est très important pour moi que la connaissance de ce lieu étranger se fasse par le biais d'un romancier de la ville de San Francisco, Dashiell Hammett, qui publiait *Le faucon maltais* en 1930. Voilà le fil avec lequel j'ai cousu mon intrigue, en m'amusant beaucoup. Mais aussi, quand je voyage, j'aime connaître les lieux en lisant des fictions générées par eux. Alors chaque fiction qui va se passer dans un lieu va ajouter à ce lieu et en être tributaire. Quant à l'utilisation des personnages de Dashiell Hammett, ce n'est pas un rapport d'admiration totale que je veux exprimer mais un clin d'œil que je veux faire. C'est un jeu. En même temps que je reconnais chez ce romancier une sensibilité particulière qui fait qu'on le lit encore avec plaisir. Il y a une voix derrière les apparences cyniques de ses romans et un sentiment très fort de la vérité.»

Au cours de l'enquête policière qu'elle mène pour retrouver les disquettes de son mari, disparues dans le Klondyke des années quatre-vingt, Claire Dubé poursuit une quête de son identité de femme et de Québécoise. La façon dont elle sortira d'une aventure amoureuse l'opposera au mythe de la femme passionnée, victime du grand amour, qui habite la littérature et la culture qu'on lui a inculquées. Car Claire Dubé, femme moderne, est «une agnostique de la passion» en même temps qu'elle est fascinée par l'intelligence.

En fait, Claire Dubé sait que ce n'est pas l'amour qui sépare les êtres, mais la vérité. Elle apprendra aussi que, si elle cherche ce qu'elle n'est pas, ce qu'elle est reste absolument précieux. En somme, Claire Dubé est un personnage féminin qui ne se laisse pas avaler par le regard des autres et l'image qu'on lui renvoie de son amour. Le roman de Monique LaRue contredit une vision mythique, éternellement masculine et même homosexuelle, de la femme telle que nous la montrent les romans du XIXe siècle, les films du XXe siècle et toutes les définitions homosexuelles de l'art contemporain.

«J'ai exprimé dans ce roman, explique Monique LaRue, mon insatisfaction vis-à-vis des personnages romanesques. Je suis peut-être arrivée à résoudre certaines contradictions que j'avais entre mon amour de certains romans et leur contenu. Par exemple, les grands romans du XIXe siècle, qui ont été écrits dans un contexte de société victorienne et puritaine, où la femme était très opprimée par le mariage, ont comme sujet général l'éternel triangle. Le personnage de la femme est toujours tenté de sortir de cette cage qu'est le mariage. Elle trouve un amant et, quel qu'il soit, en tombe éperdument amoureuse. Elle va se perdre dans cette passion. La narratrice de mon roman se débat avec les personnages de Madame Bovary et d'Anna Karénine, avec toutes ces «grandes amoureuses», comme elle les appelle, qui sont en elle.

«Tout en admirant l'art de ces romanciers, je restais insatisfaite de ces personnages de femmes. Ce qui me chicotait, entre autres choses, c'est qu'elles ne disaient pas «Je». Madame Bovary, Anna Karénine, ce sont des hommes qui les décrivent. J'ai voulu donner la voix à l'une de ces femmes. C'était alors très difficile de voir ce qui allait se passer. C'était très compliqué parce que derrière moi j'avais beaucoup de modèles très forts, et même des mythes, et que j'écrivais le combat de Claire Dubé en me demandant comment elle en sortirait pour ne pas tomber dans ces clichés. Il me fallait essayer de donner une vérité à cette femme qui vit quelque chose, somme toute, d'assez banal. Lui redonner aussi un corps, une sensibilité, une voix, au sens profond et premier du terme.

«J'ai appris alors, comme romancière, qu'il était possible de lutter contre ces mythes. Cette femme, Claire Dubé, que j'ai réussi à mener au bout de son aventure, elle n'est pas morte d'amour, elle ne s'est pas détruite et j'en suis assez contente. Je suis changée par l'écriture de *Copies conformes,* par le fait d'avoir mené cette aventure jusqu'au bout d'une façon qui me semblait mieux convenir à notre époque ou qui était en tout cas en porte-à-faux avec des modèles très convenus qui courent les cinémas, les romans de gare et les autres avec lesquels je n'étais pas d'accord.

«Claire Dubé dit qu'elle est une agnostique de la passion. Son aventure ne se passe pas comme dans les histoires de passion. C'est tout ce qu'elle peut dire car c'est plus compliqué que cela. Si je regarde le roman de Flaubert, *Madame Bovary,* je suis fascinée par la facilité avec laquelle cette femme quitte son mari, oublie qu'elle a un enfant, s'autodétruit de façon extraordinaire, dans une espèce de dégringolade qui, malgré tout, ne m'a jamais convaincue. Il me semble que les femmes ne sont pas aussi folles que cela. Je ne dis pas que cela n'existe pas, je ne fais que proposer la petite voix d'une femme qui va conduire cette histoire-là différemment.

«Mon personnage, poursuit Monique LaRue, tient effectivement au fil de la raison. Elle le dit. C'est ce qu'elle a de plus précieux, cette petite rationalité. Il n'y a pas que les hommes qui ont raison. Elle a une certaine forme d'attachement qui n'est pas de la passion, qui est de la compréhension. C'est une femme qui sait écouter les autres, qui sait être disponible sans pourtant se laisser happer par l'autre. Elle le rencontre, elle le comprend, elle l'écoute. Bien sûr, elle aura même pour lui un attachement profond. Mais ce n'est pas pour cela qu'elle va devenir une autre. Au contraire de Brigid O'Doorsey, qui est un peu le contre-modèle de cette histoire et qui se rapproche de Brigid O'Saughnessey (le personnage du roman de Dashiell Hammett), qui est une autre de ces femmes mythiques. Les modèles de femmes romanesques ne me convainquent pas toujours, c'est pourquoi je continue à écrire des romans.»

Claire Dubé contredit les mythes du passé mais aussi les valeurs contemporaines. Elle est mariée et mère d'un enfant. Ces deux engagements font partie de son identité, contrairement à l'image qu'on a de la femme d'aujourd'hui. Qu'est-ce alors que la femme moderne?

«C'est une femme qui est un sujet, répond Monique LaRue. Et un sujet entier. Elle n'est que ça. Elle est tout à fait fragile dans sa subjectivité. Elle ne se reconnaît nulle part. Si j'ai placé Claire Dubé en Californie c'est aussi parce que je pense que ce genre de femme que je décris, c'est-à-dire une femme qui a un mari et qui est la mère d'un enfant, a vécu depuis vingt ans un exil de toutes les valeurs. Elle est en complet déplacement par rapport aux valeurs actuelles, par rapport au désir, à la sexualité, à ces images qui me semblent correspondre à une société victorienne dont on est tout à fait sortis maintenant et qui est dépassée. Cette femme se situe *malgré* ces valeurs désuètes, de façon différente. Elle est donc un sujet. Elle est une femme irréductible, dans le sens où elle ne se fait pas dicter sa conduite par ces valeurs dépassées et par rien d'autre qu'elle-même. Elle est une personne, un personnage, un individu dans ce que cela a de plus précieux et de plus fragile.»

Cette quête d'identité de Claire Dubé situe aussi le personnage dans ses rapports à la société québécoise. Ce roman qui se passe en Californie nous fait voir en creux le Québec comme appartenance et Montréal comme mémoire et matrice de l'imaginaire. «L'hiver, à Montréal, on va au cinéma, on parle, on lit. Et la fiction s'accumule comme du mercure dans nos cerveaux», lancera Claire Dubé. Son enquête met en cause les rapports à la culture et à la langue natales. Cette femme québécoise, qui vit un double exil, lance: «Nous sommes des désespérés mais nous ne nous découragerons jamais.»

«C'est une phrase de Charles Gill citée par Réjean Ducharme dans *L'hiver de force,* précise Monique LaRue. Une phrase absolument splendide et qui pourrait bien être notre devise. Quand mon personnage reprend la phrase, c'est le Québec vu de la Californie. C'est le roman de quelqu'un qui voit en creux ce qu'elle est. Cela lui permet peut-être de voir différemment.

«En fait, je pense que tout roman est à la fois un déracinement et un enracinement. Il y a un jeu entre les deux qui est difficile à analyser: si c'est trop enraciné, il n'y a pas de recul, et si c'est trop déraciné ce n'est pas intéressant. Il existe une dialectique entre les deux fonctions de la fiction. La culture doit-elle nous enraciner ou nous déraciner? Elle doit faire les deux. Nous déraciner pour nous faire voir qu'on n'est pas tout seul — ce qu'on

apprend en sortant de l'enclos; nous enraciner en nous
arrachant à ce qui pourrait nous cerner. C'est un mouvement entre les deux qui doit se faire sentir dans le roman.»

Pour Claire Dubé, le premier déracinement, c'est
l'anglais. Elle parle très bien l'anglais, qui reste cependant pour elle une langue seconde. Alors s'installe tout
ce questionnement sur la langue par le biais des travaux
de son mari, qui a conçu un programme de traduction.
La question de la maîtrise de plusieurs langues se pose
à toutes les petites populations. Elle se pose aussi dans
le fait que Claire Dubé est toujours en train de chercher
ses mots dans cette autre langue qu'est l'anglais.

«Elle est exilée par ce décalage de langue. C'est une
chose qu'on vit quotidiennement et qui fait partie de notre
réalité culturelle. C'est aussi la leçon de l'immersion dans
une autre langue, ajoute Monique LaRue. Il n'y a pas que
la langue, il y a des mots — dont le mot *amour* — qui
sont indéfinissables. Mon personnage dit: chacun doit
trouver le sens des mots. Parce qu'elle est un sujet aussi,
elle ne se laissera pas dicter par qui que ce soit ce que
veulent dire les mots, quelle que soit la langue.»

1989

Monique LaRue est née en 1948 à Montréal.
La cohorte fictive, L'Étincelle, 1979; Les Herbes Rou-
ges 1986;
Les faux-fuyants, Québec/Amérique, 1982;
Copies conformes, Denoël/Lacombe, 1989.

LOUISE MAHEUX-FORCIER

Seul l'amour n'est pas absurde

Louise Maheux-Forcier écrit depuis presque vingt ans des romans, des nouvelles, des dramatiques pour la radio et la télévision. Discrètement, elle fait une œuvre qui se distingue, par son humour et sa tendresse, dans son combat contre la norme, par sa finesse et son esprit d'observation. Après *Amadou, Une forêt pour Zoé,* qui lui ont valu les prix du Cercle du livre de France et du Gouverneur général du Canada, il y eut *L'île joyeuse, Appasionnata* puis les nouvelles de *En toutes lettres*, un des livres les plus délicieux de notre littérature.

Mais il ne faut pas oublier que Louise Maheux-Forcier a beaucoup écrit aussi pour la radio et la télévision. C'est d'ailleurs son plus récent téléthéâtre, *Arioso,* à l'affiche des Beaux Dimanches de Radio-Canada, qui a été le prétexte de notre rencontre. Timide, humble et plutôt secrète, l'écrivaine n'accorde jamais d'entrevue. Mais notre rencontre n'a pas ressemblé à cette caricature de l'interview qui inaugurait son dernier recueil de nouvelles. Non. Louise Maheux-Forcier m'a parlé simplement. De son téléthéâtre *Arioso,* où se joue l'amour de deux femmes. De sa vie d'écriture aussi, où elle entrait en 1963 après avoir abandonné une carrière de pianiste de concert.

— *Pourquoi avez-vous quitté la musique pour l'écriture?*

— J'ai arrêté de faire de la musique pour la même raison que je refuse de donner des interviews: le trac, la peur de ne pas pouvoir me traduire dans l'immédiat. Mais il y a aussi une raison plus profonde: je suis venue à la littérature parce qu'en musique je n'aurais jamais été qu'interprète. Il me semblait, en toute humilité, que j'avais quelque chose à dire de personnel. D'ailleurs, c'est curieux que la critique ait analysé mon deuxième livre, *L'île joyeuse,* comme une œuvre musicale.

— *Le besoin d'écrire l'a donc emporté...*

— C'est difficile d'exprimer ce besoin intense qui nous porte à écrire, à toujours penser à une phrase. Où qu'on soit, on est toujours ailleurs. L'écriture, c'est un métier de vingt-quatre heures par jour. On s'endort avec une phrase, on se réveille avec elle.

— *Vous n'arrêtez pas d'écrire?*

— Sans m'en rendre compte, j'ai écrit dix livres en moins de vingt ans. *Amadou* est paru en 1963. Il faut dire que j'ai aussi publié mes textes dramatiques, écrits pour la radio ou la télévision.

— *Quelle différence faites-vous entre l'écriture dramatique et l'écriture romanesque?*

— Dans le roman, la voix est toujours intérieure. Dans l'écriture dramatique, c'est le dialogue qui importe. À la télévision, il faut équilibrer la parole et l'image. C'est pourquoi il faut bien s'entendre avec le réalisateur. *Arioso* est mon troisième téléthéâtre avec le réalisateur Jean Faucher: il y a une fusion de deux pensées. D'autre part, dans l'écriture pour la radio, il y a le plaisir de la musique.

— *Et quel est le plaisir de publier des livres?*

— Je n'ai pas pensé à publier quand j'ai commencé à écrire. Ce n'est pas essentiel pour moi d'avoir un grand public. Mais j'ai besoin d'avoir de temps en temps des témoignages qui me disent que j'ai pu apporter quelque chose à quelqu'un. L'écriture, c'est d'abord une aventure intérieure. C'est très étonnant de découvrir, dans l'écriture d'un livre, des choses qui sont venues là inconsciemment. Cela peut être un détail dans une nouvelle: une fleur, un trait de visage, un regard, qui se trouvaient quelque part dans les souvenirs.

— *La nouvelle est pour vous un lieu privilégié de l'écriture?*

— J'adore ce genre. J'ai été particulièrement heureuse d'écrire des nouvelles. D'ailleurs, je vais récidiver. La nouvelle, on peut la fignoler. Elle nous donne la satisfaction extraordinaire de n'avoir plus un mot à changer. Tandis que dans le roman, si je change un début de chapitre, cela peut m'amener ailleurs. Le roman est plus douloureux à porter: il faut suivre durant deux ans la même idée, le même personnage et ne pas en démordre. La nouvelle nous donne un autre bonheur d'écrire. Moi, je suis une fignoleuse, une perfectionniste. Une phrase, pour moi, c'est quelque chose à soigner, à perfectionner sans limite.

— *Vous ne pourriez pas vous passer de l'écriture?*

— Ce besoin d'expression est si profondément humain pour moi que je me demande comment il se fait que tout le monde n'écrit pas. Cela me semble si naturel d'avoir un stylo dans la main. Cela ne m'apparaît pas du tout étrange ou exceptionnel. Je n'ai jamais considéré les écrivains comme des êtres à part. Ce sont les autres qui me semblent étranges de ne pas écrire.

— *Quand la photographe Kèro vous demande, pour son Album* Au fond des yeux, *ce qui vous fait écrire, vous répondez que vous écrivez «contre la mort»…*

— Même si les livres sont éphémères, j'écris par obsession de la mort. J'écris pour la présence. Je ne sais pas ce que je donnerais, par exemple, pour avoir une œuvre de mon père. Il me reste de lui quelques lettres. Mais j'aimerais avoir quelque chose de lui, qui me dise le fond de lui-même. Dans l'écriture, il y a sûrement ce besoin de ne pas mourir. Je ne peux pas souffrir l'idée de la mort, ni de la mienne ni de celle des autres. L'écriture est une continuité de la vie. Le livre est une présence. En ce moment nous nous parlons et peut-être quelqu'un est-il avec nous dans un de nos livres. C'est merveilleux d'y penser parfois, même si nous n'avons pas de gros tirages!

— *Dans l'écriture de vos nouvelles, en particulier, l'humour prend beaucoup de place…*

— L'humour dans ce que j'écris m'étonne moi-même. Car si j'aime beaucoup rire et m'amuser, je ne suis pas celle qui fait la drôle dans la vie. Mais je me suis amusée dans mes nouvelles à jongler avec les mots comme j'ai rarement pu le faire dans un roman. On peut consacrer un mois à écrire une nouvelle et à rester dans l'idée de rire de quelque chose. Ce qu'on ne peut pas faire pour le roman, trop long à écrire. Mais je trouve que vieillir sans humour c'est vieillir désespérée. Il faut absolument trouver une porte pour sortir de la vie. C'est trop absurde. Il faut sortir de la vie en riant. L'humour, c'est une façon de faire passer le sérieux. Je parle beaucoup de la mort en riant mais j'en parle.

— *Vous écrivez aussi contre la norme, contre l'uniforme?*

— Je suis arrivée en 1963 avec *Amadou,* un livre qui jetait une certaine morale par terre. J'étais déjà épouvan-

tée à l'idée de le publier. Il a provoqué toute une polémique dans *Relations*. La morale, dans la littérature, ça fait
un boucan terrible. Mais je n'écris pas dans l'intention
de faire la morale. Quand j'ai écrit des choses qui témoi-
gnent, par exemple, de l'injustice faite aux femmes depuis
des siècles, je ne l'ai jamais fait dans une optique féministe. Je l'ai fait naturellement. Pas pour attaquer ni pour
me battre mais pour l'exprimer, tout simplement. C'est
l'écriture en soi qui est un combat contre les barrières
de la société. Si je vous racontais ce que j'ai pu rencontrer d'obstacles dans ma jeunesse! C'est pourquoi Paris
m'est si cher: j'ai eu la chance d'y aller vivre jeune, loin
de mon entourage qui m'étouffait. Il m'étouffait d'amour
mais aussi de préjugés. Aujourd'hui, j'envie tellement la
jeunesse, quand elle a le sens de la liberté. Je ne l'envie
peut-être pas pour l'époque désespérante et sans issue
qu'elle vit mais pour son sens de la liberté.

— *Cette époque a-t-elle encore le sens de l'amour,
pour vous?*

— L'amour, c'est évidemment la plus grande chose.
Si tout était fait par amour, tout le monde serait heureux.
Si chacun avait un amour à choyer, le problème du monde
serait résolu. S'occuper de son propre amour. Connaître
le cœur de l'autre. Si je décide que mon amour est sacré,
il devient intouchable. Seul l'amour n'est pas absurde.

1982

Louise Maheux-Forcier est née en 1929 à Montréal.
Amadou, roman, CLF, 1963; CLF-Poche, 1974;
En toutes lettres, nouvelles, Pierre Tisseyre, 1980;
Le sablier, journal intime 1981-1984, Pierre Tisseyre,
1984.

ANTONINE MAILLET

L'écriture, c'est grand

Elle parle comme elle écrit: avec des mots plein la vie. De retour de Paris avec le prix Goncourt, Antonine Maillet a été accueillie à l'aéroport de Mirabel non seulement par son éditeur mais aussi par un public qui s'est mêlé à la fête, spontanément. Yves Dubé, son éditeur, dira d'elle: «C'est une auteure que tout le monde aime et en qui le public se retrouve.»

Antonine Maillet, elle, est un des rares écrivains à sortir le Goncourt de la France. Son œuvre, généreuse, née de l'oralité et de l'Acadie, née de Rabelais et de France, renouvelle en quelque sorte le territoire de la littérature française. Elle agrandit en tout cas l'histoire du Goncourt. Et la France mérite bien d'avoir couronné *Pélagie-la-charrette*, son roman publié chez Leméac au Québec et chez Grasset à Paris.

Après la Sagouine, Pélagie! Pour Antonine Maillet, c'est la gloire après le travail. Mais, modeste, elle dira: «Le prix Goncourt a été donné par beaucoup de monde à beaucoup de monde, à l'Acadie, au Québec qui me donne mes lecteurs, au Canada français, jusqu'aux Cajuns de la Louisiane, à l'Amérique francophone. Pélagie ne pouvait naître ailleurs. Faites-en de la politique que vous voudrez, moi, j'en ai fait un livre!»

Antonine Maillet, prix Goncourt, nous dit de penser à son grand-père analphabète, aux pas de son père, de pêcheur d'huîtres à professeur. De penser aux pas de son père jusqu'à elle, écrivain qui a forcé l'oral à passer à l'écrit. Pour elle, la charrette a remonté l'Amérique depuis trois cent soixante-quinze ans jusqu'au Goncourt. Et ses ancêtres sont bien vengés!

— *Que représente alors pour elle le prix Goncourt?*

— La fête. La joie. Un sommet dans ma vie. Un moment de joie intense. Dans les circonstances, c'est même plus que ça. Puisque c'est une première américaine, canadienne et, bien entendu, acadienne. Et j'ai l'impression d'avoir fait à l'Acadie, pour son 375e anniversaire, un cadeau à la dimension de sa fête. Le Goncourt était ce que je pouvais lui offrir de plus gros. Il y a plus important encore: le Goncourt est une reconnaissance universelle. Et c'est un statut qu'on donne ainsi à notre langue. C'est important, pour tous les écrivains d'ici qui se sont battus et pour ceux qui nous suivent, de savoir que la langue qu'ils parlent, les idées qu'ils émettent, les personnages qu'ils créent, le monde qu'ils font, sont universels. Depuis le temps qu'on nous disait: «Vous parlez patois… ou le dialecte acadien… ou le dialecte québécois…» Il me semble qu'on ne peut plus maintenant entendre ces phrases! Le jour où une académie donne un prix de cette envergure à une œuvre, c'est qu'elle reconnaît le statut de cette langue aussi.

— *Les Goncourt ont à prouver chaque année que la littérature française est vivante. Avec vous, ils ont agrandi le territoire!*

— Oui. Dans le temps. La littérature française vient d'agrandir son territoire physique mais aussi temporel. Là, on a couronné une œuvre d'avant Malherbe! Notre culture française à nous, elle est beaucoup plus ancienne que celle de la France d'aujourd'hui. La culture française d'avant Malherbe et contemporaine de Malherbe est peut-être plus près des Acadiens et des Québécois que de bien des Français d'aujourd'hui dont les provinces ont été annexées à la France beaucoup plus tard que nous. Dans ce sens, je suis de la France agrandie dans le temps.

— *Quelle est aujourd'hui votre définition de la gloire?*

— J'ai déjà dit dans le passé que c'était d'avoir faim, d'avoir soif, d'avoir mal aux pieds… Mais ce n'est pas tout à fait exact. Disons que si j'avais vingt ans, ce serait dangereux, la chose qui m'arrive. C'est trop à la fois. Mais je suis sûre qu'aujourd'hui je peux le porter. Parce que je n'ai pas l'impression de le porter seule. Cette gloire qui arrive par le Goncourt arrive à tout un pays, à toute une race, à tout un temps. Elle déborde tellement la personne qui en est l'instrument presque accidentel que je ne peux pas le prendre pour moi toute seule! C'est pour-quoi je ne crois pas que cela m'enfle la tête.

— *Et le défi d'un écrivain, après le Goncourt?*

— Si j'étais une personne détestée, ce serait dur à porter: je sentirais les envies, les jalousies, le mépris même. Mais j'aime les gens et les gens m'aiment. Pour cette raison, les honneurs sont accompagnés pour moi de tellement d'affection, de chaleur et de tendresse humai-nes, que c'est cette partie-là de l'événement qui me fait plaisir. Et qui me sauvera. Qui m'empêchera d'être dépri-mée après. Car je n'ai pas d'illusion: je sais qu'après on va tous rentrer chacun dans sa cuisine pour faire sa popote quotidienne. Aussi, je voudrais garder un souvenir heureux et, quand les choses se replaceront, retourner au travail en essayant d'oublier que les gens attendent de moi quelque chose. Ou plutôt en essayant d'y penser dans un sens positif.

«J'ai déjà vécu cela avec *La Sagouine,* j'ai quand même passé, de la veille au lendemain, de l'obscurité à la célébrité. Je m'étais dit, à ce moment-là, que le défi était dur à relever. Non pas parce qu'on veut continuer cette euphorie mais parce qu'on doit répondre aux exigences du public. Et on sait ce qu'il attend de nous: il veut une autre Sagouine, une autre Pélagie. Moi, je devais répondre à l'attente d'une autre Sagouine par une Pélagie. Aujourd'hui je dois répondre à l'attente d'une autre Pélagie par une nouvelle œuvre.»

— *Votre œuvre est jusqu'ici assez généreuse pour que vous puissiez relever le défi...*

— Merci. Avant tout, j'ai un monde. Que je vois à l'intérieur de moi, à l'extérieur de moi. Il y a vraiment une sphère qui m'entoure. Il y a une vie réelle. Et celle que je reproduis lui est presque parallèle. Je veux dire par là que je recrée le monde que je vois. Or, il est immense. Et je sens que je dois le rendre encore plus grand. L'agrandir pour que l'œil du public puisse l'attraper à première vue. Et c'est tellement important pour moi que ça fait oublier les marginalia de l'œuvre: la gloire, la tentation de plaire au public. Je voudrais plutôt donner dans la tentation de générosité: d'agrandir le monde.

— *Vous avez commencé avec* La Sagouine *qui est une épopée lyrique. Puis, avec* Pélagie, *c'est l'épopée dans l'action. Et après?*

— Moi aussi, je me demande toujours: et après? Après *Mariaagélas,* après *Les cordes-de-bois,* je n'avais plus de sujet et je me demandais quoi faire après! Je me dis la même chose après *Pélagie*. Mais la vie est beaucoup plus riche que nous. C'est comme si on a peint un érable: il reste le cyprès! La vie est tellement plus riche que nos petites imaginations! Il n'y a qu'à la fermer, cette imagination-là, qu'à la faire taire et à regarder autour! On découvre qu'il y a toujours plus que Pélagie, dans la vie. Il s'agit d'aller la trouver, cette autre!

«La Sagouine, Pélagie, ce ne sont que des petits coins de la vie. Moi, je vois le monde comme une espèce d'immense mosaïque. Et de temps en temps j'en détache de petits carrés de couleurs. Cela fait *La Sagouine*, *Mariaagélas*, *Pélagie*, *Dom L'orignal*... Je voudrais en trouver un qui soit encore plus beau, aux couleurs insoupçonnées.»

— *Vous m'avez déjà dit: «J'écris non pas pour refaire l'Acadie mais pour refaire le monde...»*

— Ça, c'est vrai. Au fond, je ne m'intéresse même pas à l'Acadie. Je m'intéresse au monde, à la vie. L'Acadie en est un exemple. L'Acadie est là où le monde m'apparaît. C'est là où j'ai eu les pieds le premier, en Acadie. C'est à partir de ce point de vue-là que j'ai mon œil sur le monde. Donc, je lui donne la couleur de ce coin-là. Mais l'Acadie n'est pas la fin du monde. Je ne suis pas en train de raconter l'Acadie mais le monde à travers ce pays-là. Et que ce soit en 1790 ou en 1980, cela n'a pas d'importance. Parce que le monde entier est plus long que ma vie à moi. Il faut raconter tout le temps et tout l'espace. Mais on ne peut en prendre qu'un petit coin, qu'un exemple. Et on se dit: dans un seul petit morceau de vie il y a toute la vie! Dans un seul petit coin de l'histoire, il y a toute l'histoire! Choisissons bien notre coin, voilà tout!

— *Et vous dites: «Je ne suis pas un porte-drapeau de l'Acadie mais écrivain…»*

— Oui. Je ne veux pas même être porte-parole. Je veux être une parole. Je suis un mot de l'Acadie. Mais il y a toute la langue qui reste à côté, qui reste aux autres écrivains, acadiens et québécois. Je n'ai pas tout dit. J'ai dit moi. Eux doivent dire eux. C'est-à-dire que chaque écrivain, chaque artiste regarde le monde de son point de vue. Moi, je le regarde de la hauteur de mes cinq pieds, à travers mes yeux bleus, à travers mon âge, mon tempérament, ma physionomie physique et morale, et à travers ma contemporanéité.

— *Votre façon de transcrire le monde, de passer de l'oral à l'écrit, ouvre une nouvelle voie pour la littérature, comme l'affirme mon confrère, le critique Réginald Martel…*

— Cela devrait être le but et le lot de tout écrivain. Je le dis même si cela peut paraître prétentieux. Un écrivain ne devrait jamais penser prétention. Un écrivain doit toujours penser très grand. Sans quoi il sera toujours petit. Si on refait le monde, on ne peut pas le faire à la cuiller! Il faut y aller avec la confiance. Et la confiance, c'est le premier des gros instruments de l'écrivain. Par conséquent, il faudrait que tout écrivain ait dans l'esprit qu'il ouvre des voies à d'autres. Peut-être qu'il sera de ceux qui suivent les autres, d'abord. Mais c'est comme une rivière: elle crée tout le temps des petits ruisseaux autour. D'autres y entreront et feront d'autres rivières à leur tour. Il ne faut pas trop de modestie pour être écrivain. Ce que je dis là peut sonner faux mais j'y crois. Il ne faut pas trop de modestie pour arriver à faire des choses importantes.

«L'écriture, c'est grand. De toute façon, la Sagouine est plus grande que moi, Pélagie est plus grande que moi. Elles valent mieux que moi. Elles sont les produits de tout un peuple qui me les a passées. Et moi, je ne fais que les rendre aux autres. Mais je suis plus petite que mes personnages: ils ont été faits par trois cent soixante-quinze ans d'histoire. J'ai été tributaire de ces personnages que j'ai rendus au monde. Mais d'autres les ont faits avec moi.»

1979

Antonine Maillet est née en 1929 à Bouctouche, au Nouveau-Brunswick, et s'établit à Montréal à la fin des années soixante-dix.
La Sagouine, Leméac, 1971; Grasset, 1976; Leméac, coll. Poche-Québec, 1986;
Pélagie-la-charrette, Leméac, 1979; Grasset, 1979; Grasset, coll. Le Livre de poche, 1981;
Le huitième jour, Leméac, 1986; Grasset, 1987.

ANDRÉ MAJOR

Dévoiler le réel

André Major revient à la littérature, après un silence de cinq ans, avec un recueil de nouvelles absolument magnifique qu'il a intitulé *La folle d'Elvis*. Dans ce livre, Major continue de percer l'écran du réel par l'écriture d'un quotidien nostalgique. Mais ici, autrement que dans son œuvre romanesque, la vie gagne en tendresse le rêve perdu des personnages.

C'est au quinzième étage, où loge son bureau dans la tour de Radio-Canada, et le regard vers l'est de Montréal où se joueraient les drames de ses personnages, qu'André Major me confie quel a été son chemin de l'écriture.

— Je n'ai pas l'impression que j'écris depuis vingt ans. Je n'ai pas acquis une confiance telle que je peux me lancer dans l'écriture avec allégresse. Même plus: ce qui diffère d'il y a vingt ans c'est qu'aujourd'hui je suis un peu plus obsédé par l'échec de l'entreprise littéraire. L'échec ne me fait pas peur mais je suis conscient qu'il y a souvent au bout du compte un échec dans la recherche obscure qui est celle de l'écriture. Alors, disons que le temps m'a tout simplement permis de prendre conscience des limites de l'écriture et de sa nécessité. Je n'ai jamais très bien su pourquoi j'écrivais. Mais l'écriture m'a toujours procuré la certitude que le langage est un ordre ouvert, plus fidèle à la réalité que la vie quotidienne. C'est comme si le langage t'ouvrait à une sorte de respiration universelle alors que la vie quotidienne a tendance à nous replier chacun sur soi, à nous couper de la vitalité universelle. C'est presque un oxygène, l'écriture, pour ceux qui s'en servent.

— *Écrire, c'est maîtriser la réalité?*

— Oui. En vingt ans, j'ai eu des moments de doute. Je cessais d'écrire pendant deux ou trois mois. J'avais alors l'impression que même les choses quotidiennes perdaient leur saveur, que même une simple promenade perdait son sens. Au contraire, quand il y a l'écriture au bout du compte, même la banalité est comme récupérée. Il n'y a pas de gaspillage. Au fond, la création, c'est presque un salut. Dans mes nouvelles, j'ai l'air de m'attaquer à des nostalgies. Je me rends compte que moi-même je m'accroche à une nostalgie: celle d'une sorte de bien-être qui découle de l'écriture. Je parle de bien-être parce que dans le fond ce n'est pas toujours facile d'écrire mais il reste qu'on a le sentiment en écrivant d'appartenir à autre chose qu'à ce qui nous limite dans la vie. On a l'impression dans l'écriture d'être mis en contact avec une pulsation plus grande que nous. C'est pourquoi le fait de ne pas écrire, je pense, finirait par étouffer quelqu'un qui en aurait besoin. Celui-là qui s'en tiendrait à une renonciation de l'écriture risquerait de mourir spirituellement, peut-être même physiquement. Et je me demande si ce n'est pas ce qui s'est passé pour Hubert Aquin, si ce n'est pas la raison de son suicide. Je me demande si, au fond, il n'y avait pas pour Aquin une impossibilité d'écrire à laquelle il n'a pas pu survivre. Peut-on survivre à son propre silence? Un écrivain se définit par son besoin absolu d'oxygénation par l'écriture.

— *Pensez-vous, d'autre part, que l'écriture change son homme?*

— Oui. J'avais fini par douter de la vertu transformatrice de l'écriture. Mais je me suis finalement rendu compte qu'on ne peut pas raconter quelque chose impunément. Ce n'est pas seulement le monde qu'on met en accusation quand on écrit, c'est soi-même. On est solidaire de ce monde-là. Ce qu'on écrit nous change. C'est un choix moral qu'on fait de raconter certaines choses. On n'est plus le même après. C'est évident.

— *Au temps de* Parti pris, *l'écriture était pour vous un acte contestataire. Aujourd'hui, dix-huit ans plus tard, comment vivez-vous le rapport de l'écrivain au politique?*

— À l'époque de *Parti pris,* j'avais vingt ans. Alors, pour moi, l'écriture devait être, d'une manière absolue, un outil de transformation du réel. J'avais l'impression que les mots à la limite pouvaient tuer. Mais elle n'a pas duré longtemps, cette période où j'ai cru que la littérature pouvait avoir un impact immédiat sur l'ordre des choses. Aujourd'hui, je ne pense pas que ce soit au niveau politique que la littérature agisse. Elle a un effet beaucoup plus global et efficace. On s'aperçoit, avec ce que l'on peut voir dans le monde, que les changements politiques sont beaucoup plus superficiels que les changements existentiels. Je pense finalement que ce n'est pas la politique qui est à l'origine des transformations dans le monde. L'art a été beaucoup plus efficace que les idéologies. On peut le voir aujourd'hui avec ce qui se passe dans les pays de l'Est, par exemple. Leur évolution ne donne pas naissance à des mouvements littéraires mais, par contre, un mouvement littéraire est à l'origine de ce qui se passe en Pologne et ailleurs. En ce sens, je suis proche de Sartre quand il dit qu'écrire c'est «dévoiler le réel». À l'époque de *Parti Pris,* je pensais qu'il fallait dénoncer les choses. Maintenant, je pense qu'il faut dévoiler le réel. La nuance est mince mais elle est là quand même.

— *Le salut n'est plus idéologique, le salut, c'est l'écriture même?*

— Oui. Parce que dans l'écriture même il y a une sorte de liberté, de libération possible. Au fond, à l'époque où j'étais très engagé politiquement, je dévaluais l'acte même d'écrire parce que je pensais qu'il pouvait être efficace dans la mesure où il exprimait directement une volonté politique, des concepts idéologiques. Cela risque de ravaler l'écriture à une fonction purement instrumentale. C'est d'ailleurs un danger qui menace, quel que soit l'artiste, de corrompre le langage presque fatalement. Comme le dit Günther Grass: le langage s'est tellement dévalué à notre époque que c'est peut-être une des fonctions essentielles de la littérature que de valoriser le langage en refusant les clichés politiques et idéologiques. Le langage politique devient trompeur dans sa fonction même. Il est bon que des gens recourent au langage sans souci fonctionnel ou instrumental. Cela peut nous sauver d'un mensonge presque universel aujourd'hui.

— *Comment les intellectuels québécois doivent-ils vivre l'après-référendum?*

— On a eu un choc de découvrir que ce qui apparaissait si clair, si nécessaire devienne finalement pres-

que une querelle qui n'a plus rien à voir avec l'existentiel, une fois véhiculé par le langage politique. Moi, c'est
ce qui m'a troublé. Le projet souverainiste, qui est vraiment de l'ordre existentiel, est devenu presque un projet
d'hommes d'affaires ou de spécialistes en marketing. J'ai
vu alors à quel point les choses traduites dans un certain
langage pouvaient perdre même leur sens. Et je me suis
dit qu'à force de s'écarter du vif le langage perd toute
efficacité. Je pense alors que ce que les artistes très près
du mouvement souverainiste ont à faire, c'est de lutter
non pas sur un plan politique mais sur le plan de la conscience et de la perception de ce qui se passe réellement
au Québec. Il faut presque faire un retour au vécu plutôt
que de se raidir dans des attitudes idéologiques. C'est
important de comprendre cela, autrement l'on serait tenté
par une forme de désespoir postréférendaire.

— *Avec la trilogie des* Histoires de déserteurs, *votre*
œuvre est devenue, d'une part, «athée», hors des idéolo-
gies, et, d'autre part, précise le critique François Ricard,
votre écriture a gagné le combat contre le lyrisme. Com-
ment expliquez-vous ce cheminement?

— En luttant contre moi-même! Au départ, j'étais
quelqu'un qui avais besoin d'adhérer, de croire que
j'appartenais à un ordre cosmique et universel. Je ne pouvais pas croire que mon destin était un phénomène individuel. J'avais l'impression que mon existence pouvait
s'expliquer par son débordement spirituel. C'est pourquoi,
d'une certaine façon, j'ai été très proche de la morale com-
muniste au début de la vingtaine. C'était vraiment une
solution à la solitude. Très jeune, j'avais ressenti cette
condamnation de la solitude comme quelque chose
d'insupportable. J'étais donc tenté par le lyrisme, qui est

un débordement, un mouvement d'adhésion à un certain ordre du monde. Mais en même temps que je m'épanchais j'avais presque le sentiment de me perdre dans un sacrifice rituel. Comme si ma personnalité s'était diluée dans l'épanchement même. Et ce tiraillement me paraissait de plus en plus difficile à vivre.

«Je pense aussi que l'échec des idéologies progressistes m'a donné un sérieux coup du côté de l'espérance humaine. Que reste-t-il à l'individu, sans perspective d'espérance? Je suis alors devenu encore plus sensible à ceux qu'on appelle «les gens ordinaires». Mon lyrisme avait été comme une fuite par rapport à la condition commune des gens. Je me suis remis alors dans une situation d'écouteur au lieu de vouloir ''m'exprimer''. C'est avec *Le vent du diable* que j'ai cessé de vouloir m'exprimer, d'ailleurs. Je me suis mis à vouloir reproduire le réel. Je me suis mis à l'écoute de tout ce qui m'entourait sans chercher à l'interpréter. Dans ce cheminement, c'est toujours le même homme qui avance mais j'ai varié mes approches des choses et j'ai laissé tomber certaines illusions en cours de route.

— *Comme chez beaucoup d'écrivains québécois, vos personnages sont souvent des perdants. Mais dans votre dernier recueil de nouvelles apparaît une tendresse qui traverse les vies...*

— On est changé par ce que l'on écrit. Quand je me suis mis à l'écoute pour écrire les *Histoires de déserteurs,* j'ai surtout saisi des personnages la dureté de leur rapport au monde, leur solitude, «une solitude mauvaise», dirait Saint-Denys Garneau. Puis je me suis aperçu que la seule réponse à la solitude était la tendresse.

«D'ailleurs, j'ai écrit ces nouvelles dans les années qui ont suivi les *Histoires de déserteurs,* dans une période où je ne voyais plus beaucoup d'éclaircies possibles. Je dois dire qu'à la fin de la trilogie j'étais un peu vidé. J'avais l'impression de me trouver devant rien. Comme si j'avais creusé un trou et que je me retrouvais au fond. J'avais même l'impression qu'au lieu d'avoir créé quelque chose j'avais fait un vide. C'était terrible. Pendant plusieurs mois le vide était tel que je ne croyais pas possible d'en sortir. Et je me disais: il ne faut plus que j'écrive, parce que je creuse ma tombe d'un livre à l'autre! J'ai remis en cause le bien-fondé de l'écriture. Je me disais que les mots sont impuissants devant les choses. Puis mon beau-père est mort d'un cancer et j'ai ressenti vivement cet événement. Je me disais qu'on est impuissant devant la mort. La réalité me semblait récuser toute entreprise esthétique. J'ai vécu quelques mois dans ce silence intérieur. C'était invivable. Je me suis enfin dit qu'il serait bon au moins d'exprimer ce sentiment d'impuissance. À cela s'est alors ajouté cet ingrédient nouveau qui est peut-être ce besoin de tendresse de mes personnages. Je sais que cette tendresse s'exprime d'une manière très maladroite parfois. Mais je suis heureux si, malgré toutes ces nostalgies, la vie gagne. Car je ne voudrais pas qu'on lise ces nouvelles comme des tableaux en noir. Je ne me sens pas du tout désespéré. Je n'étais pas désespéré à l'époque où j'ai écrit ces nouvelles, puisque je cherchais encore quelque chose. On est vraiment désespéré quand on cesse d'attendre quelque chose. Une de mes nouvelles s'intitule: ''Ceux qui attendent''. Ces gens-là attendent peut-être trop mais ils attendent quelque chose. Et tant que l'on attend quelque chose, on peut encore marcher, on peut

vivre. D'ailleurs, si on n'attendait pas, je me demande
où serait la justification de l'existence.»

1981

André Major est né en 1942 à Montréal.
Histoires de déserteurs, romans:
1 L'épouvantail, Éd. du Jour, 1974; Stanké, coll. Québec 10/10, 1980;
2 L'épidémie, Éd. du Jour, 1975; Stanké, coll. Québec 10/10, 1981;
3 Les rescapés, Les Quinze, 1976; Stanké, coll. Québec 10/10, 1981;
La folle d'Elvis, nouvelles, Québec/Amérique, 1981; Stanké, coll. Québec 10/10, 1988;
L'hiver au cœur, récit, XYZ, 1987.

MARILÙ MALLET

Ouvrir une tradition de la différence

Marilù Mallet est heureuse mais en même temps surprise du succès de son film, *Journal inachevé.* Cette œuvre, qui est d'abord une recherche sur le langage féminin,
se situe au carrefour du documentaire et de la fiction: elle
raconte l'exil quotidien de la cinéaste d'origine chilienne
dans son Québec d'adoption.

Il y a dix ans que Marilù Mallet habite le Québec,
où elle a réalisé déjà une dizaine de films et publié un
recueil de nouvelles très remarqué, *Les compagnons de
l'horloge-pointeuse.* Quant à son plus récent film, *Journal inachevé,* ovationné par la critique autant que par le
public, il renouvelle vraiment le langage cinématographique: «Je voulais faire une recherche sur le langage féminin. Créer de nouvelles formes, c'est ce qui m'intéresse,
dit la cinéaste. Personne ne veut plus voir de documentaire. Il faut trouver un ton différent, intime.»

Les langages de l'intime ont été inventés par la
femme, en écriture: la lettre, le journal intime. C'est ce
que Marilù Mallet voulait retrouver dans son film. «Nous
vivons une époque de la confidence, dit-elle. Une époque
d'incommunication. Chacun se referme sur soi.» En fil-
mant, la cinéaste s'est aperçue que sa démarche person-

nelle se confondait à l'image qu'elle avait du Québec. «Je mettais dans le film le Québec qui se referme sur lui, qui se sent opprimé, à la recherche de son identité.»

Comme nous l'a bien enseigné la première génération de féministes: «La vie privée est politique.» C'est ce que voulait exprimer la cinéaste dans un langage féminin. «Je voulais montrer dans le film une façon d'être des femmes, qui sont différentes. Il y a comme une douceur. La tendresse est là. Mais en même temps c'est un film violent. La violence féminine est différente de l'autre. C'est une agression d'une autre forme. Et cette écriture n'a pas été beaucoup travaillée.»

Le langage du *Journal inachevé* se réalise dans une osmose du documentaire et de la fiction, pour nous donner une nouvelle interprétation de la réalité. Et cette réalité, c'est l'exil de la femme.

«Le film réunit tous les exils de la femme, dit Marilù Mallet. Être femme, c'est vivre comme une citoyenne de seconde zone. C'est déjà difficile d'être mère. Être cinéaste, vivre dans le domaine de la création c'est déjà un autre exil. En plus, être Chilienne vivant au Québec, ce serait un autre exil. Toutes ces situations sont dans le film.»

Mais alors quel exil est le plus difficile à vivre? Celui de l'artiste, répond Marilù Mallet:

«Vous savez que les artistes sont masochistes: en même temps qu'ils se plaignent d'être exilés ils se nourrissent de cette situation d'exil. Sans cette contradiction on ne pourrait pas créer. Pour ma part, je ne sais pas si je me sens une «exilée chilienne»: je suis ici déjà depuis dix ans, j'ai pas mal d'amis et je suis impliquée dans cette société. Pour moi, le problème, c'est celui d'être une artiste au Québec. C'est plus difficile que d'être «exilée

chilienne». Je me sens exilée comme tous les artistes québécois. Quand on veut faire quelque chose de nouveau,
ici, on se sent très seul. On ressent parfois un sentiment
d'impuissance, comme si tout était contre la nouveauté.
Cela, c'est pour moi plus dur que l'exil et même les souvenirs de torture. Parce que la vie quotidienne, qui est
la vie présente, est toujours la plus dure et nous fait oublier
les autres vies passées.»

Mais on dirait qu'il y a aussi un exil québécois dans
le *Journal* de Marilù Mallet. Dans une des séquences de
son film, l'artiste parle d'un certain «vide» qui l'étreint.

«C'est étrange: beaucoup de Québécois s'identifient
à cette séquence. Ce serait donc un sentiment très québécois que de sentir ce vide. Ce sentiment, je ne l'avais
jamais ressenti, ni en Amérique latine ni en Europe. Ce
sentiment du vide, je l'ai senti ici. C'est peut-être ça, être
Québécois. Certains pays se reconnaissent dans un sentiment précis. Par exemple, les Allemands ont une angoisse
lourde qu'on appelle ''hangst''. Au Québec, c'est autre
chose. C'est du vide. C'est un sentiment du vide lié à
l'espace, à la solitude, à la neige. On se sent responsable
de soi-même. On n'oserait pas mais on doit l'être. Et on
se sent seul à être responsable de tous nos malheurs. Il
se passe en chacun une sorte de conflit culturel. J'ai beaucoup réfléchi là-dessus. Ce concept d'être responsable de
soi-même est un concept puritain. Pourquoi sent-on le
vide? Parce que finalement, dans la culture catholique,
on voudrait que les autres soient responsables. On voudrait culpabiliser n'importe qui pour ne pas se sentir responsable de soi-même. Mais on nous a colonisés et il faut
devenir responsable de soi-même. De là le malaise. C'est
comme un concept culturel qui ne correspond pas aux
habitants du pays. C'est pour cela qu'il provoque un

sentiment d'oppression. C'est comme si ce peuple voulait se sentir très bien sans trop s'en préoccuper. Quand ça marche mal, on dit que c'est la faute de l'Église et de l'État mais en même temps on ne peut pas le penser parce qu'en principe c'est chacun qui est responsable, selon le concept puritain. Il y a comme un conflit culturel en chaque Québécois.»

Ce «sentiment de vide» n'empêche pas Marilù Mallet d'être heureuse au Québec. «Je n'aurais jamais pu me développer comme cinéaste et écrivain dans un petit pays comme le Chili, en Amérique latine où la condition de la femme est extrêmement difficile. Pour moi, c'était comme une grande bourse de venir ici. Je me sens beaucoup plus à l'aise au Québec et je ne sais pas si je pourrais retourner vivre en Amérique latine. Ce pays me donne les possibilités culturelles de m'exprimer et de faire ce que je veux.»

Du côté littéraire, elle a publié un recueil de nouvelles, *Les compagnons de l'horloge-pointeuse*, où se mélangent l'Amérique latine et le Québec, dans une sorte de réalisme fantastique. «Le livre se passe au Chili et il est écrit à la première personne — comme les Québécois parlent toujours à la première personne. Dans l'écriture, je voudrais continuer à travailler cette sorte de symbiose du Québec et de l'Amérique latine. Par exemple, je prépare un roman: c'est l'histoire d'une femme qui vient de Chicoutimi et qui émigre à Montréal. Pour moi, rencontrer cette femme c'était comme rencontrer un personnage d'Amérique latine. C'était magique. C'était découvrir cette magie ici au Québec. Ce roman, je l'écris en français et dans l'atmosphère du réalisme fantastique.»

Le cinéma, il fascine Marilù Mallet parce qu'il réunit tout: image et son, comme le rêve. C'est l'art du XXe

siècle. Mais au Québec le langage cinématographique est
en crise. «On ne recherche pas assez à renouveler l'écriture du cinéma. On se contente de reproduire les modèles établis. Et l'institution du cinéma n'aide pas le film
de recherche mais celui qui serait rentable. Parfois, je me
demande pourquoi on cherche tellement l'homogénéité.
Est-ce que la société québécoise est une société homogène? Il est venu trois cents familles qui se sont multi-
pliées mais ce n'est plus cela, la société québécoise.
Pourquoi continuer à vouloir que la société québécoise
de 1983 soit si homogène? Aussi, mon film, *Journal inachevé,* est une recherche dans ce sens: ouvrir une tradition de la différence. On est différents mais on est pareils:
on est Québécois. C'est ce qu'il faut avoir à l'esprit. Parce
que la société, elle est changée. Par exemple, si on regarde
plusieurs films québécois, on ne peut pas en distinguer
les auteurs. Le cinéma québécois est très homogène. On
n'y reconnaît pas des personnalités différentes. Je trouve
qu'il y a là une autocensure. Les gens ne se laissent pas
aller. Ils s'autocensurent avant de commencer. Dans ce
sens-là, aussi, *Journal inachevé* est un film très coura-
geux. Il faudrait ouvrir le cinéma à ce qui est nouveau
et différent. Et pour se renouveler, il faut se nourrir différemment. La seule chose à faire c'est aller ailleurs, se
mélanger aux autres, changer d'attitude en face d'une définition trop homogène de la culture québécoise.»

1983

Marilù Mallet est née en 1945 à Santiago du Chili et elle
a émigré au Québec en 1973.
Les compagnons de l'horloge-pointeuse, Québec/Améri-
que, 1981.

CAROLE MASSÉ

Accéder à sa propre voix

Avec la publication de son troisième roman, *Nobody,* Carole Massé semble sortir de son laboratoire pour arriver à sa propre voix. Après deux premières œuvres, *Dieu* et *L'existence,* où la philosophie, la poésie et la théorie portaient le langage, voici qu'avec *Nobody* la narratrice arrive à engendrer ses propres personnages.

Nobody raconte l'histoire d'amour d'un couple à Trois-Rivières en 1939. Ce couple est traqué par une enfant qui endosse différentes identités et se meut dans un temps éclaté, où passé et futur sont vécus dans le présent de l'écriture.

Nobody s'avère aussi une traversée de la langue maternelle, le français, et de la langue paternelle, l'anglais. Car dans ce travail de deuil, Carole Massé veut réinventer son corps et son nom, tout en sachant que l'écriture n'affirmera que sa désappartenance radicale au monde: n'être personne, dit-elle, c'est-à-dire *nobody.*

«J'ai vraiment l'impression de naître à l'écriture, avec ce troisième roman, me dit Carole Massé. Dans l'expérience poétique de *Dieu* et *L'existence,* je me sentais un peu à l'étroit. Le poétique facilite l'accès au théorique. Cela m'intéresse mais en même temps je veux faire des romans. *L'existence* était un livre-limite pour moi. Comme si le fil narratif, pas trop perceptible, m'emmenait à une instance très théorique et abstraite par moments. C'était nécessaire à l'époque où je l'écrivais. C'était une réflexion sur l'écriture, sur le langage et le rapport à l'autre dans la mystique. Mais tout ce travail sur la langue n'était pas appliqué.

«C'est dans un recueil de poésie intitulé *L'autre;* publié en 1984, écrit en même temps que *Nobody,* que l'instance poétique devient vraiment harnachée à un fil narratif qui m'évite de trop théoriser. Au lieu d'une voix impersonnelle que porte la langue de mes deux premiers romans, voici que dans *L'autre* puis dans *Nobody* un sujet s'impose qui porte la langue, qui parle de façon plus tangible.»

Il faut dire en effet que le recueil *L'autre* contient l'intuition du projet d'écriture de Carole Massé. Dans ces proses somptueuses, la réflexion poétique s'allie au fil narratif: «Elle sortait d'un tressaillement des bords qu'on vient de franchir au-delà du vide sans quoi s'effriterait le toucher. Des hommes et des femmes s'en extirpent en coloriant l'invisible qui fuit entre les doigts, en se vêtant de griffes pour percer le masque qui les muselle. Ils s'immobilisent parfois pour entendre l'écho de la préhistoire qui les anime...»

Pour Carole Massé, *Nobody* clôt le cycle du «roman familial» entrepris avec *Dieu* et *L'existence.* Qu'est-ce à dire?

«Jusqu'à *Nobody,* précise-t-elle, mon écriture était prise dans une histoire qui dépasse le sujet et l'englobe, que ce soit l'histoire sociale, politique ou proprement familiale. À travers ces romans, le sujet essaie de se couper de cette histoire ''familiale'' et d'advenir à sa singularité dans l'écriture, de risquer simplement sa voix et rien d'autre. Quand je dis ''familial'', je parle du giron dans lequel on est façonné: non seulement les parents mais la culture environnante. Et j'ai l'impression que je m'en vais de plus en plus vers l'écriture Massé. J'invente, comme tout écrivain dans ses livres invente son écriture et rien d'autre. C'est une rupture d'avec la culture qui m'a portée adolescente, d'avec les livres que j'ai aimés et les références culturelles qui m'ont nourrie. On fait une synthèse, pendant quelques livres, de tout ce qu'on a vécu, de tout ce qu'on a lu, de tout ce qu'on fait. Et tout à coup on arrive à soi, dans un livre qu'on ne peut comparer à rien d'autre.»

Pour arriver à soi, il faut se couper de ses origines. Aussi, la métaphore de la mort de la mère prend beaucoup de place dans l'écriture de Carole Massé.

«Il faut faire le deuil de ses origines, en même temps que lorsqu'on écrit, comme dit Artaud, on redevient sa mère, son père, son fils et soi. En écrivant, on recrée ses propres origines, on devient sa propre mère. Mais ce travail de deuil est toujours douloureux et difficile. Dès l'instant où l'on parle du deuil des origines, on est pris de nostalgie. C'est ce que j'appelle *l'agonie amoureuse.* Sans cette nostalgie des origines, on n'écrirait pas. La culture, cela sert peut-être à faire le deuil monumental des origines en même temps qu'elle se donne elle-même pour origine: comme une mère qu'on aurait fabriquée de toutes pièces. Cela ne va pas sans souffrance. Dans *l'agonie amoureuse* s'inscrit une certaine angoisse d'être au monde. C'est un déchirement à l'origine qui nous a fait parler.»

Dans un essai remarquable, «La femme à l'écritoire», paru dans un collectif dans la revue des *Herbes rouges* intitulé *Qui a peur de l'écrivain?*, Carole Massé explique le prix de la séparation d'avec les origines pour accéder à son cri et à sa propre voix, dans l'écriture même, qui devient un nouveau lieu de naissance: «Car je viens de l'écriture, la seule vraie mère qui m'ait jamais enfantée et abandonnée à retourner sans fin à l'écriture...»

«Plus on écrit, plus on veut écrire, me dit Carole Massé. Plus on écrit pour signifier qu'il y a rupture, plus on écrit pour refaire les liens. Pour moi, l'écriture est quelque chose qui a à voir avec un appel d'amour. Être aimé, aimer. Mais cette communication n'a jamais de réponse. On ne répond pas à un livre. Alors on se sent obligé d'écrire un autre livre. L'appel d'amour ne pourra jamais être comblé. On vit dans la douleur de la rupture initiale avec le Tout ou le Même. Il y a toujours cette nostalgie d'aller au-delà de la séparation: communiquer, communier. Cela est impossible et c'est pourquoi justement on écrit. Si cette communion était possible, on arrêterait d'écrire ou d'être ces producteurs de cinéma, de musique et de danse. On vivrait comme dans l'extase mystique. On se retrouverait dans une sorte de fusion. Mais si tu n'es pas croyante, tu ne peux pas vivre ce fantasme-là. J'ai l'impression que la seule chose qui nous reste c'est, momentanément, de faire l'expérience en écrivant du désir fusionnel tout en sachant qu'il est impossible.

«Le paradis perdu, il est derrière nous et non devant. Il n'est pas dans la religion ni dans l'idéologie. On sait que le paradis est nulle part. Surtout après la faillite des idéologies. On a bien vu que le paradis n'est pas au bout de la révolution marxiste. Le paradis perdu, c'est quand on était dans le ventre de notre mère. C'est perdu à jamais. On accède au symbolique par cette séparation du corps à corps avec la mère. Accéder au langage, c'est avoir

accès à la société. Cela coûte le prix: on découvre que
le monde n'est pas aussi transparent qu'on le croit, ni aussi
beau, doux et tendre qu'on l'espérait.»

Pour Carole Massé, chacun porte le bien et le mal
et personne ne peut échapper à ses contradictions. Il faut
les assumer, pour ne pas tomber dans le dogmatisme, pour
ne pas refouler sa souffrance. Car c'est elle qui ressort
de nos jours sous la forme de la violence absolue et de
l'intolérance. Il est très facile de ne trouver dans l'autre
que le mal, si l'on croit ne porter que le bien.

L'écriture nous aide à assumer notre souffrance mais
n'a pas à être sacralisée pour autant. Elle fait partie, avec
bien d'autres activités, de l'expérience de la créativité,
c'est-à-dire d'une façon d'être au monde qui est créatrice
et non négatrice. L'écriture est aussi une expérience strictement personnelle.

«Ce qui est important pour moi dans l'écriture, ajoute
Carole Massé, c'est l'affirmation du droit de chacun de
faire l'expérience qu'il veut. Je ne crois pas aux groupes
littéraires ni aux écoles. Je ne crois pas à la pensée de
groupe qui déterminerait un modèle d'écriture à suivre.
Il est important que chaque sujet advienne à sa voix, à
son cri. Quand on y arrive, il n'y a pas une morale, pas
une idéologie qui peut ou qui doit censurer cette voix-là
au nom de quoi que ce soit. On advient à sa voix en faisant fi de certains consensus, de certaines modes, de certaines facilités à se retrouver dans un groupe. Écrire, c'est
fondamentalement un acte solitaire, d'autant plus quand
on est une femme et qu'on pourrait craindre de signifier
cette radicale solitude à cause d'une dette inconsciente à
l'idéologie féministe.

«Dans les années soixante-quinze, c'était difficile
d'être femme-écrivain sans être interpellée par l'idéolo-

gie féministe. Mais actuellement, en 1986, avec l'expérience d'écriture où j'arrive, je sens de plus en plus que je parle en mon nom propre. Quand je dis «en mon nom propre», ce n'est pas pour dénier l'instance sociale qui m'a faite telle que je suis, mais c'est pour dire qu'en contrecoup j'agis, moi aussi. Je ne suis pas le reflet uniquement passif de ma société. Ni en tant que petite bourgeoise, ni en tant que femme. Dans mon écriture, j'essaie de renverser les déterminismes qui m'ont fait souffrir. J'essaie de renverser une certaine forme de censure qui m'avait jusque-là limitée dans ma parole, dans ma voix ou ma pensée.

«C'est pourquoi je dis que l'écriture, c'est un acte radicalement solitaire. On écrit justement dans cette tentative de lever toute censure contre la voix de son désir.»

1986

Carole Massé (Hébert) est née en 1949 à Montréal.
Dieu, Les Herbes rouges, 1979;
L'existence, Les Herbes rouges, 1983;
Nobody, Les Herbes rouges, 1985.

FRANCINE NOËL

Dans le Montréal des années quatre-vingt

Le succès de Francine Noël lui vient directement de son public. L'institution, de son côté, a boudé jusqu'à ce jour la popularité de *Maryse* et de *Myriam première*. C'est-à-dire qu'aucun prix n'est encore venu confirmer la nouvelle présence littéraire d'une romancière qui s'est fait une réputation dès son premier livre.

Aujourd'hui, le public qui a aimé *Maryse* a déjà fait un autre best-seller de *Myriam première*: près de douze mille exemplaires vendus depuis sa parution.

Le roman raconte la vie, sur le plateau Mont-Royal et dans le monde du théâtre, d'une dizaine de personnages dont Myriam, sept ans, sa mère Marité et son *chum*, François Ladouceur, ainsi que tantes Maryse et Marie-Lyre, sans oublier les grands-mères, Alice, la rurale, et Blanche, l'urbaine. Voilà tout un monde peuplé d'émotions et de sensations au présent pour l'apprentissage de Myriam première. Toute une époque aussi, celle des années quatre-vingt, celle d'un Québec incertain, mais résolument moderne et postféministe.

Ce livre, qui emprunte à notre société ses façons de vivre et de parler, est une sorte de chant d'amour pour Montréal en même temps qu'il s'inscrit dans une nouvelle tradition littéraire québécoise initiée par une génération de femmes âgées de trente et quarante ans.

«Oui, j'ai l'impression d'appartenir à une certaine ''consœurerie'', me dit Francine Noël. La littérature écrite par des femmes, cela fait partie des résultats du féminisme. C'est-à-dire qu'il y a désormais possibilité d'entendre un discours fait par des femmes et qui s'adresse à tout le monde. Un discours vraiment moderne qui prend sa place à côté du discours des hommes qu'il ne faut cependant pas évacuer.»

Car Francine Noël ne se cache pas d'avoir aussi des modèles mâles. «Je prends mes modèles où ils sont, au Québec et ailleurs.» Le féminisme ne l'a pas convaincue de tout jeter par-dessus bord. «On allait rejeter toute la culture mais on ne peut pas tout réinventer. Cette culture qu'on a décriée, c'est aussi nous, les femmes, qui l'avons faite et transmise.»

Parmi les modèles mâles de Francine Noël, on retrouve Rabelais et Beckett mais aussi San Antonio, Boris Vian et Queneau, ces écrivains qui vont chercher du côté de l'oral et de l'invention verbale. Car l'auteur de *Maryse* et de *Myriam première* aime explorer les niveaux de langage et les familiarités du parler quotidien.

«J'utilise différents jargons mais j'essaie quand même de rester lisible. J'aime aller du côté de l'oralité — c'est un de mes plaisirs d'écrire — mais tout en respectant le fait que le français est une langue différente selon qu'on l'écrit ou qu'on la parle. Il faut maintenir la séparation des codes mais il ne faut pas que la langue écrite devienne quelque chose de complètement coupé de la parole, qui est première.»

Francine Noël a bien l'impression de faire partie d'une littérature vivante et comparable à d'autres. «Et si

on me reproche d'écrire des romans qui se passent à Montréal, je vais répondre que c'est normal et que toute littérature d'envergure internationale se doit d'abord d'être
incarnée. Montréal, c'est mon lieu. Pour moi, c'est une
ville assez importante pour être sur la carte.»

La romancière n'a pas peur de s'affirmer comme
Québécoise, même après l'échec du référendum de 1980.
«Je suis restée séparatiste mais la question nationale
devient douloureuse. Le problème du Québec sera toujours celui que Denys Arcand a décrit dans son film *Le
confort et l'indifférence*. Ici, on n'est pas des gens affa-
més et l'injustice n'est pas criante. Il s'agit plutôt de petites
violences, de petites vexations quotidiennes. Finalement,
les révolutions se font dans le sang et les séparations dans
la douleur, ce qui n'a rien à voir avec notre situation. On
ne peut pas faire la comparaison entre le Québec et le
Liban, la Palestine ou l'Afrique du Sud. Ce qui ne veut
pas dire que les Québécois n'ont pas une lutte à faire.

«Les Québécois ressemblent beaucoup plus aux Cata-
lans, aux Bretons ou peut-être aux Occitans, qui ont été
complètement bouffés par ''l'autre'' culture. Le Québec
ressemble surtout à la Calalogne, qui a fait une sorte
d'entente avec le reste de l'Espagne et qui est la partie
la plus riche du pays. Mais je pense qu'il y aura toujours
un fond de résistance catalane.

«Au Québec, un certain discours a été mis en berne
au début des années quatre-vingt mais on ne peut pas indéfiniment faire semblant de rien et penser que les choses
vont se replacer peu à peu. Il faut continuer de défendre
cette culture qui est la nôtre, qui est unique. C'est une
question de vigilance, puisqu'on baigne dans le contexte
nord-américain. Je trouve navrant le recul actuel sur des
questions comme celle de la langue. Surtout que nous

souffrons, comme partout dans le monde, du débalance-
ment de l'immigration.

    «Je trouve aussi très important que les Québécois aient
une image positive d'eux-mêmes. Moi, j'ai horreur des
intellectuels ou des artistes qui crachent sur nos propres
productions culturelles. S'ils peuvent produire ici, au Québec, c'est que d'autres l'ont fait avant eux. Je ne peux
pas supporter les gens qui crachent sur leur propre eth-
nie. J'ai déjà lu des lettres ouvertes aux journaux où des
gens disaient qu'il était impossible pour un intellectuel
de vivre au Québec! Qui est-on pour prétendre cela? Je
leur dirais d'essayer la Russie, ou même la France avec
son petit système hiérarchique de castes, où la mesquine-
rie se fait à une échelle beaucoup plus considérable que
celle que je vois au Québec.

    «Cela dit, je suis bien consciente que le manifeste
Refus global n'a pas été écrit il y a si longtemps, que nous
sommes nés d'anciens colonisés et que nous ne sommes
pas si loin de la nappe à carreaux et des cuillers! Mais
le Québec ce n'est quand même pas seulement cela, le
Québec c'est aussi un État moderne. C'est pourquoi j'ai
voulu écrire mon roman *Myriam première* au présent et
dans un esprit qui fait voir qu'il existe ici une continuité
dans la transmission de notre culture. Nous avons notre
façon à nous d'être au monde.»

                                                    1988

Francine Noël est née en 1945 à Montréal.
Maryse, théâtre, VLB Éditeur, 1983;
Chandeleur, théâtre, VLB Éditeur, 1985;
Myriam première, VLB Éditeur, 1987.

ÉMILE OLLIVIER

«Ne touchez pas à notre joie, elle est fragile»

Québécois le jour (sociologue à l'Université de Montréal) et Haïtien la nuit (romancier remarquable), Émile Ollivier se présente comme un «schizophrène heureux» dont l'existence dévoile l'essence. «Je n'ai jamais été autant Haïtien que depuis mon installation au Québec», dit-il.

C'était en 1965. Il avait vingt-cinq ans. Il tombait des hallebardes sur son pays: le rapt, la torture, la prison, la mort blanche. La dictature de Duvalier laminait à fond de train la conscience nationale haïtienne, déjà meurtrie depuis les origines. L'exil alors était un abri. Il devint un migrant, sans frontière entre Port-au-Prince, l'Abitibi et Montréal.

«Depuis, je me regarde vivre: deux tonalités qui parfois cheminent parallèlement, d'autres fois s'enchevêtrent et même s'harmonisent. Un rythme diurne, trépidant, saccadé, aux résonances de verre, de béton et d'acier; un rythme nocturne, sourd, obsédant, retentissant de bruit de tambour, d'ululement de chouettes, de stridence de cigales.»

C'est le romancier qui parle. Depuis deux livres seulement, il est devenu un des plus grands romanciers de langue française, écrivant au Québec et publiant à Paris chez Albin Michel. *Mère-solitude* l'avait révélé en 1983. *La discorde à cent voix,* qui vient de paraître, le confirme comme un grand écrivain, même s'il ne vit pas à Paris et ne fait pas partie des mondanités, des jeux littéraires et des prix de la rentrée.

Émile Ollivier avait abordé la fiction avec un premier livre publié à Montréal chez Pierre Tisseyre en 1977, *Paysage de l'aveugle* où, avec deux nouvelles en contrepoint, l'écrivain cherchait à faire se rejoindre deux lieux qui ressemblent à Port-au-Prince et à Montréal. Puis dans *Mère-solitude,* le romancier se met à la recherche de son pays à travers le silence des Haïtiens. Il dresse un tableau pathétique de l'existence de son peuple. La quête de l'écrivain ressemble à celle de son personnage, Narcès Morelli, dernier rejeton d'une illustre famille créole de Trou-Bordet (ancien nom de Port-au-Prince), qui retrace l'épopée familiale et les circonstances qui ont entouré l'exécution publique de sa mère Noémie.

Dans *La discorde à cent voix,* l'histoire est plutôt joyeuse. Quatre adolescents, assis sur un muret, l'été, contemplent le spectacle à la fois réel et fantastique, tragique et loufoque qui se joue entre deux êtres: l'inoubliable Diogène Artheau, en profond désaccord avec le genre humain en général et sa femme Céleste en particulier, et Carmelle Anselme, la veuve partagée entre l'amour de Denys, le fils prodigue (une sorte de Dyonysos qui revient pour jeter le trouble) et la rancœur de sa fille Clairzulie. Émile Ollivier nous introduit dans la province haïtienne où des adolescents s'initient au spectacle de la vie.

En fait, Émile Ollivier n'est pas le romancier de la carte postale haïtienne. Loin du pittoresque et du regard touristique, il nous dit, au contraire, dans des livres qui rejoignent l'humanité universelle: «Ne touchez pas à notre joie, elle est fragile.»

Émile Ollivier est bien cet «optimiste tragique», qui appartient à la famille des plus grands écrivains de notre monde. Devenu romancier en parcourant la mémoire haïtienne, le voici, dans ce deuxième roman, maîtrisant l'apprentissage de la haine comme envers de l'amour. Et ce, dans la plus pure joie littéraire des grands écrivains lyriques.

L'homme, rieur, superbement intelligent, apparaît comme le dernier des aristocrates haïtiens, ainsi que l'a bien qualifié son compatriote Danny Laferrière. Pour Émile Ollivier, migrer n'est pas forcément la catastrophe. Il ne correspond pas à l'image d'Épinal de la «migrance» où l'on dirait que migrer c'est déchoir. Non. D'ailleurs, dans un cahier spécial du quotidien *Le Devoir* (édition du 5 novembre 1983), à l'invitation du journaliste Clément Trudel, l'écrivain avait raconté son cheminement:

«Il y a un ''bon usage'' à faire de l'exil, comme schizophrénie. L'exil, s'il est une amertume insoutenable, une coupure radicale d'avec soi, sa terre et ses racines, dans sa divalence, il est aussi l'occasion d'une prise de distance, d'une profonde révision de soi. L'exil n'est pas que malheur et malédiction, il est aussi espace de liberté, élargissement de l'horizon mental; il met en modernité. Je sais. Le frayage est difficile. Mais au Québec — j'affirme cela comme un combat à mener, si incertain qu'il puisse paraître — il est possible de défendre la cause de l'homme d'ici et de là-bas. Cela me semble d'autant plus plausible que le caractère multiethnique de la société québécoise éclate au grand jour. Que j'annonce l'avènement d'un nouveau modèle d'êtres humains décloisonnés!»

Aujourd'hui, Émile Ollivier admet que l'écriture a d'abord été pour lui une lutte contre l'oubli. Mais cela ne veut pas dire pour autant que son œuvre se situe dans cet espace nostalgique. «Je ne voulais surtout pas faire une œuvre exotique ou folklorique, me dit-il, mais plutôt m'enraciner dans un lieu, la capitale puis la province haïtienne, et dans ce lieu essayer d'habiter la planète. Où j'habite, c'est le lieu de l'homme. Mon ami le poète congolais Tchicaya U Tam'Si m'a dit un jour: ''Mon vieux, je pourrais vivre en Laponie ou en Patagonie, parce que le projet de l'homme est unitaire. C'est Dieu qui a mis le bordel à Babel!'' Il a raison. Il faut repenser notre rapport à l'espace. Si je vis à Port-au-Prince, je suis à quatre heures de Montréal mais celui qui vit à Cap-Haïtien est aussi à quatre heures de chez moi. On participe du même monde, sauf que ce sont les moyens de communications qui changent. L'écriture devrait pouvoir rompre avec le modèle de l'homme enfermé, ''clôturé''. Comme écrivain, j'essaie de promouvoir un modèle d'homme décloisonné.»

Comme romancier, Émile Ollivier fait partie de la grande famille du baroque. Son œuvre voisine la littérature latino-américaine comme la littérature québécoise. «La littérature universelle est là comme un immense jeu de cartes qu'on peut brasser à l'infini pour avoir une bonne nouvelle, dit-il. Tout écrivain est un voleur de mots et je m'inspire beaucoup de cette littérature universelle. Bien sûr, l'imaginaire latino-américain est plus proche de ma sensibilité et de mes réalités d'Antillais. Je participe à l'immense brassage de populations et de cultures qu'on peut retrouver du Sud des États-Unis jusqu'au Chili, jusqu'à la Terre de Feu.»

«J'ai trouvé mon compte dans les deux courants de la littérature latino-américaine. Celui du réalisme dans ses diverses versions dont la fine fleur pourrait être Carlos Fuentes ou Garcia Marquez. Celui du fantastique dont la fine fleur serait Borges et, d'une certaine façon, Cortazar. Le réalisme merveilleux dont parle Alejo Carpentier, l'écrivain cubain à côté d'Haïti, je le trouve traînant dans les rues quand je retourne à Port-au-Prince. Cet investissement, à chaque mot, de l'imaginaire dans les réalités les plus concrètes, ce sont des choses qui me sont familières. En Haïti, les gens parlent toujours à différents niveaux et dans la pluralité des voix.

«L'espace vaudou est un bel exemple d'espace polyphonique. Non seulement par la présence du chœur qui rappelle le chœur antique ou par les rites de la cérémonie mais aussi par cet espace physique du vaudou, qui est à la fois un temple, un hôpital et une place pour les loisirs. Tout cela fusionné autour et au cœur de la question religieuse. Car la religion n'est pas seulement ''l'opium du peuple''. La religion peut être aussi le lieu de la plus grande résistance et de la plus grande libération, comme dans l'espace ''vaudouesque'' en Haïti!

«C'était donc tout à fait naturel que, comme écrivain, j'aille regarder du côté latino-américain plutôt que du côté de la logique froide, raisonnante et abstraite des Français, par exemple. Encore que le roman français m'a apporté une manière de conter qui s'apprend dans les œuvres du Nouveau roman, de Robbe-Grillet ou Butor, dont la construction réussit un renouvellement de la forme romanesque.

«Quant à mon frayage avec les Québécois, je dirais que là aussi j'ai fait mes classes. Le renouvellement formel peut me venir d'un texte de Jacques Godbout comme

Les têtes à Papineau, où je retrouve une façon de visiter de nouvelles formes de culture et de nouvelles manières de raconter. Je suis très touché aussi par la langue, le rythme et la musicalité d'un roman comme *Les fous de bassan* d'Anne Hébert. Je suis intéressé par le réalisme des ''Chroniques du Mont-Royal'' de Michel Tremblay.

«Il y a un ensemble de littératures à notre disposition qui sont comme un jeu de cartes. Depuis quelque temps, je regarde du côté des Japonais et des Chinois. C'est immense!»

À travers ces parentés, Émile Ollivier fait percer sa voix personnelle, sa «petite musique», d'un lyrisme débordant qui veut ressembler à de la joie pure. Il n'écrit pas pour convaincre mais pour séduire. Il n'écrit pas pour la politique mais pour la littérature.

«La joie littéraire, c'est mon obsession. Je viens d'une culture où la littérature est toujours en porte-à-faux. Avec nos devanciers, comme les frères Alexis, on a toujours l'impression que l'écrivain était coincé dans une sorte de commande sociale. Il ne faisait pas de littérature. Ce qui était important pour lui, c'était de montrer au peuple le chemin de sa libération. On dirait que dans un pays où les sciences sociales ont été en déficit, la littérature a comblé l'écart.

«Moi, je pense qu'il faut rompre avec cette tradition pour écrire de la littérature. Si on veut révolutionner le social, on ne fait pas de littérature, on fait autre chose. Par contre, si on veut fournir au lecteur une sorte de divertissement, il faut accéder au plaisir du texte. Ce divertissement dont je parle n'est pas futile. Si la littérature est un jeu, elle reste l'activité la plus sérieuse au monde. Comme, pour l'enfant, jouer n'est pas jouer. Allez donc dire à un enfant qui joue s'il peut dire les choses autrement!

«Dans *Mère-solitude*, j'avais l'impression d'avoir poussé un immense cri de désespérance, dans une situation qui était elle-même une impasse. Avec *La discorde à cent voix*, j'ai l'impression que je jette du lest. J'ai eu envie de jouer, de me divertir, et en même temps d'essayer de donner au lecteur éventuel le même plaisir du texte. Je crois que dans la mesure où chaque génération d'écrivains se doit de faire avancer cette chose-là d'un petit pas, j'essaierais de faire avancer modestement cette littérature qui est engoncée dans une problématique qui relève davantage des sciences sociales que de la littérature. Cela dit, je ne tombe pas pour autant dans un jeu gratuit et formel de l'art pour l'art.

«Je crois que la littérature a pour tâche de dévoiler plusieurs niveau de signification. J'essaye autant que possible d'écrire des textes qui se prêtent à ces différents niveaux. C'est-à-dire que plus le lecteur est cultivé, plus il y a des possibilités de décodage, plus il peut investir et pénétrer un peu plus profondément dans le texte. Ou alors, il peut simplement se contenter d'une histoire qui se passe sur le devant de la scène.»

1986

Émile Ollivier est né en 1940 en Haïti et vit au Québec depuis 1965.
Paysage de l'aveugle, CLF, 1977;
Mère-solitude, Albin Michel, 1983;
La discorde à cent voix, Albin Michel, 1986.

MADELEINE OUELLETTE-MICHALSKA

Faire circuler le féminin

Entre nous la tendresse qui tisse cet entretien. Entre les rires et les sanglots de Madeleine Ouellette-Michalska se parle une vie difficile de femme devenue écrivaine. De la pauvreté de l'enfance non scolarisée à la fréquentation de l'université après le mariage seulement. Du silence à l'écriture et de la vie de famille à la publication des livres. La femme n'a pas toujours choisi ses chemins. Mais voici qu'aujourd'hui le féminin circule en questionnant l'histoire des pères. Voici un essai remarquable: *L'échappée des discours de l'œil.* Voici un livre fort, original où l'érudition, l'ironie et le lyrisme s'allient pour déconstruire le discours du masculin exclusif. Madeleine Ouellette-Michalska interroge l'histoire patriarcale à travers les mythes, la philosophie, la psychanalyse, l'anthropologie et la littérature. Voici que s'entreprend une archéologie de l'écriture.

«L'écriture a d'abord été pour moi une expérience de lecture. J'avais sept ou huit ans. L'été. Le dimanche. J'allais m'asseoir dans l'herbe près des buissons ou d'une talle de fougères avec mon livre, ma merveille. Il se passait alors quelque chose d'extraordinaire, de lumineux. Comme une sorte de mariage des mots et de l'environne-

ment. J'entendais respirer l'herbe. Je me réservais cette
fête du dimanche après-midi. Toute seule. J'étais heureuse
de l'être. Je ne voulais partager cela avec personne.
J'allais lire comme à une fête. Et tous ces mots, ce monde,
cette terre qui m'environnaient me traversaient dans une
sorte de luminosité extraordinaire. C'était l'osmose avec
la terre, l'herbe et le soleil, avec les fleurs sauvages.

«Et quand j'écris, il y a toujours pour moi cette notion
de fête solitaire et d'osmose. Quand j'écris du roman surtout. C'est ce qui me tente dans l'écriture, ce qui me bou-
leverse et m'attire: cette fusion avec la matière, le vivant.
Une sorte d'alchimie intérieure qui fait que je reçois le
monde qui vient en moi. Non pas à moi mais en moi. Ce
rendez-vous ressemble à la rencontre amoureuse. On
reçoit l'autre en soi. L'autre avec sa mémoire, ses passions, ses pulsions. Avec ses mots aussi, avec son langage et son silence. Il y a cette rencontre extraordinaire
qui te déporte on ne sait pas où.

«D'autre part, je suis convaincue qu'on travaille, non
pas seulement avec sa mémoire cérébrale, mais aussi du
fond de la mémoire des autres. Du fond des amours des
autres. Quand j'écris, il y a mon père, ma mère, qui parlent par moi, qui parlent par mes mots. Et il n'y a pas
qu'eux. Il y a des généalogies qu'on ne peut plus nommer. Une mémoire très lointaine nous rejoint.

«Par ailleurs, je dis que l'écriture, c'est la rencontre
amoureuse: dans la fusion mais parfois aussi dans l'affron-
tement et dans le silence. Dans la perte aussi, dans le deuil.
Dans l'écriture, il y a toutes ces mutilations anciennes.
Il y a tous les dons, tous les deuils qu'on a faits, à commencer par le deuil de soi, de certains rêves.

«Dans les meilleurs moments — et cela se passe quand
j'écris de la fiction — l'écriture, pour moi, c'est comme

un accouchement. C'est quelque chose d'aussi animal,
d'aussi involontaire en même temps que spirituel. Le premier jet, c'est comme la pulsion de l'accouchement. C'est
extrêmement comblant. Parfois, c'est un peu troublant,
ça nous fait toucher des seuils... Chaque fois que j'ai
accouché j'avais une peur terrible de la mort au moment
même où les forces de création entraient en jeu, c'est-
à-dire cinq à six heures avant l'accouchement. Cette terreur était très près de la mort et je ne l'ai jamais ressentie
à un autre moment de la vie. Quand j'écris, c'est la même
chose. Une fois la page pleine, j'ai comme un sentiment
euphorique de délivrance. Pas une délivrance de la douleur mais de la surabondance de vie qui devrait être là
et qui s'y trouve. Il y a là aussi un sentiment de purifica-
tion, de renaissance, de remise à neuf. Dans le premier
jet, on se remet à jour: dans le sens qu'on se redonne la
vie.

— *Écrire n'est pas pour la femme une quête
d'origine...*

— Surtout pas. Je ne pense pas que la femme soit
jamais à la recherche de l'origine. Au contraire. Nous,
les femmes, il faut plutôt nous éloigner de l'origine.
D'abord, parce que l'évidence de l'origine, nous l'avons.
Analogiquement, par la grossesse, ou sachant qu'on est
née du ventre d'une autre femme, ou sachant qu'on pourrait donner naissance à un enfant. Le problème de l'origine, ça ne se pose pas pour nous. C'est plutôt un piège
dont il faut s'échapper, si on veut créer.

«La quête d'origine, c'est surtout pour les hommes,
je pense. L'écriture, c'est peut-être pour eux une médiation qui les amène à quelque chose de matriciel, à ce qui
a été le premier lieu de vie.

«Parce que la femme, perçue comme origine, c'est la balise placée sur le parcours d'une certaine civilisation occidentale patriarcale qui est la nôtre. Cette civilisation a un peu écarté la femme pour ne garder que la mère procréatrice, indicatrice d'origine. Et cette mère, on ne lui a pas donné la parole. Il n'y a pas beaucoup de traces de la culture des femmes. Alors, je pense que l'homme a besoin de se chercher des balises de l'élément féminin qui est en lui et qui a été occulté. Et il cherche dans la mère. En ce sens, l'écriture est peut-être la médiation privilégiée pour le ramener à l'origine.

«Pour la femme, c'est l'inverse. Il faut se décoller de l'origine. Moi, il faut d'abord que je me mette dans la capacité physique, matérielle et concrète d'écrire. C'est-à-dire qu'il me faut échapper à mon rôle de mère, à mon rôle d'épouse, à mon rôle instrumental de femme nourricière, de femme disponible à l'usage quotidien de l'entretien domestique qui, à l'échelle sociale, est l'entretien de la civilisation dans son ensemble. C'est échapper à cela d'abord, me permettre d'écrire. Et m'accorder ensuite cette jouissance fusionnelle, cette possibilité de fusion ailleurs que dans la rencontre amoureuse, ailleurs que dans la procréation biologique.

— *Justement, dans votre roman* Le plat de lentilles, *on demande à Nadine d'avoir un enfant à tout prix. Elle, veut peindre. Et pour finir par assumer son besoin de création, elle doit passer par la folie et la tentation du suicide. Il semble que l'écriture de ce roman soit particulièrement importante pour vous.*

— Pour la première fois, dans ce livre, j'ai utilisé un je qui finissait par me représenter moi. Avant, j'utilisais des je qui étaient l'image que les autres avaient de moi. En écrivant *Le plat de lentilles,* je me suis posée l'interrogation moi-même. Pourquoi je m'étais cachée pendant tant d'années pour écrire? Pourquoi je trouvais normal qu'en aimant les livres je n'avais pas pu fréquenter l'école primaire ou secondaire? Pourquoi ensuite j'avais endossé le triple horaire: travail extérieur, enseignement et journalisme, mise au monde et éducation des enfants, en montrant toujours le visage de la femme parfaite, de la mère parfaite, sans aucune faille? Comme si j'avais tellement intériorisé les interdits sociaux et familiaux qu'au fond je m'interdisais d'écrire. Encore aujourd'hui, je me le permets à peine. Comme femme je devrais pouvoir écrire. Mais le dressage a été si bien fait qu'il s'est produit un effacement progressif de mon être-femme. Qui cependant est réapparu en écrivant *Le plat de lentilles*. Mais ce livre a été extrêmement difficile à écrire. Il a exigé un prix énorme. C'est après l'avoir écrit que je me suis dit qu'il fallait éclaircir ce problème de la femme face à l'écriture. Je me suis posé la question de l'effacement de la femme dans tous les systèmes d'expression, particulièrement dans les systèmes d'écritures. Je me suis demandé d'où vient l'écriture, très concrètement. Pourquoi on écrit? Qui écrit quand on écrit?

«C'est pourquoi mon essai *L'échappée des discours de l'œil* fait un peu l'archéologie de l'écriture. J'explore d'abord les mythes anciens, où la vie commence à s'élaborer, où une parole commence à distribuer l'ordonnance des gestes quotidiens et des rôles. Et je remonte très loin dans le temps. Je vois que lorsque la parole n'était que parole, avant d'être figée sur un support durable, les rôles sociaux étaient plus mouvants. Et je me rends compte que ce qui a fait problème très tôt c'est la procréation des femmes. Quand la parole faisait loi, par le mythe qui se répète de génération en génération, le gros problème était justement celui de l'origine de la vie. Et face à cela, les hommes, déjà, en société primitive, étaient très démunis. Ils le sont restés.

«Démunis parce que c'était effrayant de voir la femme avec un tel potentiel de vie, une vie qui était précieuse dans les civilisations d'avant la machine où la main-d'œuvre était humaine, dans les civilisations aussi où les rapports avec la nature étaient assez magiques. On ne comprenait pas la nature. Alors, la femme effrayait. Il fallait mater ce pouvoir social de la capacité d'enfanter. Parce que la femme aurait pu accaparer la force de travail et l'utiliser pour former des clans autonomes. Devant cela, l'homme, qui n'a pas le pouvoir biologique de donner la vie, a eu probablement un besoin compensatoire de maîtrise du monde et de la nature, un besoin de théoriser et de contrôler l'origine.

«Le réglage des corps s'est fait par le réglage des discours. La société a d'abord intenté des rituels pour tenter de contrôler la procréation et la sexualité d'où semble venir l'origine très charnelle de la vie. Après coup arrivent les systèmes conceptuels de la philosophie. Avec Socrate et Platon, c'est le règne de l'Un et du masculin. Avant eux, l'origine était mobile, il y avait des éléments féminins. Mais la philosophie a progressivement éliminé le rôle du féminin.

«Le réglage de l'œil s'est fait ensuite dans une vision du monde qu'on a développée, imposée et propagée par des discours. Pour tenter de saisir et de contrôler ce qui ne pouvait pas être perçu par l'œil de cette origine dont la femme semblait détenir l'exclusivité biologique. Et la majeure partie du contrôle social se fait par l'écriture, par tous les discours. Par exemple, le discours psychanalytique, qui est un des plus oppressants à l'heure actuelle malgré ses aspects libérateurs. Il a traversé la littérature et le discours médical, gynécologique, obstétrique. Il a traversé tous les discours de la science, en somme, mais plus spécialement ceux dits des sciences humaines, qui étaient plus en rapport avec l'origine globale de la vie.

«Les discours de l'œil se réfèrent aussi à cette nécrose sensorielle développée par les civilisations: vouloir tout saisir de la réalité du monde par l'œil seulement et de façon positiviste: si je vois cela existe. Notre civilisation occidentale n'a pas tenu compte des autres sens, qui étaient restés si vibrants dans les sociétés primitives. Pour nous, c'est l'œil qui est constamment présent et dit ce qui existe ou pas. En littérature, il suffit de lire les textes des premières décennies de ce siècle pour s'en rendre compte. Même chez les surréalistes, qui avaient promis l'abolition de tous ces rôles sociaux et qui avaient parlé de l'homme nouveau et de la femme nouvelle. Eh bien! Il n'y a pas plus voyeur qu'un surréaliste!

«Il n'est pas facile alors de s'échapper de ces discours de l'œil. Ni pour l'homme, ni pour la femme. Nous, les femmes, nous avons été dressées à devenir l'objet de vision. La femme, dans ces discours, était l'objet de vision, définie, décrite, célébrée, chantée, comme métaphore, comme produit de l'œil. Nous avons été dressées à devenir des êtres d'apparence. Aussi bien dans le domaine érotique, social ou quotidien. Être ce que l'autre attend de nous.

«Pour parler d'une vraie femme, on dit qu'elle est femme/femme. On sent le besoin de la désigner deux fois femme. Comme si cela n'allait pas de soi. Est-ce qu'on dit d'un vrai homme que c'est un homme/homme? Pour la femme, il faut toujours apporter un supplément de féminité dès qu'on sort de son rôle de mère, dès qu'on sort de la métaphore, qui a nourri la poésie. C'est peut-être pourquoi c'est difficile pour les femmes d'écrire de la poésie.

«Moi, j'ai d'abord été empêchée d'écrire de la poésie, barrée par le discours de l'autre, au niveau de l'enseignement littéraire. Les premiers poètes que j'ai connus, c'étaient Alain Grandbois, Jean-Guy Pilon et Fernand Ouellette. Et je les ai défiés. Il y avait Anne Hébert aussi. Je ne la plaçais pas parmi les dieux. Elle était à part. Anne Hébert était pour moi une sorte d'enfant chercheuse qui butait sur des portes et qui devait traverser justement le tombeau des rois — des dieux — pour arriver à trouver sa parole. C'était comme une enfant blessée. Mais je ne m'identifiais pas à elle non plus. Quant aux hommes poètes, ils étaient des superdieux, pour moi. Je m'imaginais alors que la poésie était un langage de dieux. Qu'il ne fallait pas y toucher. Mais après avoir fait deux ou trois romans, j'avais envie d'écrire de la poésie. J'y ai touché. J'en ai écrit en ayant très peur, avec un sentiment d'effraction d'un langage suprahumain.

«J'ai montré ces pages à un de ces poètes-dieux. Il m'a dit: ''T'es romancière mais tu ne seras jamais poète. Oublie ça. La poésie, c'est pas pour toi!'' Alors moi, bonne petite fille, bien dressée à l'obéissance aux discours, j'ai mis ma poésie de côté.

«Trois ou quatre ans plus tard, l'été passé, j'ai eu envie de faire quelque chose qui ressemblerait à de la poésie. J'avais cessé de voir la poésie comme un langage des dieux. J'avais commencé à penser que comme femme c'était possible d'écrire de la poésie mais cela m'effrayait toujours. Alors, assise dans l'herbe, sous un pommier, ça a été l'euphorie. J'ai repris quelques anciens poèmes. J'en ai fait d'autres. Beaucoup. C'était l'extase. Un jet

continu. C'était moi, brin d'herbe. Moi, collée à la terre.
Moi, pommier. Moi, l'air. J'étais dans un grand bain
osmotique et c'était le bonheur. Non pas un bonheur trans-
cendantal mais un bonheur très charnel. Le plaisir de
l'écriture, pour moi, c'est la fusion. Dès que je m'en
écarte je souffre. Et j'ai montré ces pages à un ami. Il
les a trouvées pleines de poésie. Avec pédagogie, il m'a
montré où était mon poème. J'ai compris que la poésie
n'était pas affaire de dieux. Les humains, les humaines
pouvaient faire, écrire de la poésie.

«Il faut prendre ses distances de la métaphore. En poésie tout particulièrement, la femme a été la métaphore du
poète, comme la terre, instrumentalisée. Alors, il faut
récupérer son corps de mots et récupérer son corps de
chair pour s'installer dans le langage. C'est une opération constante de reconstruction, de réunification de soi
par l'écriture. Écrire est expérience de fusion mais aussi
expérience de réunification. Aller chercher tous les lam-
beaux dispersés que chacun a voulu utiliser d'une manière
absolument instrumentale et tout ramener à soi.

— *Dans* L'échappée des discours de l'œil, *vous écrivez:* «*Je crois qu'il n'y a de viables que les cités mixtes
du corps et de l'esprit. [...] J'essaie de faire circuler du
féminin.*» *Que voulez-vous dire, plus précisément?*

— Faire circuler du féminin dans tous les milieux
sociaux. Jusqu'à maintenant, le féminin, on lui a fait une
place en poésie, dans la métaphore et c'est à peu près tout.
Le féminin de la femme, on l'a parqué dans la mère, du
côté de la procréation. Le féminin de l'homme, on l'a
interdit. Si bien que le féminin est interdit des deux côtés.
Ce qui circulait, c'était après le couvre-feu. La cité devenait mixte après le couvre-feu. Dans la chambre à cou-
cher. Mais ce n'est pas avec ça qu'on fait des cités mixtes!

Les cités mixtes devraient, dans tous les lieux d'agir, de pensée, de désir, de création et d'organisation matérielle, concrète et quotidienne de la vie, ouvrir la voie, permettre cette rencontre des femmes et des hommes. C'est une utopie, peut-être, c'est un idéal? Mais je n'imagine pas le monde fonctionner autrement. Dans la cité, le féminin et le masculin circuleraient sans dédouaner leur appartenance sans cesse. Sans nécessairement non plus correspondre avec le sexe biologique. Chacun devrait, il me semble, avoir la voie libre.

«Pour que la cité mixte se rétablisse, pour que la parole devienne mixte, pour que la généalogie de la mémoire et de la parole se rétablisse, il faut se mettre en état de disponibilité pour entendre cette voix silencieuse de la femme qui a été bâillonnée. Et nos écrivains sont en train de tendre l'oreille à cette voix. La mémoire généalogique des femmes qui a été occultée commence à être entendue dans le présent. Les hommes aussi commencent à l'entendre en eux, d'ailleurs. Cela oblige non seulement à changer les discours mais aussi la vie. Si on touche à la parole, on touche à la vie concrète. C'est une expérience de vie. On ne va jamais plus loin dans l'écriture qu'on est allé dans la vie. Ce qui se passe dans l'écriture, ou on l'a vécu, ou on va le vivre.

«Je suis sûre qu'on s'en va vers cette société mixte. Où il y aurait deux corps, deux voix, dans la totalité de la vie. Il faut y aller ou c'est la destruction. Destruction écologique. Destruction des rapports de forces, de pouvoirs de la civilisation patriarcale. Il me semble que la seule issue possible actuellement c'est l'aménagement d'un nouveau mode de rencontre, à un niveau individuel et collectif, international et interpeuples. Il me semble que si on ne va pas vers une certaine tendresse collective, c'est la destruction par les machines qu'a inventées le Progrès.

— *Quel serait alors votre féminisme?*

— Je ne sais pas si je suis féministe. C'est aux autres de le dire. Je ne suis pas militante politique. Mais je suis femme et cela suffit peut-être pour souhaiter se reconnaître comme femme. Peut-être qu'une démarche préliminaire serait de se reconnaître entre femmes. Mais personnellement j'ai brûlé cette étape du fait que je n'ai pas été scolarisée: il m'est toujours difficile de fréquenter des groupes de femmes, je ne sais pas comment m'insérer. Quand je suis dans un groupe de femmes, je me retrouve enfant, quand je voyais les petites filles du village avec des jolies robes d'organdy et des petits souliers vernis alors que moi je portais des robes que ma mère avait taillées dans des sacs de farine Five Roses blanchis au soleil... Je ne sais pas comment m'insérer dans un groupe de femmes. Mais je me sens capable de la prise de conscience individuelle. Et du désir de rencontre de l'autre, homme ou femme, sans passer par les clans.

— *Le mot tendresse est aussi un mot-clé pour vous?*

— La tendresse. (Silence.) C'est l'enfant blessée qui a traversé l'amour mais qui ne se satisfait pas de l'amitié. C'est pour moi ce qu'il y a de plus stable dans les relations humaines. De plus précieux, de plus fort, de plus vrai. En dehors des conventions sociales, des rapports d'intérêts. En dehors de toute attente. C'est ce rapport que je commence à avoir avec mes livres. Après avoir eu dans mon environnement des rapports de révolte et d'ironie comme défenses quand ça faisait trop mal. Face à tout ce qui m'avait blessée avant même que je sois en âge de comprendre qu'il y avait une blessure. Je suis à peu près sûre aujourd'hui qu'il n'y aura plus de folle dans mes livres, qu'il n'y aura plus de suicidaire. La tendresse assume la blessure, quand on l'a comprise. Comprendre rend la blessure acceptable. Écrire *L'échappée* m'a aidée à comprendre la blessure. Ce livre m'a permis de me retrouver devant mon père (qui est mort quand j'étais adolescente) et tous les autres pères pour comprendre qu'eux-mêmes étaient des êtres blessés. De me retrouver aussi devant des femmes dont le cheminement, peut-être différent du mien, peut lui ressembler fondamentalement. La tendresse, c'est peut-être cette rencontre avec les Anciens qui diraient, après *L'échappée,* que la vie peut se réaménager autrement et que l'amour et l'amitié sont possibles dans le quotidien. Je souhaiterais pour ma part une société mixte où se fasse le partage des tâches, des préoccupations et de la création, où se fasse le partage de la vie sous tous ses aspects. La tendresse de la vie privée doit déboucher sur la vie sociale. Sinon, d'après moi, il n'y a pas de salut, on vit et on écrit en pure perte!

1981

Madeleine Ouellette-Michalska est née en 1935 à Rivière-du-Loup.
La femme de sable, nouvelles, Naaman, 1979; l'Hexagone, coll. Typo, 1987;
L'échappée des discours de l'œil, essai, Nouvelle Optique, 1981; l'Hexagone, coll. Typo, 1990;
La maison Trestler ou le 8ᵉ jour d'Amérique, Québec/Amérique, 1984.

ALICE PARIZEAU

Porter soi-même sa littérature

Alice Parizeau a conquis un large public avec trois de ses derniers romans, qui constituent une véritable saga de son pays d'origine, la Pologne. Avec *Les lilas fleurissent à Varsovie* (1981), *La charge des sangliers* (1982) et *Ils se sont connus à Lwow* (1985), la littérature québécoise s'est enrichie d'une œuvre où la dépossession prend le visage de l'espoir. Avec son dernier roman, *L'amour de Jeanne,* Alice Parizeau prend un ton plus intimiste, où l'histoire est vécue au *je* par une adolescente qui découvre la clandestinité et le mensonge du temps de guerre.

Dans *L'amour de Jeanne,* l'héroïne, Zosia (ou Sophie) découvre sa propre vie à travers l'amour qu'elle croit illicite de sa mère, à travers les mensonges nécessaires de la résistance, puis à travers l'oubli de son enfance, quand elle doit choisir de rester en France après la guerre. Ce roman n'est pas sans rappeler *Ils se sont connus à Lwow* mais il permet sans doute à la romancière de compléter un cycle important de son œuvre.

Car c'est avec ses romans de l'histoire polonaise qu'Alice Parizeau s'est particulièrement fait connaître comme écrivain populaire. Pourtant, depuis 1962, elle a publié une vingtaine d'œuvres de fiction et d'essais. On se souviendra particulièrement de ses grands reportages pour *La Presse* en Pologne et en Europe rouge, puis en Islande et en Espagne. On n'aura pas oublié non plus son premier roman, «le plus autobiographique», *Survivre,* qui sera bientôt réédité en collection de poche, chez Leméac. Elle a aussi publié plusieurs essais sur la jeunesse, en tant que diplômée en criminologie de l'Université de Montréal.

Née Alice Poznanska, Alice Parizeau a été, dès l'âge de sept ans, agent de liaison et soldat de l'insurrection de Varsovie (Croix de guerre pour courage face à l'ennemi), puis prisonnière de guerre en Allemagne. Elle devint plus tard étudiante en France (droit et sciences politiques) avant d'exercer divers métiers au Québec, son pays d'adoption où elle est devenue écrivaine. Aujourd'hui, Alice Parizeau a vu son best-seller *Les lilas fleurissent à Varsovie* devenir aussi un grand succès en France puis aux États-Unis, où il a été publié en livre de poche par New American Library.

L'œuvre d'Alice Parizeau est remarquable par la force vitale qui la parcourt à travers des personnages d'une humanité inoubliable. «Chez Mme Parizeau, les histoires tristes deviennent de beaux romans», a écrit le critique Réginald Martel de *La Presse.* «Elle arrive, continue le professeur Donald Smith, grâce à la magie de l'écriture, à faire de la dépossession le signe de l'espoir. Le Québec et la Pologne se serrent la main, se regardent et cherchent à comprendre la splendeur et la bêtise de la condition humaine.» D'ailleurs un de ses premiers romans, *Les militants* (1974), s'inspirait de la crise d'identité qui secouait le Québec de cette époque.

Aujourd'hui, à l'occasion de la publication de son roman intimiste *L'amour de Jeanne,* Alice Parizeau nous confie sa réflexion sur l'écriture et sa conviction que la littérature québécoise doit être portée par son public et ses propres médias. «Nous n'avons pas à avoir honte de notre littérature, même si elle est parfois difficile», dit Alice Parizeau.

«Je rêvais d'écrire dès l'âge de huit ou dix ans, me dit Alice Parizeau. Mais, plus jeune, j'ai vu un modèle parfait d'intellectuel raté qui m'a longtemps empêchée de me décider à faire une vie en littérature. C'était un homme qui écrivait une pièce de théâtre située à l'époque de Néron, alors qu'il avait la charge de sa femme et de sa belle-mère et que tout s'écroulait autour de lui. Sa femme tapait ses textes la nuit et allait gagner la vie de la famille le jour, à la place de cet homme. La pièce a fini par avoir deux mille pages et n'a jamais été publiée. C'était un parasite qui imposait sa création malgré des circonstances dramatiques. L'ayant vu, je n'ai jamais osé me dire que je passerais ma vie à écrire!

«Mais je suis restée attachée à l'écriture. Je me suis décidée à en faire ma vie quand j'ai eu un début de début de succès. C'est merveilleux de créer des personnages, de se demander comment ils réagiront et d'avoir l'illusion qu'ils se mettent à vivre. On a vraiment l'impression de créer quelque chose pendant qu'on écrit. C'est une immense satisfaction, c'est une existence en soi.

«J'ai écrit des romans qui collent à l'histoire. Oserais-je dire que le romancier est témoin de son temps? Quand j'écris un roman, je pars des personnages et non pas d'une idée ou d'une thèse. Si le roman défend un point de vue politique, cela vient tout seul, non d'une intention première. Il reste que je suis profondément attachée à la civilisation occidentale, la seule qui ait poussé jusqu'au bout la notion de liberté individuelle. S'il y a une chose à laquelle je suis viscéralement attachée, c'est la liberté. Mais peut-être qu'en Occident on a oublié en chemin l'idée que la liberté coûte quelque chose. Ce n'est pas gratuit, la liberté. Cela coûte une discipline personnelle, cela coûte cher. Je suis profondément persuadée que notre liberté occidentale est très menacée et que nous sommes en train de jouer sur la corde raide notre avenir en tant qu'Occident.

«La Pologne a compris depuis la Seconde Guerre mondiale qu'elle ne pouvait plus compter sur l'Occident, elle qui était si attachée à la grande tradition chrétienne et occidentale qui avait fait naître les droits de l'homme. La Pologne, c'est un pays fantastique parce que tout est possible. Soviétisée depuis quarante ans avec la bénédiction de l'Occident (voir les accords de Yalta), la Pologne a été victime de la même situation qu'en Afghanistan, en Éthiopie et dans les autres pays de l'Europe Centrale. On a permis que soit tuée la civilisation occidentale, dans ces pays. Ils se défendent de façon à la fois admirable, folle, touchante et débridée. Je les comprends mieux en Pologne. Ils sont terriblement attachants comme groupe et comme individus. Déclencher un mouvement comme Solidarité dans un contexte de soviétisation où les préoccupations quotidiennes sont tellement absorbantes, on se demande comment les gens peuvent avoir encore le souffle de penser à autre chose!

«La littérature est très importante pour un peuple. Il n'y a pas de nation sans littérature. Il n'y a pas de pays sans littérature. Quand Gaston Miron dit que la littérature québécoise a du mal à prendre son envol parce que c'est la littérature d'un pays incertain, il a parfaitement raison. Il faudrait prendre l'exemple de l'Islande où les écrivains ne sont pas encore traduits mais où le peuple aime et soutient sa littérature. On lit les textes des sagas et des grands écrivains islandais à la radio. C'est un peuple qui se tient. Pourtant, l'Islande ne réunit que deux cent cinquante mille habitants. C'est un pays de la taille de la ville de Québec et on réussit à y faire vivre une littérature. Pour nous, six millions de gens de langue française noyés dans une mer nord-américaine et anglo-saxonne, la littérature est aussi fondamentale. Il nous faut absolument la porter, la pousser jusqu'à lui faire traverser les mers si nécessaire, et pour se donner confiance en soi par la reconnaissance des autres. Je crois que c'est fondamental même si, par moments, cette littérature est difficile. Elle apporte un souffle, un amour du pays. Les gens s'y retrouvent parce qu'ils aiment leur pays.

«Mais le Québécois dit son amour du pays de façon intimiste. Il ne dit pas qu'il l'aime parce qu'il le croit supérieur ou le plus beau au monde. Le peuple québécois aime de façon discrète. Par manque de confiance en soi? Peut-être. Mais surtout par une certaine modestie, par une certaine façon d'intérioriser ses sentiments. C'est un vieux fond paysan qui lui fait éviter le style triomphaliste.

«On retrouve toutes ces caractéristiques en littérature. Il est important que les gens la lisent. C'est le plus grand, le plus fort patrimoine, la littérature. En Pologne, on a tenu durant des générations, pendant les ans de partage, avec la littérature. L'enseignement du polonais était défendu dans les écoles. Les élèves qui parlaient polonais entre eux étaient punis. Qu'est-ce qui a permis de sauver cette langue? C'est la littérature. On lisait les auteurs dans le texte. On récitait des poèmes à la maison, le soir, dans les familles. C'est de cette façon qu'on a sauvé la langue.

«Au Québec, il faut porter nous-mêmes notre littérature, l'enseigner dans les écoles. Pourquoi a-t-on rayé la poésie de nos écoles alors qu'elle est un des moyens de développer la mémoire et le goût de la littérature chez les jeunes? Il faut prendre soin de notre littérature.

«Si nous ne faisons pas de bruit autour d'un roman, les autres n'en feront pas pour nous. Jean Éthier-Blais l'a déjà écrit: il faut s'imposer chez soi d'abord. C'est ici que je rencontre dans la rue des lecteurs qui me disent s'ils aiment ou non ce que j'écris. Si cette société ne nous porte pas, nous n'avons pas de chance. Un écrivain jette un roman comme une bouteille à la mer. S'il n'y a personne pour la repêcher, elle va rester au fond. Pourquoi y a-t-il des revues québécoises qui ne font que des recensions de romans étrangers? Trouvez-moi une revue française qui se permettrait de sortir un numéro qui ne parlerait que des livres publiés ailleurs! En France, on ne peut pas parler des livres qui n'ont pas été publiés en France. C'est clair. Nous, sans aller aussi loin, pouvons-nous demander au moins à nos revues de faire d'abord la recension des livres d'ici?

«Si deux cent cinquante mille Islandais peuvent supporter leur industrie du livre et peuvent porter leurs écrivains, nous, qui sommes six millions, avec le cours primaire, le cours secondaire et le collégial gratuits, nous devrions bien être capables de porter les nôtres!

«Notre littérature semble difficile parfois parce que l'action n'est pas continue dans les romans, par exemple. Il faut savoir que beaucoup de nos romanciers sont en fait des poètes qui sont venus au roman plus tard. Mais nous n'avons pas à avoir honte de notre littérature. Elle est très défendable. La grande littérature européenne, c'était au XIXe siècle. Nous sommes au XXe siècle et au

Québec. Nous avons une littérature à nous et qui apporte quelque chose de plus aux autres littératures du monde.»

1986

Alice Parizeau (1930-1990) est née en Pologne et a vécu au Québec de 1955 à 1990.
Les lilas fleurissent à Varsovie, CLF, 1981; coll. CLF-Poche, 1985;
Ils se sont connus à Lwow, Pierre Tisseyre, 1986;
L'amour de Jeanne, Pierre Tisseyre, 1986.

JACQUES POULIN

Le métier d'écrire

«Écrire, pour moi, c'est un métier. C'est ce qui prend le meilleur de mon énergie. Je dirais — si ce n'était pas prétentieux ni entouré de romantisme — que c'est ce qui donne un sens à ma vie quotidienne. Et c'est un travail que je trouverais normal de faire à plein-temps. Pas comme un hobby mais comme une occupation principale. Dans les faits, c'est impossible. Il faut avoir un métier pour vivre. Parce qu'au Québec le bassin de lecteurs n'est pas assez grand. Parce qu'aussi nos livres ne sont pas suffisamment intéressants.»

Jacques Poulin vient de publier un livre «intéressant» — son cinquième roman depuis 1967: *Les grandes marées,* chez Leméac. Ses premiers romans avaient été édités au Jour par Jacques Hébert: *Mon cheval pour un royaume* (1967), *Jimmy* (1969), *Le cœur de la baleine bleue* (1971). Puis L'Actuelle a publié *Faites de beaux rêves* (1974). En général, les livres de Jacques Poulin ont toujours été bien accueillis par la critique.

Aujourd'hui, à quarante ans, traducteur pour gagner sa vie, romancier par besoin secret et lointain, Jacques Poulin ne se prend pas pour quelque apprenti sorcier. Il est ce qu'on devrait nommer un romancier artisan. Il cherche à écrire «le» livre intéressant: «celui qu'on essaye d'écrire toute sa vie et qu'on n'arrive jamais tout à fait à atteindre, celui qu'on recommence à chaque fois en espérant s'en approcher un peu plus».

Artisan, lucide devant son travail d'écrivain, Jacques Poulin ne souffre donc pas de la solitude de son métier: «Pour écrire, il faut avoir un crayon, un papier et la paix! Je les ai. C'est l'essentiel. Le reste, c'est intéressant, parfois utile, mais pas du tout nécessaire. Je ne me sens pas du tout isolé.»

Ce que je déplore, me dit Jacques Poulin, c'est de ne pas pouvoir écrire à plein-temps. Cela me paraîtrait tellement normal de faire mon travail à plein-temps comme un plombier, comme un comptable. J'ai tellement le sentiment de faire des choses qui, même si elles ont une certaine importance à côté de l'écriture, grugent ce avec quoi je serais censé écrire.

«Et je ne vois pas de remède. Sinon quand, un beau jour, il y aura un régime universel de revenu annuel garanti qui incluera les écrivains en même temps que tout le monde! Sans en faire des parias ni des privilégiés. En dehors de ça, je ne vois pas de solution globale. Pour l'instant, il y a les bourses. On est chanceux de les avoir: dans plusieurs pays, ça n'existe pas.»

Pour Jacques Poulin, l'écrivain québécois est le premier responsable de sa situation actuelle et d'une certaine indifférence des lecteurs. Pour vivre de son métier, l'écrivain québécois a deux solutions: écrire des livres intéressants et trouver un débouché sur le marché américain plutôt que français:

«Je me dis que si nos livres étaient vraiment intéressants, avec les moyens de diffusion qui existent aujourd'hui, les lecteurs actuels — même s'ils sont peu nombreux — les achèteraient pour voir ce qu'il y a dedans.

«Ce serait un mouvement normal que de se les procurer. Le désintéressement des lecteurs, je ne le mets pas sur le dos de la télévision. Je me dis qu'on ne travaille pas encore assez bien. Si on faisait un livre aussi intéressant qu'un match de hockey, les gens iraient voir dans ce livre-là!»

Pour améliorer la situation de l'écrivain québécois, Jacques Poulin invoque aussi les affinités entre les cultures québécoise et américaine. Et la possibilité de pénétrer, par la traduction, un marché de deux cent vingt-cinq millions de lecteurs:

«Moi, ce que j'aime le mieux lire, ce sont les romanciers américains: je m'y sens chez nous. Et je serais curieux de voir ce qui arriverait si j'étais lu aux États-Unis. C'est de ce côté qu'il faut chercher un débouché. Plus que du côté français, où la concurrence est tellement vive, où toutes sortes de barrières et de structures empêchent les Français de nous voir autrement que comme un produit exotique, de folklore. Je me sens aussi beaucoup plus étranger dans les romans français qui font une recherche sur la forme que dans les romans de certains Canadiens anglais. Mais encore là les rapports sont assez minces entre les littératures québécoise et canadienne-anglaise.»

Jacques Poulin vivra cependant bientôt l'expérience d'être traduit pour le lecteur anglophone. En effet, Sheila Fischman, (responsable des pages littéraires du *Montreal Star*) est en train de traduire les trois premiers romans de Poulin, après ceux de Roch Carrier et Victor-Lévy Beaulieu, entre autres, pour l'éditeur House of Anansi de Toronto.

Le lecteur québécois, lui, hérite des *Grandes marées,* le plus récent roman de Jacques Poulin. Un livre fascinant. Une histoire de paradis terrestre et de solitude. Celle de Teddy, traducteur de bandes dessinées américaines pour le journal *Le Soleil,* que son riche patron parachute «pour son bonheur» sur l'île Madame en face de l'île d'Orléans. Arrive ensuite Marie, compagne aussi heureuse et autonome que Teddy. Puis, une foule de gens «civilisés» qui peu à peu occupent le paysage et la vie du couple. Tout le monde s'imagine que Teddy souffre de solitude. Chacun veut son bonheur. Mais finalement Teddy, aux prises avec cette société, perd sa place et son espace comme homme.

La première idée de Jacques Poulin, au départ, était de bâtir, me dit-il, «mais en petit, une sorte de résumé de l'histoire de l'homme, d'Adam, que vient rejoindre une femme». Ces personnages sont «raisonnablement heureux», ajoute Jacques Poulin. «En tout cas, rien dans le texte ne m'indique à moi qu'ils souffrent de quelque chose. Ils sont bien ensemble, ils ont chacun leur occupation, ils sont bien aussi tout seuls. Ils vont se voir quand ils en ont envie. Ils restent seuls quand ils veulent avoir la paix. Ils semblent avoir une vie agréable pour eux. Cela me plairait assez de vivre comme ça!»

Jacques Poulin n'a jamais vécu sur une île. «Mais je suis allé à l'île Madame avant d'écrire mon roman. C'était vraiment très silencieux et calme. J'y suis allé avec ma femme. Nous avions apporté quelque chose à manger et, je crois, une bouteille de Canada Dry. Quand nous l'avons débouchée, l'effervescence du Canada Dry faisait vraiment un bruit épouvantable, dans le chalet où nous étions. Ce qui veut dire que nous n'étions pas habitués à un silence aussi complet. Puis, il y avait les perdrix qui venaient tout autour. C'était une sorte de paradis terrestre!»

Dans *Les grandes marées,* c'est l'arrivée de plusieurs personnes qui complique la vie de Teddy et Marie. Et cette histoire se déroule, avec humour, comme pour réaffirmer la vie simple, autonome, solitaire aussi, d'un couple qui n'est pas coupable de son bonheur.

Ce livre, Jacques Poulin l'a écrit difficilement, patiemment, comme la plupart de ses autres romans. L'artisan se trouve de plus en plus exigeant vis-à-vis de lui-même. D'ailleurs, aujourd'hui, il ne croit pas que son premier livre mériterait d'être réédité: «*Mon cheval pour un royaume,* je ne l'ai pas relu mais j'en ai gardé le souvenir d'un travail trop intellectualisant. Je cherchais une forme originale pour étonner le lecteur. C'est une erreur, compréhensible quand on commence à écrire.» Le romancier n'est pas plus complaisant quand je lui rappelle que la revue *Nord* lui avait consacré tout un numéro: «Cela m'avait inquiété. Je n'avais pas écrit des choses qui étaient très valables à mes yeux. J'ai beaucoup de réserves à faire au sujet de mes livres précédents. Je leur trouve des défauts majeurs. Celui-là — *Les grandes marées* — me paraît un peu plus achevé que les autres. Le numéro de la revue *Nord,* c'était prématuré. Cela m'a flatté mais m'apparaissait hasardeux. Et je n'ai pas retenu ce qu'on y disait: par autoprotection contre les commentaires qui seraient de nature à m'indiquer des chemins. C'est un mécanisme de défense. Cela me protège. Seul le fait que quelqu'un croie à mon travail me soutient. Mais le contenu, je l'oublie. C'est drôle!»

Puis, Jacques Poulin se met à me définir calmement, presque timidement mais avec la plus grande franchise, son travail d'artisan romancier de tous les jours:

«L'écriture, pour moi, c'est difficile. Parce que l'histoire vient goutte à goutte. Quand je peux écrire une page dans une journée, je m'estime chanceux: j'ai beaucoup travaillé. De plus, je mets beaucoup de temps à faire les corrections, une fois le manuscrit terminé. Je mets au moins une année de corrections. C'est lent. C'est mon rythme. Chaque écrivain a le sien. Certains écrivent comme si ça leur était une sorte de libération, quelque chose de trop plein à l'intérieur qui déborde. Pour moi, sauf dans le cas de *Jimmy,* cela n'a jamais été ainsi. L'écriture, pour moi, c'est comme quelque chose qui pousse très doucement. Il faut toujours attendre que ça sorte. Il me faut beaucoup de patience. C'est probablement pourquoi je fais mon travail de façon régulière. En m'assoyant à mon bureau à neuf heures le matin jusqu'à ce que j'aie fait une page. En travaillant, régulièrement tous les jours, cela fait au bout de l'année un manuscrit de trois cent soixante-cinq pages! Même quand j'ai une bourse qui me permet de faire mon travail d'écrivain à plein-temps, l'écriture ne vient pas plus vite que ça!»

1978

L'âme du monde

Jacques Poulin me fait beaucoup penser à Jim, le narrateur de son roman *Le vieux chagrin* (Leméac/Actes

Sud). Comme lui, il veut écrire «la plus belle histoire d'amour». On est tenté de lui rappeler celle qui se poursuit avec ses lecteurs depuis sept romans, depuis *Le cœur de la baleine bleue* et *Faites de beaux rêves,* depuis *Les grandes marées* et *Volkswagen Blues.* Mais comme il l'a fait écrire à Jim: «L'écriture, c'est comme la vie, on ne peut pas revenir en arrière.»

Jacques Poulin a peur de se répéter. Qu'on lui dise que *Le vieux chagrin* est un chef-d'œuvre, cela lui fait plaisir, certes, mais ne le rassure pas au sujet de son écriture. Le prochain roman ne devra pas ressembler aux autres. Pour lui, le roman idéal est celui dont l'action nous emporte vers un avenir. Ce qui n'est pas tout à fait le cas de son dernier livre, *Le vieux chagrin,* qui ressemble plutôt à une ardente méditation sur le corps de l'amour, l'âme du monde et le métier d'écrivain.

Dans ce roman, tout se dédouble, s'oppose ou se répond. Les désirs occupent la caverne des souvenirs. Les rêves de voyage réinventent les traces de l'enfance. Le voilier de l'amour s'ancre dans la nostalgie. Si, dans le rêve de Jim, Marika apparaît comme son féminin, le personnage de la Petite, qui l'accompagne dans son quotidien, gardera la mémoire d'une enfance perdue. «Vieux Chagrin», le chat de l'écrivain, nous conduira dans le roman du roman, dans les lieux des souvenirs et des rêves qui peuplent le manuscrit de Jim ou qui nourrissent sa lecture imaginaire des contes des *Mille et une nuits,* en compagnie de Marika, dans la caverne que le temps a creusée au bord du fleuve, près de Québec.

Dans *Le vieux chagrin,* l'émotion est à son comble. Histoire d'amour en même temps que d'écriture, ce chef-d'œuvre de Jacques Poulin illustre, finalement, l'histoire de tendresse qui s'invente entre le romancier et son lecteur.

«Le roman idéal que je cherche à écrire ne serait pas tourné vers le passé, me confie Jacques Poulin, mais deviendrait plutôt l'exploration des formes nouvelles qui pourraient s'établir dans les rapports humains, entre des personnages qui trouveraient des façons modernes de communiquer, des façons de vivre pour l'avenir. Certes, dans *Le vieux chagrin,* mes personnages ont beaucoup de chaleur entre eux. Mais il me semble qu'ils pourraient être moins préoccupés par les choses du passé, afin de pouvoir faire quelque chose de neuf. Dans le prochain roman, je vais encore essayer d'écrire une histoire d'amour, mais plus orientée vers l'avenir.

«Moi, je ne veux pas revenir en arrière. Je rêve plutôt de m'en aller devant moi, pour voir des choses nouvelles. Ne pas retourner vers le passé, vers l'enfance. Plutôt aller au bout de ses possibilités. Sur ce chemin, parfois, l'inquiétude nous saisit et nous ramène à l'enfance. Peut-être qu'on manque d'énergie ou qu'on a peur de l'inconnu. Il faut pourtant avoir assez de courage pour aller jusqu'au bout avec ce qui nous reste d'énergie.»

Décidément, Jacques Poulin ressemble beaucoup à Jim, son narrateur écartelé entre l'écriture des «débris de sa propre vie» et l'invention d'un monde. Comme Jim, il a l'ambition d'aller plus loin, jusqu'à vouloir «contribuer par l'écriture à l'avènement d'un monde nouveau, un monde où il n'y aurait plus aucune violence.»

Cette ambition d'un monde meilleur, Jacques Poulin l'assume aujourd'hui à la suite d'Hubert Aquin. «À la question:"Est-ce que vous voulez que vos livres changent le monde?" Hubert Aquin avait répondu, se rappelle Poulin: "Oui, sinon cela ne vaut pas la peine." Cette réponse peut paraître prétentieuse et invraisemblable à première vue, mais je pense qu'Hubert Aquin avait raison. Il faut que la lecture transforme un peu les gens et les aide à vivre. Les livres peuvent servir à tout, y compris à cela. Un tout petit peu. Si on met le meilleur de soi dans les livres, cela va finir par transformer un peu les gens qui lisent, par communiquer une petite étincelle qui va faire son chemin et modifier quelque peu les rapports entre les gens.»

En fait, semble dire le romancier, la fiction est autonome en même temps qu'elle garde un rapport à la vie. Voilà un bon sujet de réflexion, note Poulin. Les romans nous donnent une part nouvelle de vie.

«De la même manière que quand on regarde un tableau on en garde quelque chose qui nous marque, ajoute Jacques Poulin, quand on lit un livre, on assimile des choses qui nous transforment. La chaleur que moi j'ai trouvée chez les personnages des romans de Boris Vian, par exemple, m'a certainement marqué. C'est peut-être ce que Vian m'a donné que je remets dans mes livres et que d'autres personnes vont retrouver plus tard. Une chaîne s'établit. À force de mettre cette chaleur partout dans les livres, elle finit par réchauffer les gens.»

Cette chaleur, Jacques Poulin l'a aussi reconnue au Québec. «Quand on revient au Québec après avoir vécu un bout de temps ailleurs, on voit qu'une des qualités de la vie, ici, c'est la chaleur humaine. Les rapports entre les gens sont faciles et chaleureux. Il y a une cordialité, une bonne humeur, une chaleur entre les gens qu'on ne retrouve pas partout et qui fait la richesse de la vie ici.»

On croirait entendre Jim, le narrateur du *Vieux chagrin,* quand il élabore sa théorie de l'âme comme enveloppe du monde.

«Cette qualité de vie, elle est partout. Dans les villes, dans les villages, elle doit former une sorte de trame. C'est quelque chose d'invisible, qu'on ne peut pas palper, mais qui tient ensemble une société, j'imagine. Autant que les institutions, les habitudes, les traditions. Cette chaleur humaine, c'est une sorte de structure invisible qui doit avoir beaucoup d'importance.

«Les rapports entre les femmes et les enfants dans chaque maison, ce n'est pas du temps gaspillé. Les femmes toutes seules dans les maisons, qui parlent à leurs enfants, les rapports chaleureux qu'il y a entre eux, cela n'a l'air de rien et ne semble pas concerner le monde extérieur. Mais si tu enlevais cette chaleur dans chaque maison, qu'est-ce qu'il resterait? S'il n'y avait que la politique, cela ne pourrait pas soutenir la société. J'ai l'impression que la société s'écroulerait, sans cette chaleur qui relie les gens.»

Jacques Poulin est le romancier de la tendresse. Lire *Le vieux chagrin* puis interviewer l'écrivain pour l'entendre dire tout haut ce que nous vivons tout bas, voilà pourquoi, je pense, la littérature vaut la peine d'être vécue.

1989

Jacques Poulin est né en 1938 à Québec.
Mon cheval pour un royaume, Éd. du Jour, 1967; Leméac, coll. Poche Québec, 1987;
Le cœur de la baleine bleue, Éd. du Jour, 1970; Leméac, coll. Poche Québec, 1987;
Le vieux chagrin, Leméac/Actes Sud, 1989.

JEAN-MARIE POUPART

«Non, mon livre n'est pas un best-seller»

Si vous rencontrez Jean-Marie Poupart entre deux visionnements de films ou deux cours de littérature, si vous vous entretenez avec lui durant deux heures, vous n'aurez peut-être rien appris de l'homme, mais l'artisan vous aura raconté avec passion ses manières d'écrire des livres.

Cet écrivain qui nous donne, après vingt ans, son dixième roman, ne vous dévoilera pas facilement son auto-portrait avec des larmes au coin de l'œil. Jean-Marie Poupart n'est ni vaniteux ni nostalgique. Il ne prépare aucune stratégie pour vous faire avaler les clairs-obscurs de son âme. En fait, il parle comme il a écrit *Beaux draps,* son dernier roman: avec une verve généreuse et, entre les anecdotes, de grands éclats de rire.

Vous me direz que cet heureux bavardage ne fait pas des entretiens forts. Je répondrai qu'avec Poupart il faut apprendre à ne pas se prendre au sérieux. Pourtant cet écrivain, qui a été directeur littéraire aux Éditions du Jour de Jacques Hébert dans les années soixante, est devenu aujourd'hui un auteur reconnu, un critique de cinéma et un chroniqueur littéraire écouté, en plus d'être un pro-fesseur patenté. En couverture quatre de *Beaux draps,* son éditeur a inscrit cette boutade: «Jean-Marie Poupart est sans conteste l'un des écrivains les plus doués de sa génération!» Devant ce lieu commun, Poupart pouffe de rire en me précisant qu'il avait beaucoup travaillé son roman!

Non, Poupart ne parlera pas de lui. Devrait-on se fier au personnage de son roman pour en savoir plus long? René Faille est un écrivain dans la quarantaine, un boulimique de la culture, gros et laid, qui cherche les moyens de se suicider et qui n'aime pas ce qu'il écrit. Ce portrait n'est certes pas celui de Poupart.

Jean-Marie, lui, aime écrire plus que tout. «Sans l'écriture, je ne serais pas supportable, me dit-il. Il y a quelque chose qui bouillonne en moi et que je dois exprimer comme on *exprime,* au sens étymologique, un citron. J'ai absolument besoin d'écrire pour garder un certain équilibre. Je verrais des films et je lirais des romans: cela ne serait pas suffisant pour bien vivre.»

Si son personnage, René Faille, est capable de se dire: «Dieu que vous vous aimez d'avoir l'audace de vous haïr à ce point», Poupart, lui, au contraire, a besoin de l'amour des autres. Il a besoin de lecteurs. «J'en ai environ deux mille qui me suivent, parfois depuis l'adolescence. C'est précieux, des lecteurs, il faut les cultiver. Je suis touché quand on me dit qu'on a lu mes livres.»

D'ailleurs, ce roman intitulé *Beaux draps,* il l'a conçu un jour de rage, après qu'une bibliothécaire lui eût reproché d'avoir perturbé des enfants en leur racontant la vérité du Petit chaperon rouge. En rentrant chez lui, l'auteur de livres pour enfants *(Les craquelins)* s'est mis à vouloir répondre à l'adulte de bibliothécaire. «J'ai décidé ce soir-là de créer un personnage méchant. Pour rappeler aux adultes que je suis quelqu'un qui aime écrire sur la folie et l'absurdité de la vie. Alors m'est venu le flash du personnage de René Faille: outrancier, misanthrope, suicidaire. René Faille est laid et gros, sauf qu'il a une petite étincelle dans la tête qui fait que ce n'est pas un personnage mort. C'est un personnage que la mort fascine mais qui reste, malgré tout, drôlement tourné vers la vie. Aussitôt qu'une occasion se présente pour que ça fasse clic! avec la vie, il ne discute pas longtemps. Il ne se demande pas, par exemple: ''Vais-je apporter mon sperme dans un thermos?''»

Vous le sentez, ce n'est pas René Faille qui est drôle mais Jean-Marie Poupart. *Beaux draps* se veut un roman d'humour noir. C'est ce que cultive Poupart pour ses deux mille lecteurs. «Je voulais développer le côté sarcastique du personnage, dit l'auteur. Je n'ai pas inventé l'humour noir. C'est André Breton qui l'a donnée, la recette pour faire de l'humour noir: tu parles des gens qui crèvent, tu parles des gens qui baisent. Autrement, tu fais un humour qui va moins en profondeur.»

René Faille ne va pas nécessairement jouer au funambule sur la rampe du pont Jacques-Cartier et n'est pas porté par cette espèce de trémolo qui pourrait accompagner ses plans suicidaires. Au contraire, c'est un cynique dont le rire accompagne ses activités d'écrivain. Une question alors nous vient: Poupart aurait-il voulu assassiner en René Faille nos mythes littéraires négatifs, ceux de Nelligan et Aquin? «Bien sûr, me répond Poupart, que cela correspond à l'agacement que je peux avoir devant le culte qu'on rend à certains de nos écrivains au détriment du texte. On en fait des mythes mais on oublie leurs livres.»

Là, avec cette réponse sérieuse, nous approchons du véritable entretien littéraire. Continuons dans cette belle voie. Est-ce que la situation de l'écrivain des années quatre-vingt n'est pas très différente de celle des années soixante?

«À l'époque des Éditions du Jour, se rappelle Poupart, il y avait une grande effervescence, une émulation qu'on ne retrouve pas aujourd'hui. Les gens se parlaient de ce qu'ils écrivaient. Aujourd'hui, depuis la fondation de l'Union des écrivains, nous ne parlons entre nous que des manuscrits refusés, des photocopies et des droits d'auteurs. Moi, j'aime parler de ce que j'écris avec d'autres écrivains, même ceux dont l'univers romancsque est éloigné du mien, comme André Major, Victor-Lévy Beaulieu ou Alain Poissant. J'aimerais aussi parler de fiction avec quelqu'un qui vient de publier un premier roman et qui a vingt-trois ou vingt-quatre ans.»

Jean-Marie Poupart, on peut l'affirmer, est un véritable passionné de l'artisanat du métier. Jadis lecteur aux Éditions du Jour, il le reste vingt ans plus tard pour quelques amis (et secrètement pour un éditeur). Lui-même fait lire ses manuscrits par d'autres avant de les soumettre à l'édition. «J'aime ça, *coacher* du monde. Il y en a qui *coachent* tellement mal, ici, qui essaient de faire écrire les autres comme ils écrivent eux-mêmes.

«Voilà pour mon rôle social, me confie enfin Poupart. À part ça, je suis quelqu'un comme Gilles Archambault: je suis un solitaire et j'ai des horaires pour écrire. Je vais voir mes films le vendredi après-midi. Quand j'écris, cela m'arrive de débrancher le téléphone. Mes meilleurs amis ne sont pas nécessairement des littéraires. Ce qui tient une grande place dans ma vie, c'est ma partie de cartes avec la bande de *Croc*. C'est étonnant mais c'est comme ça! L'amitié avec Yves Tachereau, puis avec Serge Grenier. Celui-ci, est un véritable écrivain. Certaines choses qu'il écrit vont rester.»

Aussitôt qu'il commence à parler de lui, Poupart va se cacher derrière les autres. Et lui, Jean-Marie, comment se sent-il comme écrivain dans le Québec de 1987?

«D'abord, je suis plus reconnu socialement: mon gérant de banque ne rit plus de ma profession quand je vais négocier un prêt. D'autre part, le fait que, au Québec, tout le monde est rendu expert en placement est nuisible aux écrivains, nous les gens de l'impesable. Par exemple, on n'arrête pas de me demander si mon livre est un best-seller, parce qu'il en a le format et le prix. La valeur commerciale a remplacé la valeur littéraire. Non, je ne pense pas que mon livre va toucher le grand public. Il s'adresse à un public restreint. Pour lire *Beaux draps,* il faut avoir des références culturelles et être de connivence. J'écris pour un public de deux mille personnes, non pour dix mille, vingt mille ou trente mille. Certes, *Beaux draps* est mon livre le plus accessible mais je n'ai pas voulu en enlever les allusions culturelles pour le rendre plus commercial. J'ai voulu rester fidèle à la boulimie de René Faille. Mais quand tu ne veux pas rejoindre le plus grand nombre, on semble t'en faire le reproche. Comme s'il fallait à tout prix écrire un best-seller. Aujourd'hui, les écrivains sont condamnés à la réussite!»

1987

Jean-Marie Poupart est né en 1946 à Saint-Constant.
Angoisse play, Éd. du Jour, 1969; Leméac, 1979;
Nuits magiques, La Courte Échelle, 1982;
Beaux draps, Boréal, 1987.

ESTHER ROCHON

Le défi de l'imaginaire

Esther Rochon n'écrit pas des romans «réalistes». Elle vient de mériter le Grand Prix de la science-fiction et du fantastique québécois 1986 pour son roman *L'épuisement du soleil*. Elle vient aussi de faire paraître une œuvre du genre fantastique, *Coquillage,* un roman aussi troublant que l'amour et les passions qu'il met en scène.

Ces deux œuvres littéraires sont portées par une écriture à vous couper le souffle. L'épique traverse *L'épuisement du soleil*. Le poétique porte *Coquillage*. Esther Rochon n'a pas raté son entrée en littérature avec ces deux romans publiés récemment mais écrits entre 1978 et 1982.

D'ailleurs, — le saviez-vous? — Esther Rochon était déjà entrée en littérature à l'âge de seize ans, en 1964 et en même temps que le dramaturge Michel Tremblay qui était, comme elle, cette année-là, lauréat d'un prix du Concours des Jeunes Auteurs de Radio-Canada. Dix ans plus tard, elle publiait son premier roman, intitulé *En hommage aux araignées*. Puis, elle compta parmi les premiers écrivains de science-fiction à collaborer à la revue *Requiem*, devenue ensuite *Solaris*. En 1979, elle était cofondatrice de la revue *Imagine*. Et pendant que des éditeurs comme Robert Laffont, Denoël et Québec/Amérique refusaient

ses manuscrits, elle contribuait avec d'autres à la conso-
lidation de la littérature de science-fiction au Québec.

Au Québec, la littérature SF et fantastique s'est développée loin de l'institution littéraire traditionnelle qui a
toujours regardé ces genres d'un certain regard hautain,
les qualifiant, bien sûr, de «paralittéraires». Cette distinction gêne aujourd'hui Esther Rochon. «Il n'y a pas lieu
de faire des cloisons aussi étanches, dit-elle, quand ici la
littérature se fait par quelques centaines de personnes et
par petits tirages, contrairement à ce qui se passe aux
États-Unis et en France. D'ailleurs, parlerait-on de ''para-
littérature'' si je faisais évoluer mes personnages dans le
XIXe siècle, au lieu de les placer dans l'Archipel de
Vrénalik?»

D'autre part, précisera encore Esther Rochon, «la littérature fantastique et de science-fiction ne s'adresse pas
pour autant au futur ni à l'ailleurs. Elle s'écrit pour les
lecteurs d'ici et de maintenant.»

Fille de Marthe Blackburn, scénariste, et de Maurice Blackburn, compositeur, la romancière a donc commencé très jeune à explorer l'imaginaire. «J'inventais des
histoires avant de savoir lire et écrire. Quand trop de tension s'accumulait dans ma vie, tout d'un coup m'arrivait
une décharge en forme d'histoire», confie-t-elle. Puis, elle
s'est mise à écrire à l'école, en réaction à ses cours de
littérature française. «Par besoin d'aller chercher des images plus vives que celles que m'offrait la littérature française, où je ne me retrouvais pas complètement même si
j'aimais beaucoup la langue. Les seules œuvres qui me
donnaient de la joie étaient celles qui portaient beaucoup
d'imagination harnachée à une structure logique, à une
histoire bien racontée.»

Esther Rochon était à la recherche de son propre imaginaire, «mais ce n'était pas une question de nationalité. D'ailleurs, la littérature québécoise, il a fallu que je la lise moi-même, plus tard. Ce que je cherchais en littérature, c'était plutôt ce qui pouvait canaliser le mieux le genre d'émotions que je pouvais ressentir. Quand j'ai commencé à découvrir les écrivains de fantastique de l'Europe et des États-Unis, puis les auteurs de science-fiction, vers l'âge de douze ou treize ans, je me suis sentie dans mon élément. C'était une exploration de l'imaginaire où s'allient l'esprit analytique et la logique d'une histoire racontée. Si vous remontez à *L'iliade* et *L'odyssée,* vous reconnaîtrez ce besoin d'un imaginaire très fort porté par une histoire, qu'on retrouve aussi dans les formes populaires de littérature.»

Son roman SF, *L'épuisement du soleil,* Esther Rochon l'a laissé mûrir longtemps avant de l'écrire. C'est une œuvre ambitieuse, qui couvre mille ans d'histoire d'un peuple imaginaire installé dans l'Archipel de Vrénalik. Quand Taïm Sautherland découvre ces habitants, jadis voyageurs ou commerçants, figés dans une déchéance hautaine, repliés sur eux-mêmes et isolés des vastes terres du Sud où règne une prospérité agressive, on pense immédiatement au Québec dont Vrénalik serait la métaphore. Aidé par le sorcier Ivendra et son élève Anar Vrnengal, Sautherland va vivre pleinement le moment d'épuisement du soleil, pour briser l'engourdissement du peuple de l'Archipel, afin que naisse une nouvelle confiance. Ce récit épique d'une forte imagination et rempli de symboles intègre aussi un précédent roman, *Le rêveur de la citadelle,* qu'Esther Rochon avait publié en Allemagne en 1977.

«Les histoires qu'on se raconte à travers le médium de la SF peuvent porter toutes sortes d'émotions, d'angoisses ou d'espérances, dans un langage facilement accessible au lecteur, dit Esther Rochon. Toutes les angoisses qu'on peut ressentir à notre époque peuvent s'exprimer par des fables et des images qui rejoignent l'inconscient.

«Dans *L'épuisement du soleil,* continue la romancière, on peut retracer la fin de l'époque de la contre-culture. On peut aussi y reconnaître ma lecture de certains écrivains québécois des années soixante comme Gaston Miron, Jean-Guy Pilon et Fernand Ouellette. J'ai l'impression d'avoir pris une certaine manière d'expliquer des choses chez ces gens-là. Il me semble qu'on sentait dans leurs œuvres la conscience malheureuse de l'intellectuel québécois, qui était heureux d'être catholique mais ne pouvait pas le rester et ne savait plus très bien où il se trouvait.»

Dans ce roman, Esther Rochon aime aussi passer de l'individuel au collectif, elle qui, étudiante, s'était faite une auditrice assidue des émissions de lignes ouvertes de Réginald Martel et André Payette à Radio-Canada, «pour savoir ce que les gens pensent ou voudraient penser, pour apprendre comment les personnages pourraient ensuite me servir de résonance dans cet échange entre l'individuel et le collectif à travers l'écriture du roman. Cet échange me semble d'ailleurs plus important au Québec qu'ailleurs. Une des choses qu'on adore ici c'est d'essayer de savoir ce qu'on est collectivement et comment certains individus le réalisent plus que d'autres.»

Pour écrire *L'épuisement du soleil,* ajoute Esther Rochon, il lui fallait ressentir fortement «une sorte d'angoisse québécoise caractéristique». C'est bien ce qui marque la tonalité générale du roman, grave et angoissée, qui s'inquiète de la survie d'un peuple semblable à celui du Québec de la fin des années soixante-dix.

Cette préoccupation de la survie culturelle québécoise, la romancière la ressent comme un défi continuel. «On est en train de vivre quelque chose d'unique, au Québec, au confluent de plusieurs cultures. On a l'impression qu'on a peine à surnager à l'impact culturel qui nous vient des États-Unis et de l'Europe. Nous faisons face à un défi qui ressemble à celui que nos ancêtres devaient relever en colonisant le pays sans trop savoir comment résister à l'hiver. L'angoisse que cela engendre, c'est aussi la nôtre. Nous devons continuer de relever un défi semblable, aujourd'hui: non seulement celui de vivre en français mais aussi de posséder notre originalité, notre indépendance culturelle propre.»

Quant à son plus récent roman, *Coquillage,* Esther Rochon l'a écrit sur le mode intimiste. Il s'agit d'une sorte de conte fantastique où nous retrouvons, autour d'un monstre marin, à la fois fascinant et repoussant, divers personnages aux prises avec leur passion amoureuse. Thrassl, sa femme Irène, leur fils François Drexel, avec la jeune Xunmil et le musicien Vincent. Le monstre — mâle et femelle — changera leur vie terne de citadins. Ils habiteront à diverses époques un coquillage à plusieurs étages bâti par le monstre-nautile sur la plage de Vanir Voidivane. On assiste à l'asservissement amoureux de Thrassl par le monstre, à l'exil douloureux de son fils François, à la passion plus «humaine» de Xunmil, à la fascination que provoque le monstre chez tous ceux et celles qui l'approchent et qu'il dévore plus ou moins, d'une façon ou d'une autre.

Cette histoire fantastique peut sans doute s'interpréter comme celle d'une quête de l'amour qui va de la

passion confuse jusqu'à l'extrême tendresse. Livre dérou-
tant mais fascinant, *Coquillage* ne peut laisser personne
indifférent. On peut aimer ou non ce livre, comme le
monstre — «nautile», pour les intimes — qu'il invente sur
les chemins de l'amour.

«Ce fut un livre difficile à écrire, dit Esther Rochon.
Je peux difficilement le relire aujourd'hui. J'ai l'impression d'avoir poussé plus loin que dans mes autres romans
le traitement des émotions.»

Coquillage possède trois sources différentes, confie
la romancière. «J'avais cinq ans. Nous habitions Ottawa.
Je me souviens d'une scène où, avec ma mère, je passais
devant une église. Des gens en sortaient. C'était un
mariage. Mais un monsieur d'âge mûr était assis à terre
en train de vomir. J'ai ressenti très fortement à ce
moment-là une émotion très peu fréquente dans ma vie
— heureusement — qui se définissait par un mélange de
dégoût et de fascination. J'étais captivée et dégoûtée par
le spectacle. C'était quelque chose de vraiment surpre-
nant et nouveau dans ma vie. Cette scène a donné le fond
émotif de *Coquillage*. Avec un autre événement
d'enfance. Cette fois, vers l'âge de neuf ans. Je prenais
plaisir à dessiner des personnages horribles. Mais mes
parents m'ont fait comprendre de ne pas insister. Je me
suis juré alors que j'y reviendrais plus tard, sans trop
savoir pourquoi ni comment. Plus tard, j'ai joint à ce fond
un rêve que j'avais fait alors que j'étais enceinte de ma
fille, en 1973. J'y avais vu le coquillage, les tentacules
du monstre qui l'habitait et le personnage que mon rêve
nommait déjà François Drexel.

«J'ai écrit ce livre, poursuit Esther Rochon, comme
une métaphore de passions. Je me suis retrouvée en connivence avec le personnage de Thrassl. Il suffisait que je

prenne certaines de mes craintes, certaines de mes ten-
dances et que je les amplifie pour arriver à un personnage comme Thrassl. Le monstre-nautile, d'autre part,
est un personnage toujours au-dessus de la situation. Ce
genre de personnage serait, chez des humains, semblable à une sorte de prêtre, de sorcier ou de roi. Il est un
peu mieux que les autres personnages et n'est jamais pris
en défaut dans tout le déroulement du livre.»

Voilà bien, en effet, l'énigme de *Coquillage*, où la
littérature — celle d'Esther Rochon — continue de chercher le sens de la vie individuelle et collective: «Monstre-
nautile, je vis dans les profondeurs sombres, dans les trous
noirs, les coins oubliés du réel. J'empoisonne qui me
craint, je rends heureux qui me fait confiance; je surgis
si on m'appelle très fort.»

1986

Esther Rochon est née en 1948 à Ottawa.
En hommage aux araignées, L'Actuelle, 1974;
L'épuisement du soleil, Le Préambule, 1985;
Coquillage, La Pleine Lune, 1985.

FRANCE THÉORET

Les sciences exactes de l'être

Dans la cour de l'école, deux fillettes se jurent: «Nous parlerons comme on écrit.» Ce serment deviendra le titre d'un récent roman de France Théoret, qui cherche la parole «résistante» car pour elle «écrire est une modalité de l'action».

De ce livre sourd la vie en strates d'histoires qui veulent hâter l'avenir, réinventer le quotidien de chaque femme. Des fragments et des récits se croisent comme pour rejoindre le désir moisi au nœud des générations. Là où la violence n'avait même pas de langage. «J'écrirai pour faire voir les dégâts psychiques de la civilisation», nous avait déjà confié France Théoret. Aujourd'hui, ce roman de la femme quotidienne tient le pari de «reprendre à la psychanalyse le champ verbal de la connaissance psychique».

France Théoret revient au labyrinthe des solitudes et des morts. Elle survit, éveillée de mots. Elle sait que «les femmes bougent par les femmes liées à elles». Elle cherche à décrire les vies sans langage des femmes blessées vivantes. Elle se bat contre toutes les langues de bois, contre tous les langages codés.

«Je suis des strates d'histoires», écrit-elle en fréquentant les lieux communs de la culture et de la ville pour mieux les reconnaître. Aussi ne faut-il pas se surprendre: «Cherchant les assises de la langue, je touche au désespoir.»

Pour gagner sur l'histoire, pour se régénérer, pour parler comme on écrit, il faudra donc circuler en tous sens interdits.

«J'ai voulu écrire le roman de la femme sans langage. J'ai voulu faire parler des milieux où ça crie. Des milieux où, avant et après les cris, il y a des discours qui se répètent comme des disques. Des milieux où les paroles sont redites à satiété si bien que l'on ne les comprend plus. Des milieux où l'on parle avec des menaces continuelles. J'ai voulu faire parler aussi des passages à l'acte: qu'est-ce qui se passe quand il y a des châtiments corporels? J'ai voulu faire parler du non-verbal. Parce que je n'aime que les sciences exactes de l'être. J'ai voulu faire parler ce qui est sans langage. Je sais que cela a déjà été décrit mais je voulais faire appréhender physiquement et émotionnellement les effets que cela a sur les corps. Je voulais essayer de donner une idée des traces quasi indélébiles que cela peut créer dans l'âge adulte. Les sciences exactes de l'être sont liées au désir de faire parler le non-verbal.»

C'est pourquoi, à côté de «l'impossible exactitude à consommer de la mort et de l'anecdote», il y a d'autres femmes, comme France Théoret, qui demandent la parole, «celle qui se parle comme un acte vivant». Il y a les femmes qui s'entretiennent des écritures de Colette et de Virginia Woolf, de Sylvia Plath et des sœurs Brontë. Il y a les femmes qui parlent proches de la musique:

«La musique c'est la proximité de l'écriture, me dit France Théoret. Les écrivains de la modernité ont beaucoup parlé d'eux en train d'écrire. Moi, j'ai voulu décrire les musiques que j'écoutais durant des semaines entières. Ce langage était lié à ma recherche d'un rythme intérieur.

L'écriture du roman était aussi importante que son contenu. Pour trouver ce rythme, il fallait que j'aie dans
l'oreille d'autres rythmes que le mien. Je ne voulais pas
être possédée par mon seul rythme, c'était insoutenable,
à un moment donné. J'ai donc écouté ces musiques qui
vont de Monteverdi à Luigi Nono, de la Renaissance aux
années soixante-dix. Ce sont des musiques que j'aime.
Schoënberg, Mahler, Listz, Varèse. Il fallait que ce soit
aussi des musiques vocales. La voix est d'une très grande
sensualité, en musique. Souvent, les instruments disparaissent quand la voix apparaît. Il y a une présence
humaine très intense dans ces musiques que j'ai choisies
et tenté de décrire.»

D'ailleurs, écrit-elle: «La musique ne touche pas au
ressentiment:

«Parce que je ne parle pas seulement des femmes du
prolétariat mais aussi des femmes de la petite bourgeoisie. Et l'on peut dire qu'à la violence physique, qui se
passe beaucoup, hélas, dans la classe ouvrière, peut correspondre une certaine culpabilité chez les femmes de la
petite bourgeoisie. Cette culpabilité voisine toujours le ressentiment. Mais la musique est en dehors du ressentiment,
elle est un choix. C'est pourquoi, dans mon roman, les
hommes et les femmes se rencontrent en musique. C'est
leur lieu privilégié, un lieu de choix. Il est impossible
d'écouter la musique avec de la culpabilité ou du ressentiment.»

Il faut reconquérir le temps sauvage de l'enfance,
disait Anne Hébert. France Théoret a donc voulu, elle,
incarner le roman de la dépossession en décrivant les interdits, les morts quotidiennes et sociales. Comment
s'éveille-t-on à à certains désirs? Et pourquoi plus dans
un milieu qu'un autre? Il n'y a pourtant pas de mur dans
la ville. Ce n'est pas écrit que l'information ne doit pas
circuler de la même manière dans les quartiers de Mai-

sonneuve et Saint-Henri que dans Outremont et Ville Mont-Royal. Pourquoi la poésie n'est pas faite par tous et toutes? Qu'est-ce qui fait que l'information ne circule pas partout de la même façon? France Théoret a voulu chercher des réponses dans les multiples histoires de son roman, en montrant comment se font les éveils.

«J'ai voulu le montrer d'une façon presque microscopique. Mais d'une manière romanesque, c'est-à-dire matériellement, à partir du concret, à partir de faits et d'anecdotes que j'ai vus ou entendus raconter. Par exemple, j'ai connu beaucoup de femmes qui se sont fait violer à l'âge de onze ans. Il semble que ce soit l'âge idéal pour le viol, en effet, si l'on pense à ce qu'est une fillette de onze ans: avec toute la gaieté de l'enfance et toute la sensualité de la pré-adolescence. Christiane Rochefort a écrit: ''C'est à onze ans que l'on sait si on est idiot ou pas.'' C'est tragique d'être violée à onze ans: c'est l'âge d'intuitions extrêmement profondes et c'est un âge d'une grande intelligence.»

«Morte du désir», écrit encore France Théoret. Et son livre s'est ouvert sur la mort: «Lorsque passe la mort, je dis présente. À ma montre, il est toujours l'heure.» Dans son combat contre les morts, la femme se donne un futur. Cela se terminera par une dérive dans la ville. Comme dans «La Marche», cet autre texte de France Théoret. Marcher, cela a quelque chose d'infini: avancer contre les morts:

«Et je ne comprends toujours pas pourquoi on se laisse prendre aux diverses morts. On devrait les voir tout de suite et essayer d'aller plus loin. Mais non, on s'y laisse prendre. C'est pourquoi on doit toujours s'éclairer contre les réalistes mortifères.»

«L'histoire, je l'ai dans les veines», dit-elle encore. Il faut enfin gagner sur l'histoire. Dans l'urgence d'une parole qui vaudrait pour toutes. «Vivre n'attend plus. L'écriture accélère ce que je vis», m'a dit France Théoret:

«Je voulais revaloriser la parole des mères sans pour autant nier la culture. Ce n'est pas rien d'apprendre à parler à un enfant. Au lieu de vivre le rejet du corps de la mère, on devrait pouvoir en garder des traces. Dans la littérature québécoise traditionnelle, on a souvent parlé de l'omniprésence des mères et de l'absence des pères. C'était justement une façon de nier cette présence-parole des mères. J'ai voulu lui redonner place et vie, non pas dans un matriarcat symbolique, ce dont j'ai horreur, mais bien dans la réalité; pour garder ces traces dont on ne sait jamais rien. On a épuisé le corps de la mère. Moi, j'étais obsédée par ces mères qui ont appris à d'autres à parler.»

Mais que faire avec des mots perdus? «Je vivrai dans le roman, dit-elle:

«Ce qui est montré, avec les sciences exactes de l'être, c'est comment un personnage peut avoir fait des pas d'une façon très minutieuse et très conséquente pour finalement saisir sa liberté. On a beau ne pas la trouver radieuse, cette liberté, la désespérance n'est pas pour moi contradictoire avec l'envie de vivre immédiatement ce que l'on imaginerait pour plus tard. Au contraire, cela force en quelque sorte à être plus exigeante et rigoureuse au temps présent.

«Si j'étais un peu osée je dirais que la psychanalyse, du côté des femmes, comme mode d'approche de l'être et de l'inconscient, s'est beaucoup servie des textes littéraires. Je crois qu'il serait temps que les écrivains fassent un effort dans le sens des sciences exactes de l'être. Pour qu'on puisse connaître d'autres mécanismes. Prenons la question de l'identité: on pourrait aller dans des faits beaucoup plus singuliers, menus, ténus, qui permettraient une meilleure circulation de la parole et des êtres. En ce qui me concerne, cela m'obsède. C'est une tâche que Freud a reconnue aux écrivains et qui pourrait redevenir la leur. Alors, il faut cet effort vers les sciences exactes de l'être.»

Il faut donc «fabuler les yeux ouverts», écrit France Théoret. «Il faut comprendre le jour détruit.» Il faut entendre ces hurlements de femmes dans la nuit. Si elle se souvient qu'il y a sous terre des mémoires vivantes, celle-là qui parle et qui écrit pourra défaire le nœud des générations. Elle pourra devenir «gardienne de mots»:

«C'est-à-dire fidèle à ce que l'on a choisi, fidèle au sens des mots qu'on a choisis. Car le langage nous échappe tout le temps. C'est le propre du langage de nous échapper. Il ne faut surtout pas fixer le langage dans une parole pleine. C'est de cela justement que la femme a beaucoup souffert: d'avoir sacralisé le livre, d'avoir nommé culture ce qui venait d'ailleurs. C'est très aliénant, c'est tuant d'avoir un livre unique. Après la Bible, il ne restait pas beaucoup d'autres mots d'ordre. Alors, nous serons les gardiennes du langage, c'est-à-dire: les gardiennes de nos singularités et de notre propre fidélité.»

1982

France Théoret est née en 1942 à Montréal.
Nous parlerons comme on écrit, roman, Les Herbes rouges, 1982;
Entre raison et déraison, essais, Les Herbes rouges, 1987;
L'homme qui peignait Staline, récits, Les Herbes rouges, 1989.

YVES THÉRIAULT

J'écris pour tout le monde

Yves Thériault n'est pas l'homme sombre et sérieux des photos que l'on connaît de lui. Il serait plutôt le contraire. Gai conteur, joyeux vivant, homme chaleureux. Il est aussi un entêté: celui qui a prouvé au Québec qu'on pouvait vivre de sa plume. Non pas de littérature mais d'écriture.

Aujourd'hui, à soixante-trois ans, après plus de trente livres depuis 1940, il reçoit le prix David avec bonhomie, sans fausse pudeur et avec le regret que le chèque qui accompagne le prix ne soit que de quinze mille dollars cette année et de vingt mille dollars l'an prochain! Il le dit en boutade et ne retient du prix David que la reconnaissance qu'il n'a pas travaillé en vain. Cependant, Yves Thériault restera toujours préoccupé par l'écriture comme gagne-pain. Il en rit, mais c'est sa vie.

C'est derrière des lunettes sombres et les pieds nus dans ses souliers qu'il me rencontre en ville, quelques heures avant de recevoir le prix David. Nous sommes chez son comptable. Puis dans un petit restaurant populaire. L'entrevue durera deux heures. Le temps pour Yves Thériault de me «gagner», de me convaincre de lui-même, me dira-t-il à la fin.

L'homme veut séduire l'autre. C'est là aussi son défi d'écrivain: lui, l'autodidacte, qui n'a fréquenté que l'école primaire.

«Si je n'avais pas eu *Agaguk,* je n'aurais pas pu vivre de ma plume. Pourtant, j'ai de bons tirages, un certain public fidèle et six ou sept livres étudiés dans les écoles. Mais de là à vivre de sa littérature, ce n'est pas vrai. Il m'a fallu faire de la radio, écrire pour les petits journaux quatre articles par soir! Gagner ta vie avec ta plume, cela veut dire travailler comme un chien. Ce n'est pas une question de milliers mais de millions de mots! Et le temps que j'ai fait des petits romans à dix sous, j'ai appris mon métier. J'ai appris la vitesse d'écrire: douze pages à l'heure!

«Mais vraiment — je ne le dis pas à cause du prix David — si c'était à refaire, je referais absolument la même chose. Où est-ce que tu vas retrouver la liberté que ça te donne d'écrire? Liberté d'action, liberté de pouvoir travailler quand tu veux, où tu veux. Cela m'a demandé des sacrifices — consentis mais non volontaires. Il fallait accepter la situation, avec des hauts et des bas, avec des étés à travailler au lieu d'aller en vacances. Mais écrire, cela voulait dire aussi la liberté.

«Parmi mes livres, ceux que je préfère sont *Aaron, Le dernier havre* et *Moi, Pierre Huneau.* Ce sont des livres de tendresse. *Aaron,* je l'aime aussi pour des raisons techniques. J'ai réussi à créer une atmosphère normalement étrangère à un occidental blanc américain et catholique de naissance. Ce roman n'a pas encore démarré: l'antisémitisme existe! Un critique d'Ottawa, qui avait descendu *Aaron* à sa parution, m'a même avoué par la suite qu'il ne pouvait pas tolérer les Juifs!

«De toute façon, je reste l'écrivain le plus mal criti-
qué, le plus attaqué au Québec. Parce que la critique est
souvent universitaire. Tu sais l'avantage d'être universitaire: tes collègues te ménagent un peu partout parce qu'ils
seront peut-être appelés un jour à travailler dans le même
département que toi. Mais quand l'écrivain n'est pas du
milieu et que la critique est universitaire, là, tu l'as, ton
biscuit!

«Mais la critique n'a rien changé de mon écriture.
J'ai toujours écrit mes livres comme je le voulais. Parfois j'ai réussi. Parfois j'ai raté. Le meilleur jardinier de
la terre n'a pas trois jardins consécutifs absolument par-
faits. J'ai écrit trente-cinq ou trente-six livres. J'en ai quatre ou cinq qui ne sont pas un succès d'écriture. Je les
ai écrits pour l'argent, pour l'avance de l'éditeur, pour
ajouter un titre à la liste, pour que le chèque dans six mois
soit plus gros! C'est pas une excuse, je le sais. Mais c'est
une acceptation des circonstances. Et les livres que j'ai
mis le plus de temps à écrire, ils n'ont pas eu de succès
tout de suite!

«Moi, j'aime raconter. Faire une histoire. C'est mon
talent. Et chez tout conteur, il y a un comédien. Le conteur est un gars qui veut épater, intéresser, fasciner, faire
rire et pleurer. Il est essentiel pour lui que son public réa-
gisse, dans un sens ou dans l'autre. Le conteur va faire
des efforts pour trouver la touche qui fera vibrer son
public.

«Conter par écrit, cela revient au même. Tu peux
juger par toi-même du rythme d'émotion du récit. Si, en
l'écrivant, tu réussis, par le jeu des mots, à provoquer
chez toi des émotions… Moi, la fin d'*Aaron,* je l'ai écrite
les larmes me coulaient sur les joues. Parce que tout à
coup, dans l'ensemble du roman, un personnage, le vieux

Moishe, était tellement pathétique. Cela m'est arrivé plusieurs fois, pour les histoires que j'inventais, de ressentir ce genre d'émotions: serrement à la gorge, larmes aux yeux… C'est alors que je sais que je l'ai! Si t'as pas ça, t'as pas réussi, t'as pas franchi ton petit Rubicon!

«Il n'y a pas de plus grand compliment que celui de quelqu'un qui me dit qu'il a lu tel livre et que ça lui a «fait quelque chose». Mais quand on me dit: «Quels beaux mots, quelle syntaxe et quelle perfection de la langue!», cela ne m'émeut pas du tout. La langue n'a pas besoin de la perfection mais de l'efficacité, pour bien communiquer.

«Je n'ai pas fait mon cours classique, malheureusement, mais j'étais conscient qu'il fallait apprendre un français qui soit compris de n'importe quel Français! J'ai lu, à vingt ans, beaucoup de revues et d'auteurs français. J'ai fait énormément de lectures de dictionnaires aussi. Pas en étude. Non. Mais le mot, pour moi, c'est quelque chose que j'aime tellement. Il me plaît de lire des mots pour le plaisir de la chose. Avant d'écrire un livre, je peux collectionner des mots. Des mots très simples, dont l'esthétique me frappe, la sonorité et la forme.

«Écrire, c'est un peu comme construire une maison. Là-dedans, t'as des êtres humains, des décors, des forêts, des champs de blé… On a dit que j'étais un écrivain de la nature. Peut-être. Mais c'est par un choix qui est animal. Je n'aime pas la ville. Comment pourrais-je émotivement situer un roman dans la ville? J'ai cette plaisance de la forêt, de la nature. J'aime rester deux heures assis à regarder un torrent. La nature a un rythme similaire à l'humain. Elle dépend de ses saisons, de sa chaleur et de son froid, de sa croissance, de son épanouissement. La terre est elle-même une chose extrêmement complexe. Tu

ne peux pas rester indifférent devant cela. Bien sûr que
j'ai transposé la nature dans mon œuvre. Parce que je me
suis mis à la connaître, je la comprends. Disons qu'on
est sur la même longueur d'ondes. J'en suis très fier. Je
vais laisser à d'autres le soin de s'occuper des bourgeois,
de la grande ville et des autoroutes. Moi, je vais m'occuper de l'humain avant tout et toujours, autant que possible, dans la nature. Parce que c'est là, je crois, devant
les forces de la nature, que l'être humain donne sa mesure
— du moins mon choix d'être humain!

«La création, c'est de transposer des émotions. Mais
c'est autant mécanique qu'émotif. Pour monter une histoire, il faut avoir une connaissance et une compassion
humaine. Il faut aussi reconnaître que certaines émotions
vont créer des interactions. Il faut savoir rassembler les
éléments pour créer l'émotion, l'intérêt chez le public.
C'est là un métier qui devient instinctif avec le temps.

«Moi, j'ai écrit après avoir lu Ramuz. Jacques Godbout m'a dit que je l'avais fait écrire, lui et toute une génération. Moi, c'est Ramuz, le déclic. Puis, j'ai envoyé mes
premiers contes au *Jour* de Jean-Charles Harvey qui les
a publiés en première page. C'était par défi, comme tout
ce que j'ai fait dans ma vie. À partir de ce moment-là,
j'avais la preuve que je pouvais écrire. Mais longtemps
j'ai eu peur que quelqu'un arrive, un recteur d'université
ou un autre, et me dise: «T'as pas le droit d'écrire!» Moi,
j'avais huit ans d'école! Et c'est seulement quand *Agaguk* est paru en France que j'ai été rassuré. Je me suis
dit: «Si Grasset me publie, je suis un écrivain!» Cela a
pris du temps!

«Tout cela pour dire que ma vie est une suite de para-
doxes et de coïncidences. S'il y avait un gars non pré-
paré à écrire, c'était bien moi. Et si Ramuz vivait, j'irais

lui dire que j'ai écrit à cause de lui. J'avais bien toutes sortes d'histoires qui me trottaient dans la tête... mais pour vivre de ma plume au Québec, il m'a fallu être entêté. Et l'on sait qu'un seul écrivain sur cinq survit... Aussi, je ne me suis pas posé la question à savoir si j'écrivais pour un public petit ou moyen. Je me suis toujours dit: j'écris pour tout le monde!»

1979

Yves Thériault (1915-1983) est né à Québec.
Aaron, Institut littéraire du Québec, 1954; Grasset, 1957; Stanké, coll. Québec 10/10, 1981;
Agaguk, Institut littéraire du Québec, 1958; Grasset, 1958; Stanké, coll. Québec 10/10, 1981;
Ashini, Fides, 1960; Fides, Bibliothèque québécoise, 1988.

MARIE JOSÉ THÉRIAULT

Le rêve mode d'emploi

Marie José Thériault ne manque pas de vocabulaire:
ses livres foisonnent de mots rares et précis. Mais cette
fois, le rêve l'a emporté sur le dictionnaire: il lui a fallu
inventer un néologisme pour désigner celui qui fait voler
les chevaux: *l'envoleur*. Et «L'envoleur de chevaux» a
donné son titre à un nouveau recueil de contes.

En page couverture du livre, on reconnaît cet *envoleur* de chevaux et divers éléments du conte regroupés
dans la tradition de la miniature persane. Cette œuvre de
finesse et de couleurs ressemble à l'écriture de Marie
José Thériault. Rien d'étonnant à cela: le dessin est bien
d'elle. Depuis longtemps, elle pratique la miniature persane et la calligraphie orientale. Depuis quatre ans, elle
apprend cette langue difficile qu'est le persan, qu'elle
trouve plus élégante que l'arabe. Marie José Thériault fréquente le Moyen-Orient comme son monde de rêve.

Cela finit par transparaître dans son monde littéraire.
Un de ses contes, *Le trente et unième oiseau;* devient
même un pastiche des *Mille et une nuits*. Mais là doit
s'arrêter la comparaison. Marie-José Thériault écrit des
contes originaux, séduisants sinon envoûtants, pleins
de verve et de vie. Ces contes illustrent la quête du

«centième nom de l'amour», celui qu'on ne connaît pas, dirait son personnage Radko. Ce sont des contes volontiers fantastiques, parfois drôles, parfois cruels, où l'écrivaine s'empresse de faire disparaître les personnages qui s'ennuient ou qui trichent. Seul subsiste le rêve amoureux.

D'ailleurs, «L'envoleur de chevaux», comme plusieurs des contes de ce recueil, est sorti des rêves de l'auteure. «Je rêve beaucoup les contes avant de les écrire, me dit-elle. Cinquante pour-cent de ce recueil-là est rêvé. Et dans certains cas, c'est une transcription sans ajout ou très peu modifiée qu'on peut lire. Cela m'est donné comme ça. Je remercie le ciel! Que veux-tu? Quand tu te réveilles avec un conte comme «L'Envoleur de chevaux», si tu ne l'écris pas, t'es pas drôle!

«Il faut pouvoir se faire ses propres voyages. Ce ne sont pas les autres qui vont nous les donner! Écrire, c'est donner une matière brute aux autres qui ne sont pas capables de se la faire eux-mêmes. Cette matière brute, je la prends aussi chez d'autres, pour moi. Ce que j'écris cela revient à dire: voici un petit manuel de rêves. Mes livres seraient une invitation au rêve comme au voyage. Le rêve mode d'emploi.»

Pour Marie José Thériault, avant l'écriture, il y a eu la danse et la chanson. Elle dansait le flamenco sous le pseudonyme de Maria Vargas. Les journaux lui rappelaient alors son vrai nom et surtout celui de son père, Yves Thériault. Elle chantait sous le nom de Marie José. Les journaux lui rappelaient encore qu'elle était la nièce du chansonnier Jacques Blanchet. Dans les salons, on la présentait comme «la fille d'Yves Thériault».

«Je n'avais pas d'identité propre. Je n'avais même pas de prénom, se rappelle-t-elle aujourd'hui. Je me demandais ce qui allait arriver quand je commencerais à écrire, si cela allait être un combat sans cesse à contre-courant de mon identité.

«C'est à partir du jour où j'ai commencé à publier qu'on a cessé de me prendre pour la fille de mon père et que je suis devenue Marie-José Thériault. Mais le problème s'est déplacé: on ne m'a rien pardonné. Rien. T'es la fille d'un écrivain, tu dois savoir écrire déjà au berceau! Demande-t-on à un fils de plombier de savoir faire des joints de tuyaux au berceau? Mais c'est ce qu'on demande à un fils ou à une fille d'écrivain, de comédien, d'artiste ou de créateur! On ne nous pardonne rien. On est censé posséder la science infuse!

«C'est faux! Il faut faire son expérience soi-même. Certes, il y avait l'avantage d'être dans un milieu où c'est difficile de pénétrer. Mais cela ne m'a pas aidée vraiment. J'ai ouvert mes propres portes. Papa avait tellement mauvais caractère que, de toute façon, au lieu d'ouvrir les portes il se les fermait souvent. Il me fallait plutôt les rouvrir dans certains cas!

«Être la fille de Yves Thériault a été important pour moi à un tout autre point de vue. Cela m'a évité les écueils qu'on rencontre quand on commence à écrire: la première page blanche, la première panique et certains phénomènes psychologiques liés à la création. Je pouvais prendre le téléphone, appeler papa et lui demander de m'expliquer ce qui se passait. En même temps, je suis très consciente que lui n'avait jamais eu personne pour lui expliquer ce qui arrivait dans la création. Moi, j'avais un complice dans l'écriture, qui était plus qu'un ami ou un collègue écrivain. Il y avait entre nous un lien très profond, dont j'ai pris conscience très tardivement, peu de temps avant sa mort. Cette complicité n'était pas du tout d'ordre intellectuel, puisque papa n'était pas un intellectuel mais un artisan. Notre entente littéraire n'était absolument pas faite d'envols académiques ou de tortures cérébrales! C'était un rapport très matériel, presque palpable, comme celui d'un maître et d'un apprenti qui travailleraient la terre ensemble. D'ailleurs, depuis qu'il est parti, ce rapport viscéral me manque. N'importe qui d'autre dans le métier ne pouvait remplacer ce lien privilégié qui était aussi le lien du sang.»

Aujourd'hui qu'elle a publié une douzaine de livres de contes et de poèmes, Marie José Thériault peut parler avec un certain détachement de cette situation doublement difficile: celle de devenir écrivain quand on est une fille et qu'on a comme père Yves Thériault. Plus jeune, elle avait longtemps fui l'écriture.

«L'écriture a d'abord commencé chez moi par un refus systématique de l'écriture. Qui était dû à l'omniprésence de papa et au fait que le métier d'écrivain m'apparaissait très pénible pour soi et pour les autres. D'instinct je me disais que l'homme que j'avais devant moi n'était pas vraiment heureux, en tout cas pas serein. C'était un homme torturé. Puis, je voyais les moments d'avant la publication, où maman travaillait beaucoup avec papa, chargés de tensions très vives comme cela se passe entre tout écrivain et son correcteur. Alors, j'ai fait un lien très net entre la torture et l'écriture, entre le métier de publier et celui d'écrire.

«J'ai donc fait toutes sortes de choses sauf écrire pour publier. J'ai dansé, j'ai chanté, j'ai dessiné. J'avais cependant commencé d'écrire pour moi très jeune. Vers l'âge de huit ans, le premier déclencheur de l'écriture fut Saint-John Perse. On m'a d'ailleurs souvent reproché par la suite d'écrire sous son influence. Très jeune, je le lisais sans comprendre. Mais je me laissais porter par la musique de ses mots. Je me laissais imprégner par son rythme particulier, par l'envol de sa poésie.

«J'ai commencé à écrire vraiment quand ma mère est tombée malade, en Italie, entre la vie et la mort. Je lui ai alors apporté un poème. L'Italie a été mon lieu de naissance à l'écriture. Ensuite il y eut le refus. Ce qui ne m'a pas empêchée de tenir un journal, d'écrire des poèmes pour moi puis des lettres à n'en plus finir vers des amours imaginaires ou réels. En 1970, je ne sais pas ce qui s'est passé, mais il y a eu un déclencheur qui m'a fait accepter d'avoir besoin d'écrire.

«Ce qui m'a longtemps manqué dans l'écriture, c'est l'espace scénique que je pouvais utiliser comme danseuse. Je n'ai pas l'inspiration très visuelle et je n'ai donc pas écrit pour le théâtre afin de pouvoir compenser ce manque. Car pour devenir visuel, mon imaginaire doit passer par les mots.

«Il m'est arrivé une seule fois d'écrire le texte en ayant l'impression de transcrire ce qui se passait devant mes yeux comme sur un écran, où j'avais une lentille de caméra à la place de la tête. Cela a d'ailleurs donné un texte très cinématographique, «La gare», qui inaugure le recueil *L'envoleur de chevaux*. J'ai été incapable par la suite de reproduire ce phénomène.

«Normalement, quand j'écris ce n'est pas cela qui se passe. J'ai un écran blanc dans la tête et ce sont des agencements de mots qui me viennent. C'est plus par sons, par musicalité et par rythmes que les mots vont me venir. Les sonorités ont toujours beaucoup de sens pour moi, elles sont chargées d'images. C'est en agençant ces images sonores que j'obtiens une image visuelle.»

Peinture, danse, chant, écriture, c'est la vie de Marie José Thériault. Car sans l'œuvre d'art, il n'y a pas pour elle de réconciliation possible avec le monde. «Je trouve la vie de plus en plus absurde. L'art m'aide à avaler le morceau, dit-elle. Je me demande si j'aurais le courage de passer à travers la vie, s'il n'y avait pas la littérature. Je suis constamment à la recherche d'un déclencheur. Trouver le mot, la phrase qui me donnent ces états de grâce trop brefs, qui peuvent durer une minute ou trois jours. Entre ces moments, il y a de grands trous. Et je trouve que plus on avance dans la vie, dans le métier, dans le milieu, plus on vit, plus on voit des choses, plus on écrit soi-même, plus on se rend compte qu'il y a une quantité phénoménale de médiocrité pour le petit moment de grâce et que c'est payer rudement cher!

«Moi, je ne serais pas capable de passer à travers si je n'avais pas ce talent de créer des choses et d'absorber la création des autres, de m'en nourrir et de trouver une sorte de rédemption dans une toile, dans une photo, dans un livre. Si je n'avais pas l'art, je pense que tout de suite j'irais mesurer la longueur de la corde.»

1986

Marie José Thériault est née en 1945 à Montréal.
La cérémonie, La Presse, 1978;
Les demoiselles de Numidie, Boréal, 1984;
L'envoleur de chevaux et autres contes, Boréal, 1986.

MICHEL TREMBLAY

Du théâtre au roman

Michel Tremblay revient au théâtre après trois ans d'absence. Entre le cycle des *Belles-sœurs* et cet *Impromptu d'Outremont* qui est créé ces jours-ci au Théâtre du Nouveau Monde, Tremblay a écrit un roman qui a eu beaucoup de succès: *La grosse femme d'à côté est enceinte.* Michel Tremblay est un écrivain dont l'aventure est passionnante. C'est son chemin de l'écriture qu'il m'a raconté.

«Comme tous les enfants de ma génération, j'ai été élevé devant la télévision. Quand elle est arrivée en 1952, j'avais dix ans. Et comme tous les enfants de la télévision, je voulais devenir un acteur. Vers onze-douze ans, à chaque mois d'avril, j'annonçais à tout le monde sur la rue Fabre que je m'en irais à Hollywood! Mais du jour où j'ai découvert que ce que disaient les acteurs à la télévision était écrit par quelqu'un d'autre, je me suis dit que je serais cet homme. J'ai tout fait pour le devenir.

«La fascination de l'écriture m'est donc venue vraiment par l'entremise de personnages. Le fait de se cacher, de dire ce que les autres vont faire: cela m'a donné le goût d'écrire. Le jour où j'ai découvert que quelqu'un était caché derrière *La famille Plouffe!...* d'ailleurs, la

première chose que j'ai écrite est un «roman» à partir de
la famille Plouffe! J'avais treize ans et j'étais en septième
année. Mon récit donnait son quatre mille piastres enfin
à Cécile qui pouvait marier Onésime. Mais à la fin du
récit, il y avait un vol de banque au moment même ou
Cécile allait chercher son quatre mille piastres! Mon défaitisme naturel, déjà, à treize ans! Plus tard, je suis tombé
sur les films de Marcel Carné, *Les enfants du paradis* et
surtout *Les visiteurs du soir*. Ce dernier film m'avait inspiré une pièce qui se passait dans un donjon. C'était déjà
une histoire d'inceste: deux jeunes bergers, le frère et la
sœur, chassés de leur patelin et devenus saltimbanques,
résistaient à un baron qui les avait mis au bûcher. D'ailleurs, le troisième acte se passait sur le bûcher. Les enfants
étaient en train de rôtir...

«Puis, vers dix-sept ans, j'ai opté pour le récit fantastique. J'ai délaissé le théâtre pour des raisons que j'ai
pu m'expliquer plus tard: parce qu'on a tous été élevés
dans un pays où la culture était exotique et venait d'ailleurs. Ce qui fait qu'il m'était beaucoup plus difficile au
théâtre de m'éloigner de ma vie quotidienne que dans le
roman ou la nouvelle. Alors, quand j'ai cessé d'écrire des
faux scénarios de films ou des pièces qui se passaient dans
des donjons, je ne pouvais pas penser écrire des choses
qui se passeraient ici. Les *Contes pour buveurs attardés*,
par exemple, se passent dans tous les pays du monde sauf
ici.

«J'ai écrit du fantastique jusqu'à l'âge de vingt-trois
ans. C'est très grave, en fait. Je dis souvent que j'étais
jeune pour écrire *Les belles-sœurs* mais que j'étais déjà
vieux pour comprendre qu'il fallait écrire en québécois!
«Quand je n'ai pas écrit en québécois, je n'ai à peu près
pas fait de théâtre. Cela a duré de dix-sept à vingt-trois

ans. Mais le jour où j'ai décidé de revenir au théâtre, j'ai écrit *Les belles-sœurs*. Du jour au lendemain. C'est vrai. C'est la seule pièce que je n'aie pas préparée. Mes pièces, je les prépare durant des années. Mais pour *Les belles-sœurs*, j'ai dit à Brassard en août 1965 que j'allais essayer d'écrire un sketch avec deux vieilles filles qui reviennent du salon mortuaire. Six semaines plus tard, j'avais écrit *Les belles-sœurs*. Je ne l'avais pas préparée du tout. C'est étonnant que cette pièce tienne encore. Elle aurait pu être mal structurée. Mais c'était un tel besoin d'employer ce langage, ces personnages et cette structure classique de l'unité de lieu et de temps que c'est sorti d'un seul jet. Je suis très chanceux que cela me soit arrivé. J'ai pu découvrir que si je n'aimais pas le cinéma et le théâtre qui se faisaient à ce moment-là, c'était parce qu'ils n'étaient pas écrits comme le monde était vraiment. Mais *Les belles-sœurs* n'ont été jouées qu'en 1968, trois ans plus tard, après avoir été refusées partout. La même saison, il y avait eu en juillet deux pièces de Réjean Ducharme et en novembre *l'Osstidcho*. Le Québec s'était donné un coup d'adrénalyne!

«*Les belles-sœurs* est une pièce assez étonnante pour l'éveil des femmes aussi. Évidemment, c'est écrit par un homme. Il y a des grosses erreurs psychologiques et des personnages très faibles. Mais j'ai toujours considéré *Les belles-sœurs* comme une toile de fond sur laquelle j'ai brodé, mis de la couleur. Je me suis approché par la suite de certains personnages.

«Quand *Les belles-sœurs* a été créée, en 1968, j'avais déjà choisi le théâtre. J'avais écrit deux spectacles: *En pièces détachées* et *La duchesse de Langeais*. Je savais que j'allais désormais écrire surtout du théâtre. Dans la vie, faut que tu connaisses tes limites, faut que tu saches

dans quoi t'es bon. D'ailleurs, j'ai une petite philosophie
comme quoi la vie doit se faire au compte-gouttes: ne pas
dépasser les étapes, ne pas monter les escaliers trop vite.
Apprendre à vivre et faire de nouvelles choses à mesure
que t'apprends. J'ai toujours été discipliné et prudent dans
ma façon de penser et dans ce que j'écrivais. Je ne me
suis jamais rien permis où je n'aurais pas été sûr d'avoir
quelque chose à dire.

«Au théâtre, j'accorde aux autres une part de création qui est égale à la mienne: au metteur en scène, aux
acteurs, au décorateur, aux techniciens. Le texte écrit de
théâtre ne doit jamais être le spectacle. Autrement, je
n'aurais qu'à écrire du roman. Si j'avais la prétention de
tout pouvoir dire en écrivant, je n'écrirais pas de théâtre.
Parce que le théâtre, t'écris toujours ça dans le ''danger'':
il faut avoir l'humilité, quand t'écris du théâtre, de savoir
que du monde va prendre ton texte et en faire un spectacle. Un metteur en scène va apporter quelque chose qui
vient de lui; les acteurs vont apporter un autre crémage;
le décorateur, l'éclairagiste, etc. Le vrai théâtre, c'est
quand le monde s'assoit et que le show commence. Tout
ce qui vient avant, c'est les morceaux d'un puzzle. Autrement, je monterais mes shows moi-même. Mais j'aime
beaucoup mieux que Brassard me fasse des bonnes et des
''mauvaises'' surprises!»

*

«L'écriture du roman, c'est différent. Ça a été mon
choc culturel des années soixante-dix-sept, soixante-dix-
huit. Avec *La grosse femme d'à côté est enceinte,* j'ai pu
transmettre un besoin que j'avais. Je sais maintenant que
quand je vais vouloir être agressif, je vais écrire du

théâtre. Et quand je vais vouloir dire ce que moi je pense, quand je vais vouloir m'impliquer personnellement, je vais assumer mon rôle de conteur, je vais être le narrateur de mes romans.

«J'ai vraiment l'impression qu'au théâtre on est là pour crier des affaires au monde et que quand t'écris un roman tu racontes une histoire à l'oreille de ton meilleur ami. Le roman me désarme beaucoup. C'est touchant, écrire un roman. Je le découvre encore en écrivant *Thérèse et Pierrette à l'école des saints-anges*. Chaque matin, je trouve touchant d'avoir ce monde bouleversant et d'être tout seul à le modeler. De ne pas savoir que Brassard et mes actrices vont être là, ni Laplante pour décorer ou enjoliver ce que j'ai fait. C'est désarmant et bouleversant en même temps. Et je me fais beaucoup rire et je me fais beaucoup brailler. Et je sais que seulement ce que je fais va me faire rire ou brailler. Que personne d'autre n'ajoutera rien après l'écriture. Alors, c'est une découverte du monde. C'est une découverte de ce que j'ai en moi et que je n'ai jamais pu exorciser au théâtre parce que c'est les autres qui travaillaient.

«Par exemple, Jean-Claude Germain est très chanceux de pouvoir mettre lui-même ses textes en scène. Par contre, il perd l'espèce de cadeau que les autres lui font quand ils t'arrivent avec un show fait, produit. Bien sûr, Germain doit avoir des joies à mettre en scène lui-même. C'est un plaisir que je ne connais pas. Mais pour lui aussi, il y a un plaisir qu'il ne connaît pas. Moi, mon plaisir devant l'écriture, il est probablement plus profond — en tout cas plus définitif — quand j'écris pour le roman: je sais que je suis tout seul.

«De toute façon, au théâtre, mon grand trip a toujours été de m'immiscer à l'intérieur de personnages et de devenir ces personnages-là. Par ailleurs, dans le roman *La grosse femme*, il est enfin dit que le narrateur, moi, aime ce monde-là. Ce qui n'avait pas été dit au théâtre. Par contre, quand tu vois une de mes pièces, tu sens l'auteur présent. Et dans le roman, l'auteur te raconte les choses. Le roman vient d'un besoin d'écrire, de décrire, de triper, de faire triper le monde. Mais le théâtre va toujours venir à un moment psychologique de ma vie. Mes pièces sont toujours venues d'un cheminement très précis de mes besoins dans ma vie. J'ai commencé à parler d'homosexualité quand j'ai été prêt à le faire. Mais j'ai d'abord parlé des femmes parce que mes premiers flashes de conscience me sont venus des femmes. C'était le besoin féminin en moi qui faisait que j'allais écrire sur elles. Toutes mes pièces sont des jalons dans ma vie personnelle. Ce que mes romans ne peuvent pas être. C'est pourquoi je trouve merveilleux de pouvoir faire les deux maintenant: théâtre et roman.

«Le besoin d'écrire? On a beau dire, on écrit pour se faire aimer. C'est très kétaine, c'est très primaire. Mais moi, je le sais que j'écris pour me faire aimer. Quand tu poses un geste créateur, même quand t'insultes le monde, il y a un besoin en toi de te faire aimer. Même dans les poésies les plus insultantes, ou le théâtre le plus bas ou les romans les plus fous! Attirer l'attention sur soi, c'est déjà un besoin de se faire aimer. Surtout quand t'es dans une société aseptisée comme la nôtre. Aucun écrivain ne peut dire qu'il n'y a pas ça quelque part en lui. À moins d'être Fernande de *L'impromptu d'Outremont* et de ne jamais publier. Il y a sûrement des génies qui ont écrit pour eux-mêmes sans jamais publier. Mais c'est autre chose. Et si tu publies, c'est pour que le monde te lise, pour te faire lire, aimer.

«Je n'écris pas pour des raisons métaphysiques. D'ailleurs, je me suis complètement coupé d'un certain langage, d'une certaine façon de penser pour le reste de mes jours. C'est en dehors de mon cerveau. Il y a une dialectique à laquelle je me refuse. C'est comme pour le langage. Il faut faire attention avec le langage. La première fois que tu parles, c'est pour te faire entendre de tout le monde. Mais au fur et à mesure que tu parles tu te retrouves de plus en plus en petit comité. Mais t'as pas le droit de ne pas t'adresser à tout le monde.

«Je vais te donner un exemple. À un moment donné, moi, j'étais un lecteur maniaque de la revue *Parti pris,* à la fin des années cinquante et au début des années soixante. Et j'ai arrêté de les lire au moment où moi, ouvrier, linotypiste à l'Imprimerie judiciaire, je n'ai plus compris leurs propos. Je me suis dit: ''Ils se parlent entre eux. Avant, je les comprenais, je les lisais. Maintenant, ils se parlent entre eux: je vais passer à autre chose, je vais essayer de trouver une autre gang que je comprends.''

«On peut faire un trip à soi, pour tâcher de s'exprimer, mais alors il ne faut pas faire accroire au monde que tu leur parles. C'est pas vrai, tu leur parles pas! Je n'accepte pas qu'on parle à quelqu'un dans une langue qu'il ne comprend pas. C'est d'ailleurs la grande difficulté de mes quinze années d'écriture: faire des choses qui peuvent être claires pour bien du monde.»

«Non. Je ne pourrais pas me passer de l'écriture. Depuis que j'ai écrit *Les belles-sœurs,* je n'ai pas pris de vacances. *Carmen,* ça a pris trois semaines à s'écrire mais ça a cogité pendant quatre ans! Et quand tu portes en toi des choses que t'es pas capable de mettre au monde, tu travailles en maudit! C'est même épuisant physiquement, pas seulement mentalement. Mais je ne conçois pas la vie sans au moins un projet. Je ne parle pas de l'écriture en soi: c'est un trip moins constant chez moi. Ce n'est pas comme pour Victor-Lévy Beaulieu ou Michel Garneau: ils ont un besoin physique d'écrire, ils s'assoient durant des heures. Michel Garneau me fait mourir avec ses plumes de toutes les grosseurs… Le besoin d'écriture, chez moi, est différent. Il ne me vient pas de moi. Il vient de ce que j'ai à dire des autres, des personnages. Je n'ai pas un besoin impérieux de me jeter sur une napkin pour écrire un poème! Ce que je respecte. Mais mon besoin est tout à fait autre. Actuellement, je pourrais aller en vacances ou vivre de mes rentes durant deux ou trois ans sans écrire (mon théâtre joué aux États-Unis et au Canada anglais me fait vivre). Mais sans écrire, je mourrais là. Ça serait pas l'asile, ça serait vraiment la mort. C'est impensable pour moi de ne pas écrire. Pour l'instant, je suis heureux: j'en ai jusqu'en 1983 à écrire les suites de *La grosse femme*. Il va y avoir quatre romans en tout. Et j'ai un projet de pièce à deux personnages. Mais comme j'ai dit à Brassard: Sois patient, je ne les connais pas assez. J'attends de vraiment connaître le monde avant de l'écrire. Parce que c'est une grande responsabilité que d'écrire une heure et demie à l'intérieur d'un être humain complet qui a vécu et va vivre des années après cette heure et demie que tu as choisi de décrire. Tu peux pas t'asseoir un matin à ta table et te dire: ''Je vais inventer aujourd'hui un être humain!'' Ça ne se fait pas!

«La pire chose que je me suis fait dire dans la vie, c'est d'ailleurs à la création de *Carmen*. Un critique a dit: ''Enfin Tremblay a tué deux de ses personnages! Quand va-t-il tuer les autres?'' Je comprends que ça vient de quelqu'un qui n'aime pas ça, mais c'est vraiment un irrespect pour la création! Parce que j'ai sacrifié Carmen pour qu'elle ne finisse pas comme moi, récupérée par la société. Carmen, c'est une star. Et je l'ai tuée parce que je voulais qu'elle reste pure. C'est dans ce sens qu'elle est une sainte. Parce que personne ne reste saint. On le devient après sa mort! Personne ne reste saint quand il est vivant!» (Grand rire.)

1980

Michel Tremblay est né en 1942 à Montréal.
À toi, pour toujours, ta Marie-Lou, théâtre, Leméac, 1971;
La grosse femme d'à côté est enceinte, roman, Leméac, 1978; Laffont, 1979; Leméac, coll. Poche Québec, 1986;
Le premier quartier de la lune, Leméac, 1989.

YOLANDE VILLEMAIRE

La vie en prose

Yolande Villemaire ou Rrose Sélavy, qui est la vraie? Née dans les années vingt en plein surréalisme, fille de Duchamp et Desnos, Rrose Sélavy jouait à se faufiler entre le rêve et le mot. Née dans les années cinquante, jumelle de Nicole Brossard et de Réjean Ducharme, Yolande Villemaire, elle, cherche la vie en prose: elle écrit pour jeter le pont entre le réel et la fiction.

Rrose Sélavy, elle, a certainement reconnu dans *La vie en prose* cette Noé Vladimira Yelle dont l'histoire d'écrire devient l'écriture d'une passion. D'ailleurs, pour ces deux drôles de filles, qui se retrouvent aux deux bouts de ce siècle, la vie est bien la même: une Dame en rose qui fait son apparition dans la chambre noire de la mémoire et du rêve. Et le rose est devenu une couleur qui guérit. Le rose, couleur «féminine» (voir les bébés au berceau), devient couleur «féministe»: «le rose est devenu notre pouvoir», m'explique Yolande Villemaire. Ainsi la vie en rose devient la vie en prose.

Yolande Villemaire me reçoit entre ciel et terre. Dans les tours de La Cité, le vent déchire le silence. L'appartement est noyé de rose. Dehors, il fait bleu nuit. La ville s'endort. Yolande Villemaire me parle du dieu Ptah. Il faut tout nommer. «J'ai une peur atroce du silence», me dit-elle deux fois. «Tu te sens plus réelle quand tu nommes.» Il lui faut rester branchée à l'énergie des mots. D'ailleurs, dans quelques mois, elle programmera l'ordinateur de son frère. Mais pour l'instant, nous sommes dans la vie en prose: Paradise Now. Le travail quotidien de l'utopie à partir de la mémoire et des mythologies. «Je me suis juré, un jour, quand j'étais petite, de ne jamais oublier.»

Dans ce temps-là, Yolande Villemaire avait peur de manquer de livres: alors, elle s'est mise à écrire des histoires pour les lire. Ensuite, vers l'âge de quinze ans, elle copie Anne Hébert: *Le tombeau des rois* m'a inspirée pour mes poèmes de suicide.» Puis, un premier choc culturel: Chamomor, personnage de Réjean Ducharme: «Je réalise pour la première fois qu'une histoire pouvait se passer ici.» Découverte aussi de la liberté du langage. «Le mot chat me grafigne.» Ensuite, *Trou de mémoire*: déchiffrer les jeux d'Hubert Aquin avec ses lecteurs. Enfin, Nicole Brossard: *French kiss.* «J'ai trouvé ce roman absolument suave, bon, délicieux comme un fruit. Je me suis demandée comment elle avait fait. Je me suis amusée à le démonter, à le déchiffrer.»

Ainsi Yolande Villemaire s'est mise à travailler dans la matière des mots. Ainsi elle traverse à son tour la vie en prose. Puisque l'écriture est ce pont qui passe au-dessus de l'océan de la réalité. Comme le pont de Sirah du Coran, jeté au-dessus des gouffres de la raison logique et de la folie symbolique.

«*La vie en prose,* c'est une passerelle qui essayerait de passer entre la vie et la prose, justement: entre ce que la vie peut avoir d'incompréhensible, d'intangible, et la prose, qui serait comme une façon d'organiser tout ça.

L'écriture, pour moi, c'est ce qui va essayer de passer entre les deux. Mais sans nier la complexité de la vie, sans vouloir non plus tout organiser. C'est pourquoi l'écriture ne fait que tomber dans l'un ou dans l'autre.»

Dans *La vie en prose,* Yolande Villemaire a voulu écrire une figure: celle de l'enchâssement (voir le dictionnaire Gradus de Dupriez, coll. 10/18). C'est le procédé métonymique qui est de prendre la partie pour le tout. «Pour comprendre la vie, sérier un élément de ce fouillis, le voir en perspective», m'explique Yolande Villemaire. L'image dans l'image, cela finit en spirale. On finit par s'y perdre. Comme quand on regarde un objet de trop près. Comme certains moines bouddhistes arrivent par ascèse à voir tout un paysage dans une fève. Comme ce prisonnier de l'histoire de Borges: il voit apparaître un jaguar, une seconde par jour. Il cherche le mystère. Il découvre enfin que le dieu a écrit le message dans le pelage du jaguar. C'est le pelage du jaguar qui se transmet de génération en génération depuis la nuit des temps: c'est là qu'il a pu lire le secret. «Ainsi, dit Yolande Villemaire, peu importe le sujet qu'on observe: on peut voir le tout dans tout, on peut voir le tout dans la partie.» Voilà pour la métonymie, où l'écriture reconstruit peut-être une sorte de mémoire de la vie.

D'ailleurs, les images sont des mémoires, des condensateurs, des catalyseurs d'une expérience collective. Elles permettent de prendre des raccourcis. Comme les mythologies.

«Les mythologies sont la mémoire onirique de l'humanité. Et je suis particulièrement sensible aux mythologies égyptienne et moderne. Au dieu Ptah, qui nomme les choses. À Superman, Wonder Woman, Popeye et Bécassine, qui viennent de la bande dessinée, qui sont de la mythologie moderne et qui me frappent par leur degré de profane. Tandis que Ptah, lui, appartient à une mythologie du sacré. Mais on dirait que j'ai besoin des deux mythologies. Il me faut toujours tenir compte du sacré et du profane.

«J'écris une mémoire, la mienne. Et la mémoire est pour moi une passion. C'est un mouvement vers quelque chose. Passion vient de souffrir (*patir,* en latin). C'est pourquoi la mémoire est pour moi à la fois un paradis et un enfer. La mémoire est un paradis dans la mesure où elle permet de comprendre à travers le temps. Elle est un enfer dans la mesure où elle est très encombrée. J'ai comme un programme inscrit en moi. Je me suis juré, un jour, quand j'étais très petite, de ne jamais oublier. Aujourd'hui, je ne peux plus m'échapper de cette machine intérieure. C'est comme une matrice, la mémoire. Comme une grossesse constante, un travail qui se fait dans le temps. La douleur, c'est de ne pas comprendre. La mémoire, c'est d'enregistrer la sensation jusqu'à ce qu'elle soit déchiffrée. Tu enregistres dans ton corps une douleur dont tu ne peux pas te débarrasser comme ça. Mais tu n'as pas le choix, tu ne peux pas comprendre. Alors, tu l'inscris pour pouvoir la déchiffrer un jour.

«La mémoire n'est pas le processus de se rappeler. C'est plus une passion, un mouvement, une énergie qui va vers quelque chose. Une fois engagée dans la mémoire, tu ne peux plus t'en dégager. Tes énergies engagées, tu ne peux plus revenir en arrière. C'est peut-être là, l'enfer de la mémoire: dans la lâcheté de ne pas assumer le désir.

«Quand je dis que j'écris une mémoire, la mienne, je ne parle pas seulement d'une mémoire personnelle, individuelle. J'entends aussi la mémoire collective, à laquelle j'ai accès comme tout le monde. Dans le moment, je

m'intéresse beaucoup à la mémoire collective en moi de
la race rouge, de mon sang amérindien. Dans l'identité
québécoise, cette mémoire a été fort négligée, refoulée
même. On a perdu contact avec notre mémoire amérindienne. On a oublié que presque tous les Québécois ont
du sang amérindien. Je pense qu'une grande partie de
notre aliénation québécoise vient du refoulement, du refus
de cette origine amérindienne.

«Cette mémoire amérindienne est inscrite dans mon
sang. C'est très matériel. Et cela va loin. Jusqu'à la
mémoire des dix millions de sorcières brûlées au Moyen
Âge. Jusqu'à la mémoire égyptienne du Ptah, le dieu de
la création par le feu. Chaque individu a accès à la
mémoire de toutes les époques de l'humanité. Le réser-
voir de l'inconscient est infini.»

Puis, Yolande Villemaire me raconte sa première
mémoire. Elle a onze mois. Dans les bras de sa mère,
au-dessus du poêle-à-bois. Elle jette sa suce au feu. «On
dirait que ma mémoire m'amène toujours directement au
feu.» Le premier souvenir, la première conscience, marque notre imaginaire, disait bien Bachelard.

Écrire? Ce serait alors explorer l'enfer de la mémoire.
Écrire, c'est assumer le désir. C'est rester dans la vie.
C'est rester en contact avec la matière. «C'est important
pour moi de *grounder,* parce que j'ai tendance à partir…
On est dans la matière: faut travailler dans la matière. Et
pour moi, écrire, c'est travailler dans la matière des mots.
Dans les architectures mentales, dans les espaces men-
taux: mais c'est un travail très matériel, très matériel. Car
les mots, pour moi, sont matériels. Je ne suis pas sûre
que le mot ''chien'' n'ait jamais mordu personne. Moi,
le mot ''chat'' me grafigne. Chaque mot est vivant, plein
de toute sa mémoire. Comme on dit dans la gnose de Prin-

ceton: les mots sont comme des entités, des choses vivantes qui veulent se faire entendre. Et moi, c'est l'énergie des mots qui m'intéresse.»

Et voilà pourquoi Yolande Villemaire aime le dieu Ptah: parce qu'il peut nommer, mettre des noms sur les choses.

«Tu te sens plus réelle quand tu nommes. Un mot, c'est infiniment rassurant. Quand une chose a un nom, elle existe. Donc, tu as moins peur de la folie. Car la folie, c'est sentir des choses qui n'existent pas, ni pour toi ni pour les autres. Alors, ce n'est pas tout de trouver un nom à la chose. Il faut aussi que quelqu'un le reconnaisse. C'est pour cela qu'on écrit. Si quelqu'un d'autre reconnaît le nom que tu écris, tu n'es plus seule avec ta folie. Écrire, contre le silence. J'adore le silence. C'est une paix. Mais j'ai une peur atroce du silence.»

Le contrat de lecture est donc capital. L'écrivain écrit sachant qu'il s'adresse à quelqu'un, à un être imaginaire et multiple. «Quand je lis un livre, quelqu'un me parle, j'écoute. Quand j'écris, je m'adresse à mon jumeau et à ma jumelle. On est tous jumeaux et jumelles les uns des autres. C'est ce qui m'intéresse dans le contrat de lecture. Et ma façon de l'éveiller, c'est de dire ma mémoire à moi. C'est ainsi que j'enclanche celle des autres. Je l'ai bien vu comme lectrice: quand Ducharme a écrit sa mémoire, ou son imaginaire, à lui, et que son personnage Chamomor est entré dans ma mémoire à moi. On écrit pour écrire son nom, a dit Blanchot. Son nom, c'est son identité, sa voix, son timbre de voix. C'est en écrivant son individualité qu'on peut arriver à communiquer, à passer la frontière. Pour moi, être un individu, singulier, ce n'est pas se fermer. Plus on dit Je, plus on dit Nous, plus on touche le collectif.»

On ne sait pas ce qu'en pense Rrose Sélavy mais je crois qu'il y dans le roman de Yolande Villemaire non pas la mort de la Dame en rose mais plutôt son apparition à l'infini présent. Autrement dit, *La vie en prose* est un livre amoureux. Bien sûr, l'amour a son envers et son endroit: il y a la fascination pour la mort, il y a aussi l'amour de la vie. D'ailleurs, l'amour est plus important que tout. C'est l'essentiel. Tout est amour, me dit Yolande Villemaire. Et je suis d'accord avec elle qu'on a encore beaucoup de choses à comprendre au sujet de cette valeur fondamentale. On ne sait pas encore tout à fait ce que c'est que l'amour. «Des petites particules d'énergie», disait la grand-mère Larose de Yolande. L'amour contre la peur? David Cooper a dit que notre plus grande peur c'est d'aimer et d'être aimé. L'amour c'est violent, exigeant, difficile, dit Paul Chamberland. L'amour est au centre du monde.

Justement, l'amour reste le thème central de ce qu'on a appelé «la nouvelle écriture», celle de «la modernité». Il y a là une espèce d'énergie amoureuse qui tend à dépasser des frontières. L'amour est un roman, l'amour est une poésie, chez Nicole Brossard ou André Roy, chez Lucien Francœur ou Paul Chamberland, entre autres.

Contrairement à ce qu'on pense, «la modernité n'est pas un endroit de chapelles. Au contraire. Je pense, ajoute Yolande Villemaire, que nous avons une sorte de complicité amoureuse à travers nos textes. Entre nous et avec le lecteur.»

Ces écrivains de la modernité québécoise, ou qui s'en réclament, ils écrivent presque en silence, en tout cas en marge, depuis 1970. Ils sont issus de ce qu'on appelait la contre-culture. C'est une génération urbaine et scolarisée: la «nouvelle écriture» est celle de la génération des

professeurs de cégeps. C'est aussi la génération des Beat-
les, sensibilisée autant à la littérature américaine qu'à la
littérature française de ses prédécesseurs. Et ces écrivains
de la contre-culture ne se sont pas identifiés au nationalisme québécois. Pourquoi?

«Parce que nous avons eu l'impression de l'avoir déjà,
le Québec, répond Yolande Villemaire. Le RIN existait
au moment de notre adolescence. Nous nous sommes sen-
tis dans une place qui nous appartenait déjà. Ce n'était
pas tout à fait vrai. Mais c'est la génération précédente
qui a eu à lutter pour ça. Les intellectuels québécois
avaient raison de répondre au premier ministre Trudeau
dans *Le Devoir* que les producteurs culturels québécois
ne sont pas à la remorque d'un gouvernement péquiste:
c'est eux qui l'ont mis en place. Je trouve important le
rôle qu'ont eu Miron, Aquin, Vigneault pour sensibiliser
la population. Ils l'ont fait, ils l'ont mis en place, le pays!
Peu importe comment cela se répercute ensuite sur le plan
concret dans la politique.

«Nous, la préoccupation nationaliste, nous ne l'avons
pas eue parce que d'autres ont fait le pays avant nous et
pour nous. C'était douloureux de se faire reprocher, à un
moment donné, de ne pas être nationalistes. Nous répon-
dions: ''Misère, vous l'avez fait! Est-ce qu'on peut aller
plus loin?'' Évidemment, comme le dit Miron, il n'est
pas encore fait, le pays. C'est vrai. Mais aussi, on crée
le Québec en l'écrivant, en écrivant ce qu'on est. Parce
que le Québec, c'est nous aussi, c'est tout le monde.

«La génération de la contre-culture a rejeté le nationalisme pour se trouver une identité américaine très forte.
Avant nous, le Québec avait compris sa racine française.
Notre génération a été de l'époque qui a compris notre
racine américaine. Puis je dirais qu'aujourd'hui nous nous

en allons vers notre racine amérindienne. C'est en tout cas ce qui m'intéresse et me fascine le plus, actuellement. Nos origines amérindiennes ont été refoulées dans la mémoire de l'humanité. Le Québec a une espèce de parenté continentale à travers les trois Amériques.

«La contre-culture, c'est aussi l'irruption de l'Orient dans l'Occident. Après Hiroshima, après la synthèse du LSD, après 1946, l'humanité est entrée dans une autre ère, dit Thimothy Leary. Jusque-là, le Nouveau Monde était resté sous l'empire de la culture occidentale européenne, avec refoulement de ses racines amérindiennes. Et tout à coup, il y eut cet apport de l'Orient, qui peut-être a rejoint — je ne sais ni comment ni pourquoi — notre sang indien. Cette démarche a correspondu aussi à notre sensibilité exacerbée par l'explosion atomique: on a emprunté puis exploré de nouvelles valeurs. Les philosophies orientales, je pense, sont arrivées dans cette perspective. Le *Love and Peace*. Le *Love* des civilisations orientales. Le *Peace* d'une civilisation occidentale qui s'en va vers son autodestruction. La nécessité de crier *Peace*!, d'arrêter le mouvement destructeur.

«Puis, au Québec, Hubert Aquin a fait éclater le nationalisme. Il en a fait une passion dans des romans qui se passent en Suisse ou en Côte d'Ivoire. Tout d'un coup, tout nous appartient. C'est-à-dire que nous faisons partie d'un tout. Et pour arriver à une conscience planétaire, il faut d'abord s'assurer d'une vision qui nous soit personnelle. C'est peut-être la raison pour laquelle les Québécois sont si voyageurs. On ne sent pas tellement que le terrain nous appartient. On a encore des doutes. Alors, on est mieux portés à comprendre notre parenté avec les Cambodgiens qui errent en bateau d'un continent à l'autre. C'est peut-être notre façon de nous sentir sur notre propre territoire. Nous sommes peut-être plus sensibles au sort de tous les humains, finalement. Dans ce sens, j'ai trouvé l'essai de Paul Chamberland, *Terre souveraine,* un livre extraordinaire. Nous sommes les agents planétaires de la Grande Transformation. Cela fait peur de le penser: nous n'y sommes pas habitués, nous, les anciens *Pea Soup*! Mais nous aurons, je pense, la grandeur de notre humiliation.

   «Je suis Québécoise par mon territoire. Mais je dirais, par ruse, que je suis une Amérindienne. Je suis de race rouge. Au niveau de la mémoire du sang. Rouge comme la passion. Rouge comme les Fils du Soleil, les Filles du Feu. Rouge comme le désir et la violence. Rouge comme l'interdit. Rouge comme le tabou. Rouge comme le feu rouge. Rouge comme les Peaux-Rouges. Alice a la peau rouge et ne se met pas de fond-de-teint… Rouge brut: le cru par rapport au cuit, dit Lévi-Strauss. Quelque chose de non civilisé, de non maté. Quelque chose d'une énergie primitive. J'entends primitif dans le sens de ce qui est lié à la terre, aux forces telluriques, de ce qui vient de la nuit des temps. La mémoire du feu. Cela me conduit à l'Atlantide, au mythe d'une humanité qui avait atteint une sorte d'apogée de civilisation, qui est maintenant notre mémoire du feu. Et les Mayas seraient d'anciens Atlantes, qui seraient reliés aux Fils du ciel, aux Extra-terrestres. Ils rejoindraient ainsi nos super-héros: Superman et les autres.

   «Cela nous mène dans un processus qui se dirige vers le futur: vers ce que Paul Chamberland nomme, dans *Demain les dieux naîtront,* une sorte d'humain ''plushumain''. Plushumain: c'est une sorte d'humain qui serait plus grand que nature, qui serait moins machine et plus humain, qui serait plus près de sa divinité intérieure, plus près de l'étincelle du feu du soleil qu'il y a en chacun.

«Ce que je dis là peut avoir l'air bien *spaced out*. Mais je crois que c'est quelque chose qui s'accomplit dans le quotidien, dans le réel aussi. Et c'est une image vers laquelle on peut se projeter, vers laquelle on peut avancer. Moi, je m'intéresse beaucoup aux phénomènes E.S.P. (Extra Sensorial Perceptions). Notre conscience peut s'élargir. C'est ça, l'amour: inclure au lieu d'exclure. Ouvrir et inclure. Comprendre aussi. Vers les deux pôles. Vers le passé, au niveau d'une mémoire. Vers le futur, au niveau d'un rêve, d'une utopie, qui serait: le Paradis maintenant. Paradise Now au lieu d'Apocalypse Now. La fonction utopique, ce n'est pas pour l'an 2000, c'est pour maintenant. C'est un travail quotidien et constant. Et ce n'est pas seulement le travail du cerveau, c'est aussi celui du cœur et du corps. Artaud disait que c'est par la peau qu'on fait entrer la métaphysique dans les cerveaux.

«Ce n'est pas par hasard que l'on retrouve le corps partout dans les textes modernes. C'est un mot, le corps. C'est aussi une réalité. La modernité veut intégrer toutes les dimensions. Le cœur: l'amour, l'ouverture. Le corps: la sensualité. Le cerveau: le texte dans sa machine mentale/langage, le texte dans tous ses raffinements complexes, sémiotiques, sémantiques.

«La modernité du texte se réalise dans une opération où l'on choisit de se servir de la machine mentale/langage ultra-raffinée. Il faut devenir ingénieur du langage, comme dit Chamberland. Se servir du langage pour ouvrir le cœur et marquer le corps. Que le texte fasse des effets physiques, émotifs et non seulement intellectuels. Pour en arriver justement à être plushumains.»

Alors, qu'en pensez-vous, Rrose Sélavy? Voulez-vous rejoindre Yvelle Swannson sur le pont de Sirah?

1981

Yolande Villemaire est née en 1949 à Saint-Augustin-des-deux-Montagnes.
La vie en prose, Les Herbes rouges, 1980; l'Hexagone, coll. Typo, 1984;
La constellation du Cygne, La Pleine Lune, 1985;
Vava, l'Hexagone, 1989.

NOTE

Le présent recueil regroupe un choix des entretiens avec des romanciers québécois publiés dans les cinq tomes de la série *Écrivains contemporains,* parus de 1982 à 1989 aux Éditions de l'Hexagone. Les entretiens avec Robert Lalonde («Le roman de l'identité»), Monique LaRue («Adieu, Madame Bovary!») et Jacques Poulin («L'âme du monde») sont inédits. Dans la note qui accompagne chaque entretien, l'auteur ne mentionne que trois des principales œuvres de l'écrivain interviewé.

PHOTOS DE COUVERTURE:

Victor-Lévy Beaulieu (Jacques Grenier); Anne Hébert (Ulf Andersen); Marie-Claire Blais (Kèro); Monique LaRue (Kèro); Yves Thériault (Jacques Grenier); Yves Beauchemin (Jacques Grenier); Pauline Harvey (Jacques Grenier); Michel Tremblay (Kèro); Jean Royer (François Royer).

JEAN ROYER

Jean Royer est né à Saint-Charles-de-Bellechasse (Québec) le 26 juin 1938. Il a fait ses études classiques et universitaires à Québec. Licence ès lettres de l'Université Laval en 1963.

Depuis 1960, il a pratiqué l'enseignement de la littérature ainsi que les métiers de réalisateur et d'écrivain radiophonique, en même temps qu'il a fait carrière dans le journalisme culturel aux quotidiens *L'Action-Québec* (1963-1971) et *Le Soleil* (1974-1977). En janvier 1978, il est appelé à diriger l'information culturelle au quotidien *Le Devoir* à Montréal, où il est aujourd'hui critique littéraire.

Il a participé activement à l'animation de la vie culturelle et littéraire du Québec. En 1969, il se retrouve parmi les animateurs du groupe «Poètes sur parole» à Québec, où il publie la revue *Inédits* et organise des soirées de poésie et de théâtre au café Le Chantauteuil. En 1970, il fait partie du comité de programmation de la «Nuit de la poésie» du Gesù à Montréal. En 1971, il organise la «Nuit de la poésie du 24 juin», qui inaugure le Théâtre de l'Île d'Orléans qu'il a fondé puis animé jusqu'en 1973. En 1976, il fonde avec d'autres la revue de poésie *Estuaire* qu'il dirigera et dont il restera le principal animateur jusqu'en 1985.

Comme journaliste et essayiste, il s'intéresse particulièrement à l'histoire littéraire. En 1984, il parcourt la France où il donne une série de conférences sur la poésie québécoise, puis il anime en juin les séances d'un colloque sur l'œuvre de Gaston Miron tenu à la Maison de la poésie de Paris. Il a publié deux anthologies et une

Introduction à la poésie québécoise ainsi que plusieurs recueils d'entretiens avec des écrivains du monde entier. Il a dirigé des dossiers sur la littérature québécoise pour diverses publications en France: *Livraisons* (1982), *Les deux rives* (1984), le *Magazine littéraire* (1986) et la revue *Europe* (1990).

Poète, il a publié une dizaine de titres depuis 1966 et donné de nombreux récitals sur des scènes du Québec et de la France. Son recueil, *Depuis l'amour,* lui a mérité un des Grands Prix littéraires 1987 du *Journal de Montréal* ainsi que le prix Claude-Sernet, décerné en juin 1988 aux Journées de la poésie de Rodez en France. On retrouve l'ensemble de sa poésie dans la collection de poche Typo sous le titre *Poèmes d'amour,* recueil qui lui a mérité en 1989 le prix Alain-Grandbois de l'Académie canadienne-française.

BIBLIOGRAPHIE

Poésie

À patience d'aimer, Québec, Éditions de l'Aile, 1966.
Nos corps habitables, Québec, Éditions de l'Arc, 1969.
La parole me vient de ton corps suivi de *Nos corps habi-
    tables,* Montréal, Nouvelles Éditions de l'Arc, 1974.
Les heures nues, Montréal, Nouvelles Éditions de l'Arc,
    1979.
Faim souveraine, poèmes avec un dessin de Roland
    Giguère, Montréal, Éditions de l'Hexagone, 1980.
L'intime soif, poèmes avec un bois original de Janine
    Leroux-Guillaume, Montréal, Éditions du Silence,
    1981.
Jours d'atelier, textes et poèmes avec une gravure de Kit-
    tie Bruneau, Saint-Lambert, Éditions du Noroît,
    1984.
Le chemin brûlé, poèmes avec une photographie de Kèro,
    Montréal, Éditions de l'Hexagone, 1986.
Depuis l'amour, poème avec un dessin de François Royer,
    Montréal, Éditions de l'Hexagone; Paris, La Table
    Rase, 1987.
Poèmes d'amour, Montréal, l'Hexagone, coll. Typo,
    1988.

Essais

Pays intimes, entretiens 1966-1976, Montréal, Leméac,
    1976.

Marie Uguay: la vie, la poésie, entretiens, Montréal, Édi-
    tions du Silence, 1982.
Écrivains contemporains, Entretiens 1: 1976-1979,
    Montréal, Éditions de l'Hexagone, 1982.
Écrivains contemporains, Entretiens 2: 1977-1980,
    Montréal, Éditions de l'Hexagone, 1983.
Écrivains contemporains, Entretiens 3: 1980-1983,
    Montréal, Éditions de l'Hexagone, 1985.
Écrivains contemporains, Entretiens 4: 1982-1986,
    Montréal, Éditions de l'Hexagone, 1987.
Le Québec en poésie, anthologie, Paris, Éditions Galli-
    mard et Montréal, Éditions Lacombe 1987.
La poésie québécoise contemporaine, anthologie, Paris,
    La Découverte et Montréal, Éditions de l'Hexagone,
    1987.
Introduction à la poésie québécoise, essai, Montréal,
    Bibliothèque Québécoise (Éditions Leméac), 1988.
Écrivains contemporains, Entretiens 5: 1986-1989, Mont-
    réal, Éditions de l'Hexagone, 1989.

Choix d'articles sur l'œuvre de Jean Royer

André Brochu, «Temps et lieux du poème», *Voix & Ima-
    ges,* n⁰ 41, hiver 1989.
Roger Chamberland, «À patience d'aimer», *Dictionnaire
    des œuvres littéraires du Québec,* tome IV 1960-1969
    (sous la direction de Maurice Lemire), Fides, 1984.
Roger Chamberland «Les chemins d'une réflexion pro-
    fonde, entrevue avec Jean Royer», *Québec français,*
    n⁰ 73, mars 1979.
Collectif, «Dossier. Jean Royer. Une destinée en poésie»,
    Estuaire, n⁰ 53, été 1989.

Pierre Drachline, «Jean Royer, l'antitroubadour», *Le Monde,* 24 avril 1987.

Jean Éthier-Blais, «Ouellette et Royer; depuis la mort jusqu'à l'amour», *Le Devoir,* 27 juin 1987.

Marie-Claude Fortin, «Le poids des livres», *Voir,* 19-25 octobre 1989.

Marcel Fournier, «L'entretien comme genre littéraire», *Le Devoir,* 9 juin 1990.

Gérald Gaudet, «Des moments de présence fragiles», *Le Devoir,* 8 mars 1986.

Lise Gauvin et Gaston Miron, «Jean Royer», *Écrivains contemporains du Québec,* anthologie, Seghers, 1989.

Laurent Mailhot et Pierre Nepveu, «Jean Royer», *La poésie québécoise des origines à nos jours,* anthologie, l'Hexagone, coll. Typo, 1986.

Réginald Martel, «La poésie est encore vivante tant qu'elle peut se lire», *La Presse,* 5 décembre 1987.

Robert Yergeau, «L'amour et la mort», *Lettres Québécoises,* no 46, été 1987.

Documentation visuelle

Poètes québécois contemporains, Document 5, vidéocassette de trente minutes, Écrits des Forges/Cégep de Sainte-Foy, 1987.

Profession poète: Jean Royer, Émission de télévision de trente minutes produite par le réseau Quatre-Saisons pour le consortium TV-5, 1988.

TABLE

COLLECTION DE POCHE TYPO

28. Pierre Perrault, *Au cœur de la rose,* théâtre, préface de Madeleine Greffard (l'Hexagone)
29. Roland Giguère, *Forêt vierge folle,* poésie, préface de Jean-Marcel Duciaume (l'Hexagone)
30. André Major, *Le cabochon,* roman (l'Hexagone)
31. Collectif, *Montréal des écrivains,* fiction, présentation de Louise Dupré, Bruno Roy, France Théoret (l'Hexagone)
32. Gilles Marcotte, *Le roman à l'imparfait,* essai (l'Hexagone)
33. Berthelot Brunet, *Les hypocrites,* roman, préface de Gilles Marcotte (Les Herbes rouges)
34. Jean Basile, *Le Grand Khân,* roman, préface de Carole Massé (l'Hexagone)
35. Raymond Lévesque, *Quand les hommes vivront d'amour...,* chansons et poèmes, préface de Bruno Roy (l'Hexagone)
36. Louise Bouchard, *Les images,* récit (Les Herbes rouges)
37. Jean Basile, *Les voyages d'Irkoutsk,* roman, préface de Carole Massé (l'Hexagone)
38. Denise Boucher, *Les fées ont soif,* théâtre, introduction de Lise Gauvin, préface de Claire Lejeune (l'Hexagone)
39. Nicole Brossard, *Picture Theory,* théorie/fiction, préface de Louise H. Forsyth (l'Hexagone)
40. Robert Baillie, *Des filles de Beauté,* roman, entretien avec Jean Royer (l'Hexagone)
41. Réjean Bonenfant, *Un amour de papier,* roman, préface de Gérald Gaudet (l'Hexagone)
42. Madeleine Ouellette-Michalska, *L'échappée des discours de l'œil,* essai (l'Hexagone)
43. Réjean Bonenfant, Louis Jacob, *Les trains d'exils,* roman, postface de Louise Blouin (l'Hexagone)
44. Berthelot Brunet, *Le mariage blanc d'Armandine,* contes (Les Herbes rouges)
45. Jean Hamelin, *Les occasions profitables,* roman (Les Herbes rouges)
46. Fernand Ouellette, *Tu regardais intensément Geneviève,* roman, préface de Joseph Bonenfant (l'Hexagone)
47. Jacques Ferron, *Théâtre I,* introduction de Jean Marcel (l'Hexagone)
48. Paul-Émile Borduas, *Refus global et autres récits,* essais, présentation d'André-G. Bourassa et de Gilles Lapointe (l'Hexagone)
49. Jacques Ferron, *Les confitures de coings,* récits (l'Hexagone)
50. John George Lambton Durham, *Le Rapport Durham,* document, traduction et introduction de Denis Bertrand et d'Albert Desbiens (l'Hexagone)
51. Jacques Renaud, *Le cassé,* nouvelles (l'Hexagone)
52. Jacques Ferron, *Papa Boss* suivi de *La créance,* récits (l'Hexagone)
53. André Roy, *L'accélérateur d'intensité,* poésie (Les Herbes rouges)
54. Jean-Yves Soucy, *L'étranger au ballon rouge,* contes (Les Herbes rouges)
55. Jean Royer, *Poètes québécois, entretiens,* essais, préface d'André Brochu (l'Hexagone)
56. Pierre DesRuisseaux, *Dictionnaire des proverbes québécois* (l'Hexagone)

COLLECTION ESSAIS LITTÉRAIRES

Micheline Cambron, *Une société, un récit. Discours culturel au Québec (1967-1976)*
Guy Cloutier, *Entrée en matière(s)*
Dominique Garand, *La griffe du polémique. Le conflit entre les régionalistes et les exotiques*
Gilles Marcotte, *Littérature et circonstances*
Pierre Milot, *La camera obscura du postmodernisme*
Pierre Ouellet, *Chutes. La littérature et ses fins*
Lucien Parizeau, *Périples autour d'un langage. L'œuvre poétique d'Alain Grandbois*
Robert Richard, *Le corps logique de la fiction. Le code romanesque chez Hubert Aquin*
Pierre Turgeon, *Fréquentations*

COLLECTION ITINÉRAIRES

Anne-Marie Alonzo, *L'immobile*
Élaine Audet, *La passion des mots*
Denise Boucher, *Lettres d'Italie*
Jean-Claude Dussault, *L'Inde vivante*
Arthur Gladu, *Tel que j'étais...*
Suzanne Lamy, *Textes*
Roland et Réjean Legault, *Père et fils*
Johnny Montbarbut, *Si l'Amérique française m'était contée*
Pierre Perrault, *La grande allure, 1. De Saint-Malo à Bonavista*
Pierre Perrault, *La grande allure, 2. De Bonavista à Québec*
Gérald Robitaille, *Ce monde malade*
Pierre Trottier, *Ma Dame à la licorne*
Paul Zumthor, *Écriture et nomadisme*

COLLECTION POLITIQUE ET SOCIÉTÉ

Louis Balthazar, *Bilan du nationalisme au Québec*
Jean Mercier, *Les Québécois entre l'État et l'entreprise*
Paul Warren, *Le secret du star system américain, une stratégie du regard*

COLLECTION GÉRALD GODIN

Robert Hébert, *L'Amérique française devant l'opinion, 1756-1960*
Jules Léger, *Jules Léger parle*

COLLECTION RENCONTRE QUÉBÉCOISE INTERNATIONALE DES ÉCRIVAINS

Collectif: *Écrire l'amour*
               L'écrivain et l'espace
               La tentation autobiographique
               Écrire l'amour 2
               La solitude
               L'écrivain et la liberté

COLLECTION CENTRE DE RECHERCHE EN LITTÉRATURE QUÉBÉCOISE (CRELIQ)

Maurice Arguin, *Le roman québécois de 1944 à 1965. Symptômes du colonialisme et signes de libération*
François Dumont, *L'éclat de l'origine. La poésie de Gatien Lapointe*
Lise Vekeman, *Soi mythique et soi historique: deux récits de vie d'écrivains*
Claude Viel, *L'arbre à deux têtes ou La quête de l'androgyne dans* Forges froides *de Paul Chanel Malenfant*

ESSAIS

COLLECTION FICTIONS

Robert Baillie, *Soir de danse à Varennes*

Robert Baillie, *Les voyants*

Robert Baillie, *La nuit de la Saint-Basile*

François Barcelo, *Aaa, Aâh, Ha ou Les amours malaisées*

Léon Bigras, *L'hypothèque*

France Boisvert, *Les samouralles*

France Boisvert, *Li Tsing-tao ou Le grand avoir*

Christine Bonenfant, *Pour l'amour d'Émilie*

Réjean Bonenfant, Louis Jacob, *Les trains d'exils*

Nicole Brossard, *Le désert mauve*

Gilbert Choquette, *L'étrangère ou Un printemps condamné*

Gilbert Choquette, *La Nuit yougoslave*

Gilbert Choquette, *Une affaire de vol*

Guy Cloutier, *La cavée*

Diane-Jocelyne Côté, *Lobe d'oreille*

Diane-Jocelyne Côté, *Chameau et Cie*

Richard Cyr, *Appelez-moi Isaac*

Norman Descheneaux, *Fou de Cornélia*

Norman Descheneaux, *Rosaire Bontemps*

Jean Désy, *La saga de Freydis Karlsevni*

Renée-Berthe Drapeau, *N'entendre qu'un son*

Andrée Ferretti, *Renaissance en Paganie*

Andrée Ferretti, *La vie partisane*

Lise Fontaine, *États du lieu*

Madeleine Gaudreault Labrecque, *La dame de pique*

Gérald Godin, *L'ange exterminé*

Marcel Godin, *Après l'Éden*

Marcel Godin, *Maude et les fantômes*

Pierre Gravel, *La fin de l'Histoire*

Pauline Harvey, *Pitié pour les salauds!*

Louis Jacob, *Les temps qui courent*

Claude Jasmin, *Le gamin*

Monique Juteau, *En moins de deux*

Marc Gendron, *Opération New York*

Luc Lecompte, *Le dentier d'Énée*

Raymond Lévesque, *Lettres à Éphrem*

Raymond Lévesque, *De voyages et d'orages*

Réjean Legault, *Lapocalypse*

Francine Lemay, *La falaise*

Jacques Marchand, *Le premier mouvement*

Émile Martel, *La théorie des trois ponts*

Luc Mercure, *Entre l'aleph et l'oméga*

Joëlle Morosoli, *Le ressac des ombres*

Raymond Paul, *La félicité*

Alphonse Piché, *Fables*

Simone Piuze, *Les noces de Sarah*

Pierre Savoie, *Autobiographie d'un bavard*

Julie Stanton, *Miljours*

Claude Vaillancourt, *Le Conservatoire*

Pierre Vallières, *Noces obscures*

Yolande Villemaire, *Vava*

Paul Zumthor, *Les contrebandiers*

Paul Zumthor, *La fête des fous*

COLLECTION FICTIONS/ÉROTISME

Charlotte Boisjoli, *Jacinthe*

ROMANS

Gilles Archambault, *Les pins parasols*
Gilles Archambault, *Le voyageur distrait*
Robert Baillie, *Des filles de Beauté*
Robert Baillie, *Soir de danse à Varennes*
Robert Baillie, *Les voyants*
Robert Baillie, *La nuit de la Saint-Basile*
François Barcelo, *Aaa, Aâh, Ha ou Les amours malaisées*
François Barcelo, *Agénor, Agénor, Agénor et Agénor*
Jean Basile, *Le Grand Khan*
Jean Basile, *La jument des Mongols*
Claude Beausoleil, *Dead Line*
Michel Bélair, *Franchir les miroirs*
Paul-André Bibeau, *La tour fou droyée*
Julien Bigras, *L'enfant dans le grenier*
Léon Bigras, *L'hypothèque*
Charlotte Boisjoli, *Jacinthe*
France Boisvert, *Les samourailles*
France Boisvert, *Li Tsing-tao ou Le grand avoir*
Christine Bonenfant, *Pour l'amour d'Émilie*
Réjean Bonenfant, Louis Jacob, *Les trains d'exils*
Roland Bourneuf, *Reconnaissances*
Marcelle Brisson, *Par delà la clôture*
Nicole Brossard, *L'amèr ou Le chapitre effrité*
Nicole Brossard, *Le désert mauve*
Marielle Brown-Désy, *Marie-Ange ou Augustine*
Gilbert Choquette, *L'étrangère ou Un printemps condamné*
Gilbert Choquette, *La mort au verger*
Gilbert Choquette, *La Nuit yougoslave*
Gilbert Choquette, *Une affaire de vol*

Guy Cloutier, *La cavée*
Guy Cloutier, *La main mue*
Collectif, *Montréal des écrivains*
Diane-Jocelyne Côté, *Lobe d'oreille*
Diane-Jocelyne Côté, *Chameau et Cie*
Richard Cyr, *Appelez-moi Isaac*
Norman Descheneaux, *Fou de Cornélia*
Norman Descheneaux, *Rosaire Bontemps*
Jean Désy, *La saga de Freydis Karlsevni*
Renée-Berthe Drapeau, *N'entendre qu'un son*
Marie-France Dubois, *Le passage secret*
France Ducasse, *Du lieu des voyages*
David Fennario, *Sans parachute*
Andrée Ferretti, *Renaissance en Paganie*
Andrée Ferretti, *La vie partisane*
Jacques Ferron, *Les confitures de coings*
Jacques Ferron, *Papa Boss* suivi de *La créance*
Lise Fontaine, *États du lieu*
Lucien Francœur, *Roman d'amour*
Lucien Francœur, *Suzanne, le cha-cha cha et moi*
Marie-B. Froment, *Les trois courageuses Québécoises*
Madeleine Gaudreault Labrecque, *La dame de pique*
Marc Gendron, *Opération New York*
Louis Geoffroy, *Être ange étrange*
Louis Geoffroy, *Un verre de bière mon minou*
Robert G. Girardin, *L'œil de Palomar*
Robert G. Girardin, *Peinture sur verbe*
Arthur Gladu, *Tel que j'étais...*
Gérald Godin, *L'ange exterminé*
Marcel Godin, *Après l'Éden*

COLLECTION RÉTROSPECTIVES

Michel Beaulieu, *Desseins*, poèmes 1961-1966
Réginald Boisvert, *Poèmes pour un homme juste*, 1949-1985
Nicole Brossard, *Le centre blanc*, poèmes 1965-1975
Nicole Brossard, *Double impression*, poèmes et textes 1967-1984
Yves-Gabriel Brunet, *Poésie I*, poèmes 1958-1962
Cécile Cloutier, *L'écouté*, poèmes 1960-1983
Juan Garcia, *Corps de gloire*, poèmes 1963-1988
Michel Gay, *Calculs*, poèmes 1978-1986
Louis Geoffroy, *Le saint rouge et la pécheresse*, poèmes 1963-1974
Roland Giguère, *L'âge de la parole*, poèmes 1949-1960
Jacques Godbout, *Souvenirs Shop*, poèmes et proses 1956-1980
Gérald Godin, *Ils ne demandaient qu'à brûler*, poèmes 1960-1986
Alain Grandbois, *Poèmes*, poèmes 1944-1969
Paul-Marie Lapointe, *Le réel absolu*, poèmes 1948-1965
Isabelle Legris, *Le sceau de l'ellipse*, poèmes 1943-1967
Olivier Marchand, *Par détresse et tendresse*, poèmes 1953-1965
Pierre Morency, *Quand nous serons*, poèmes 1967-1978
Fernand Ouellette, *En la nuit, la mer*, poèmes 1972-1980
Fernand Ouellette, *Poésie*, poèmes 1953-1971
Pierre Perrault, *Chouennes*, poèmes 1961-1971
Pierre Perrault, *Gélivures*, poésie
Alphonse Piché, *Poèmes*, poèmes 1946-1968
Yves Préfontaine, *Parole tenue*, poèmes 1954-1985
Jacques Renaud, *Les cycles du Scorpion*, poèmes et proses 1960-1987
Fernande Saint-Martin, *La fiction du réel*, poèmes 1953-1975
Michel van Schendel, *De l'œil et de l'écoute*, poèmes 1956-1976
Gemma Tremblay, *Poèmes*, poèmes 1960-1972
Pierre Trottier, *En vallées closes*, poèmes 1951-1986

COLLECTION PARCOURS

Claude Haeffely, *La pointe du vent*

ANTHOLOGIES

Lucien Francœur, *Vingt-cinq poètes québécois, 1968-1978*
Robert Hébert, *L'Amérique française devant l'opinion étrangère, 1756-1960*
Laurent Mailhot, Pierre Nepveu, *La poésie québécoise des origines à nos jours*
Jean Royer, *La poésie québécoise contemporaine*

POÉSIE

José Acquelin, *Tout va rien*
José Acquelin, *Le piéton immobile*
Anne-Marie Alonzo, *Écoute, Sultane*
Anne-Marie Alonzo, *Le livre des ruptures*
Marie Anastasie, *Miroir de lumière*
Élaine Audet, *Pierre-feu*
Jean Basile, *Journal poétique*
Jean A. Beaudot, *La machine à écrire*
Germain Beauchamp, *La messe ovale*
Michel Beaulieu, *Le cercle de la justice*
Michel Beaulieu, *L'octobre*
Michel Beaulieu, *Pulsions*
André Beauregard, *Changer la vie*
André Beauregard, *Miroirs électriques*
André Beauregard, *Voyages au fond de moi-même*
Marcel Bélanger, *Fragments paniques*
Marcel Bélanger, *Infranoir*
Marcel Bélanger, *Migrations*
Marcel Bélanger, *Plein-vent*
Marcel Bélanger, *Prélude à la parole*
Marcel Bélanger, *Saisons sauvages*
Louis Bergeron, *Fin d'end*
Jacques Bernier, *Luminescences*
Réginald Boisvert, *Le temps de vivre*
Yves Boisvert, *Chiffrage des offenses*
Denis Boucher, *Tam-tam rouge*
Denise Boucher, *Paris Polaroïd*
Roland Bourneuf, *Passage de l'ombre*
Jacques Brault, *La poésie ce matin*
Pierre Brisson, *Exergue*
André Brochu, *Délit contre délit*
André Brochu, *Dans les chances de l'air*
Nicole Brossard, *Mécanique jongleuse* suivi de *Masculin grammaticale*
Nicole Brossard, *Suite logique*
Antoinette Brouillette, *Bonjour soleil*
Alice Brunel-Roche, *Arc-boutée à ma terre d'exil*
Alice Brunel-Roche, *Au creux de la raison*
Françoise Bujold, *Piouke fille unique*
Michel Bujold, *Transitions en rupture*
Jean Bureau, *Devant toi*
Pierre Cadieu, *Entre voyeur et voyant*
Mario Campo, *Coma laudanum*
Georges Cartier, *Chanteaux*
Paul Chamberland, *Demain les dieux naîtront*
Paul Chamberland, *Demi-tour*

Paul Chamberland, *Éclats de la pierre noire d'où rejaillit ma vie*
Paul Chamberland, *Extrême survivance, extrême poésie*
Paul Chamberland, *L'enfant doré*
Paul Chamberland, *Le prince de Sexamour*
Paul Chamberland, *Terre souveraine*
Paul Chamberland, Ghislain Côté, Nicole Drassel, Michel Garneau, André Major, *Le pays*
François Charron, *Au «sujet» de la poésie*
François Charron, *Littérature/obscénités*
Pierre Châtillon, *Le mangeur de neige*
Pierre Châtillon, *Soleil de bivouac*
Herménégilde Chiasson, *Mourir à Scoudouc*
Jacques Clairoux, *Cœur de hot dog*
Cécile Cloutier, *Chaleuils*
Cécile Cloutier, *Paupières*
Guy Cloutier, *Cette profondeur parfois*
Jean Yves Collette, *L'état de débauche*
Jean Yves Collette, *Une certaine volonté de patience*
Gilles Constantineau, *Nouveaux poèmes*
Gilles Constantineau, *Simples poèmes et ballades*
Ghislain Côté, *Vers l'épaisseur*
Gilles Cyr, *Diminution d'une pièce*
Gilles Cyr, *Sol inapparent*
Gilles Derome, *Dire pour ne pas être dit*
Gilles Derome, *Savoir par cœur*
Jacques de Roussan, *Éternités humaines*
Marcelle Desjardins, *Somme de sains poèmes t'aquins*
Gilles Des Marchais, *Mobiles sur des modes soniques*
Gilles Des Marchais, *Ombelles verbombreuses* précédé de *Parcellaires*
Ronald Després, *Les cloissons en vertige*
Pierre DesRuisseaux, *Lettres*
Pierre DesRuisseaux, *Monème*
Pierre DesRuisseaux, *Présence empourprée*
Pierre DesRuisseaux, *Storyboard*
Pierre DesRuisseaux, *Travaux ralentis*
Gaëtan Dostie, *Poing commun* suivi de *Courir la galipotte*
Michèle Drouin, *La duègne accroupie*
Raoul Duguay, *Chansons d'Ô*
Raoul Duguay, *Manifeste de l'infonie*

Claude Leclerc, *Toi, toi, toi, toi, toi*
Michel Leclerc, *Écrire ou la disparition*
Michel Leclerc, *La traversée du réel* précédé de *Dorénavant la poésie*
Luc Lecompte, *Ces étirements du regard*
Luc Lecompte, *Les géographies de l'illusionniste*
Luc Lecompte, *La tenture nuptiale*
Jean Leduc, *Fleurs érotiques*
Dennis Lee, *Élégies civiles et autres poèmes*
Pierrot Léger, *Le show d'Évariste le nabord-à-Bab*
Isabelle Legris, *Sentiers de l'infranchissable*
Raymond Lévesque, *Au fond du chaos*
Raymond Lévesque, *On veut rien savoir*
André Loiselet, *Le mal des anges*
Andrée Maillet, *Le chant de l'Iroquoise*
Andrée Maillet, *Élémentaires*
Mao Tsê-Tung, *Poésies complètes*
Alain Marceau, *À la pointe des yeux*
Olivier Marchand, *Crier que je vis*
Gilles Marsolais, *La caravelle incendiée* précédé de *Souillures et traces* et de *L'acte révolté*
Gilles Marsolais, *Les matins saillants*
Gilles Marsolais, *La mort d'un arbre*
Robert Marteau, *Atlante*
Jean-Paul Martino, *Objets de la nuit*
Pierre Mathieu, *Ressac*
Yves Mongeau, *Les naissances*
Yves Mongeau, *Veines*
Pierre Morency, *Au nord constamment de l'amour*
Pierre Morency, *Effets personnels* suivi de *Douze jours dans une nuit*
Pierre Morency, *Torrentiel*
Lorenzo Morin, *L'arbre et l'homme*
Lorenzo Morin, *Le gage*
Lorenzo Morin, *L'il d'elle*
Pierre Nepveu, *Couleur chair*
Pierre Nepveu, *Épisodes*
Denys Néron, *L'équation sensible*
Georges Noël, *Poèmes des êtres sensibles*
Marie Normand, *Depuis longtemps déjà*
Yvan O'Reilly, *Symbiose de flashes*
Pierre Ouellet, *Sommes*
Fernand Ouellette, *À découvert*
Fernand Ouellette, *Les heures*
Fernand Ouellette, *Ici, ailleurs, la lumière*
Ernest Pallascio-Morin, *Les amants ne meurent pas*

Ernest Pallascio-Morin, *Pleins feux sur l'homme*
Yvon Paré, *L'octobre des Indiens*
Diane Pelletier-Spiecker, *Les affres du zeste*
Claude Péloquin, *Chômeurs de la mort*
Claude Péloquin, *Inoxydables*
Claude Péloquin, *Le premier tiers, œuvres complètes 1942-1975, vol. 1*
Claude Péloquin, *Le premier tiers, œuvres complètes 1942-1975, vol. 2*
Claude Péloquin, *Le premier tiers, œuvres complètes 1942-1975, vol. 3*
Pierre Perrault, *Ballades du temps précieux*
Pierre Perrault, *En désespoir de cause*
Richard Phaneuf, *Feuilles de saison*
François Piazza, *Les chants de l'Amérique*
François Piazza, *L'identification*
Jean-Guy Pilon, *Poèmes 71, anthologie des poèmes de l'année au Québec*
Louise Pouliot, *Portes sur la mer*
Bernard Pozier, *Lost Angeles*
Yves Préfontaine, *Débâcle* suivi de *À l'orée des travaux*
Yves Préfontaine, *Nuaison*
Yves Préfontaine, *Parole tenue, poèmes 1954-1985*
Yves Préfontaine, *Pays sans parole*
Daniel Proulx, *Pactes*
Raymond Raby, *Tangara*
Luc Racine, *Les jours de mai*
Luc Racine, *Le pays saint*
Luc Racine, *Villes*
Jacques Rancourt, *Les choses sensibles*
Michel Régnier, *Les noces dures*
Michel Régnier, *Tbilisi ou le vertige*
Jean-Robert Rémillard, *Sonnets archaïques pour ceux qui verront l'indépendance*
Mance Rivière, *D'argile et d'eau*
Guy Robert, *Et le soleil a chaviré*
Guy Robert, *Québec se meurt*
Guy Robert, *Textures*
Claude Rousseau, *Poèmes pour l'œil gauche*
Claude Rousseau, *Les rats aussi ont de beaux yeux*
Jean-Louis Roy, *Les frontières défuntes*
Jean Royer, *Le chemin brûlé*
Jean Royer, *Depuis l'amour*
Jean Royer, *Faim souveraine*
Jean Royer, *Les heures nues*
Jean Royer, *La parole me vient de ton corps* suivi de *Nos corps habitables*

Cet ouvrage composé en Times corps 10
a été achevé d'imprimer sur les presses
de l'Imprimerie Gagné à Louiseville
le quatorze février mil neuf cent
quatre-vingt-onze pour le compte des
Éditions de l'Hexagone.

Imprimé au Québec (Canada)